当代大学生思想道德建设方法论

李 娜　胡少波　王晓莉◎著

吉林出版集团股份有限公司

图书在版编目（CIP）数据

当代大学生思想道德建设方法论 / 李娜，胡少波，王晓莉著 . — 长春 : 吉林出版集团股份有限公司，2020.4

ISBN 978-7-5581-8334-8

Ⅰ . ①当… Ⅱ . ①李… ②胡… ③王… Ⅲ . ①大学生－思想政治教育－研究－中国 Ⅳ . ① G641

中国版本图书馆 CIP 数据核字 (2020) 第 047798 号

当代大学生思想道德建设方法论

著 者	李 娜 胡少波 王晓莉	
责任编辑	王 平 白聪响	
封面设计	李宁宁	
开 本	787mm×1092mm 1/16	
字 数	225 千	
印 张	12.25	
版 次	2021 年 3 月第 1 版	
印 次	2023 年 4 月第 2 次印刷	
出 版	吉林出版集团股份有限公司	
电 话	010-63109269	
印 刷	炫彩（天津）印刷有限责任公司	

ISBN 978-7-5581-8334-8   定价：68.00 元

前　言

进入 21 世纪，随着改革开放的不断深入，我国的社会主义市场经济体制已经基本确立，社会转型已经成为 21 世纪我国最为显著的社会背景。由于社会的快速发展，原有的社会道德规范和道德教育对策，在很大程度上已经无法与新的经济发展需求相适应，无法解决新形势下当前大学生在道德领域出现的诸多新问题与新现象。于是，人们开始重新思考在社会转型的大背景下如何改进和提高大学生道德素质的问题。

当代大学生是有着丰富的文化知识，思想活跃、求知欲强的特殊群体，是建设中国特色社会主义的主力军。然而，随着社会改革的不断深入，当代大学生受到诸多西方功利主义、个人主义、利己主义等文化思潮的影响，在理想信念、价值取向、思想道德等方面发生了新变化，并呈现出许多不容乐观的问题。这些问题的存在，严重制约着大学生身心健康的发展，阻碍了全面建设小康社会宏伟目标的实现。

因此，如何在社会转型的时代背景下，对大学生思想道德状况进行全面分析和把握，并以此作为出发点，探索大学生思想道德教育的新模式和新途径。如何有效整合社会教育资源、家庭教育资源、学校教育资源，如何把以人为本的教育理念贯穿到教育教学的各个环节之中，如何引导大学生思想道德教育走向一条正确的轨道，自然就成为思想道德领域研究的一个重要课题。

如何更好地解决这些问题和研究呢？首先，我们要坚持与时俱进的时代精神，适应复杂多变的社会环境，树立以人为本的教学理念，继承中国传统文化美德，弘扬社会主义核心价值观，坚持以科学发展观为指导，把中国传统道德与社会主义核心价值观相结合，建立新时代背景下的大学生思想道德教育模式。其次，拓宽大学生参与社会实践的途径，培养他们的责任意识和自我教育能力，丰富校园文化内容，强化学校、家庭、社会之间的互动关系，在保证他们具有较高文化水平的同时，努力提高大学生的思想道德素质，让他们成为中国特色社会主义建设的合格建设者和接班人。

目　录

第一章 当代大学生思想道德建设的基本原则

中共中央国务院《关于进一步加强和改进大学生思想政治教育的意见》中，非常明确地指出了加强和改进大学生思想政治教育的指导思想和基本原则。这对于加强大学生思想道德建设，也同样具有重要的指导意义。

第一节 教书与育人相结合

人们常用"人类灵魂的工程师"来赞誉教师，足以说明教师在青年学生成长中起到的重要作用。在学校这个特定的育人环境中，教师处于主导地位，是育人的一支最基本、最重要的队伍。因此，在大学生思想道德建设中，教师对学生的培养和塑造是非常重要的，坚持教书与育人相结合是大学生思想道德建设的一项基本原则。

教书育人是指学校教师再向学生传授各类科学知识的同时，要自觉地对学生进行思想道德教育。在《中华人民共和国教师法》中，明确规定了教师的义务："对学生进行宪法所确定的基本原则的教育和爱国主义、民族团结的教育，法制教育以及思想品德、文化、科学技术教育，组织、带领学生开展有益的社会活动。"这是对教师教书育人的任务和内容做出的精辟概括。

一、教师是教书育人的主体

教书育人的优良传统在我国源远流长。在社会发展的各个时代，在不同时代的各个阶级，都要求教师担负起教书和育人这两大基本职责，为所在的社会或阶级的利益服务，为其培养符合时代要求和社会需要的人。这也是教育在社会中的地位和根本任务所决定的。唐代大教育家韩愈在《师说》中一开篇就说："师者，所以传道、授业、解惑也"，韩愈认为教师的职责不仅仅是单纯的传授知识，还要教导学生明了立身处世原则和解答各种疑难问题。而老一辈革命家、教育家徐特立在谈到教师的职责时说，教师可以分为两种，一种是经师，一种是人师，人师是教学生怎样做人的，经师是教学生学问的。经师除了教学问外，学生的思想、品质、作风、生活、习惯等方面的事情，他是不管的，而人师则都要管。我们社会主义的高等教育，教师教学的任务是明确的，既要教书又要育人。

教书育人也是教育规律的客观要求。任何事物都有其内在的必然属性，对于教学来说，其内在属性表现在两个方面：一是教育性，教学的根本目的就在于为社会发展培育人；二是教师的主导性，在教学活动中，教师对学生具有主导作用，直接影响和引导学生思想与思维的发展。这两大内在属性决定教师教书与育人两大职责的统一性。知识的传授总是在一定的思想体系指导下进行的，反映一定的政治观点和治学态度，教与学的过程，既是知识的传递也是思想的交流，也有感情的沟通和影响，教师的世界观和人生观会随时随处表现出来。而学生所具有的天然的"向师性"，使得学生对自己所尊敬的教师的政治思想、道德观念和品质作风更易于接受。所以，教学本身就是思想道德教育的过程，它内化在教学的全过程。所有教师都要自觉地把自己的教学活动同整个社会的需要结合起来，以科学的世界观、人生观和价值观来影响学生。如果做不到这一点，就违反了教育规律，培养不出社会主义事业合格的建设人才，甚至会出现有才无德的"精英"，成为破坏社会稳定和阻碍社会进步的绊脚石。

然而，在现实生活中，受到各种因素的影响，在一些教师身上确实存在着只教书，不育人的现象，甚至有个别教师不负责任的在讲台上胡言乱语，影响极坏。学校作为培养社会主义事业合格建设者和可靠接班人的阵地，必需坚持社会主义的办学方向，我们每一位教师都责无旁贷，要自觉地将教书育人的思想贯穿在自己的教育活动中。在传授知识的同时，也要用正确的世界观、人生观教育和引导学生，提高学生的思想政治素质，促进学生的全面发展。

二、教学环节是育人的主要渠道

教学环节是学校一切工作的中心环节，也是学生在校期间学习生活的主要活动。教学过程中的教与学，提供了学生和教师之间最直接、最频繁的接触机会。同时，在各个学科的教学中，都蕴含有丰富的育人内容，从不同的角度、以不同的思维发挥着思想道德建设的作用。

社会、经济、哲学、历史等社会科学类课程，其教学内容本身就具有强烈的政治色彩和鲜明的立场观点，用强烈的爱国主义和优秀的民族传统感染学生，是这些课程教师教学的本质要求。自然科学的专业课程中同样有着思想道德建设的丰富内容。自然科学的发展受唯物辩证法的支配，唯物辩证法是马克思主义最基本的观点，各门学科的教学内容无不体现着这一科学真理。在人类文明发展进程中，自然科学的每一次重大发展都和人类的聪明才智以及艰苦奋斗、勇于创新的精神密不可分，也和在推动社会发展的进程中人们形成的爱国主义、民族精神、历史使命感以及责任感密不可分。在课程教学中，结合具体事例对青年学生进行生动的理想、信念、与国家、民族意识的教育培养，更容易加深学生对社会发展规律和社会主义本质的认识和理解，从而有助于学生学习马克思、列宁主义的立场、观点和方法，使青年学生意识到自己对祖国、对人民所负的使命和责任，激发爱国主义热情和民族主义精神，调动他们奋发成才、开拓进取的主动性、积极性。也有助于培养学生科学严谨的作风，养成实事求是的治学态度、坚忍不拔的攻坚精神、勇于开拓的进取精神、诚实守信、尊重他人劳动成果的观念，全面提高大学生的思想道德素质。

三、分类指导是育人的重要手段

现代社会的发展变化日益迅速，大学生面对的问题也越来越多，心理问题、贫困问题、就业问题、职业问题、学习问题、生活问题、恋爱问题、社会问题以及各种各样的思想问题。但他们远离家乡和亲人，不可能及时地接受亲戚朋友的帮助指导，并且有些学生由于来源于农村，父母文化程度和社会能力的不足，在大学生的一些困难问题上又力不能及，而老师是大学生最信赖，最容易接触的"良师益友"，得到老师的帮助是学生的心理需求，也是老师义不容辞的责任。然而，老师也不是万能的，也可能对某些问题了解得更多，指导的能力更强。因此，在具体的实际工作中，应该根据不同的情况分类指导。有些老师教学方法得当，可以指导成绩落后学生的学习；有的老师生活经验丰富，可以对学生进行生活艺术的教诲；有的老师社会阅历丰厚，可以对学生进行职业选择的指导；有的老师德高望重，可以对学生进行生活恋爱、人生价值的指导；等等。在某种程度上，指导环节比知识的传授更为重要，所谓"授人以鱼，不如授之以渔"，是学生形成良好思想道德的重要手段。在这方面同样要求教师要有明确的育人意识。在每个方面都要牢固确立培养人才的责任意识，身体力行，好为人师。例如，在对学生进行职业指导时，不仅要让学生明确职业发展中必需具备的知识和能力，还要对学生进行职业道德的教育，德才兼备方能实现可持续性发展，才有可能大有作为。在学习方法的指导中，科学的学习方法天然的蕴含着唯物主义辩证观。在人生观的指导中，如何做人更是思想道德教育的本质内涵。

四、活动引导是育人的重要环节

积极主动地参加学生活动，在活动中实施对学生的引导教育是教师育人工作的一个重要环节。大学生活是丰富多彩的，如党团活动、班级活动、文体活动、社会实践、课外科技活动等都是大学里的"必修课"。学生的政治态度和观点，思想觉悟和品质，组织能力和水平，工作作风和生活态度往往在活动中形成和发展。教师以育人为职责，要主动热情地参与到学生活动中，在活动中帮助学生解决各种问题，成为学生的知心朋友。班主任、辅导员应该这样，专业课教师也应该这样，真正把自己融入学生中，成为学生集体的一部分，把各种活动开展的更扎实、内容更丰富、思想更深刻，就能赢得学生的充分信任，也就能够更清楚地掌握学生的思想动态，有针对性地解决学生的思想问题。教师良好的思想道德素质也会在活动中潜移默化地传递给学生，使育人工作更深、更具体、更生动、更有成效。

五、言传身教是育人的重要途径

学高为师，身正为范。作为一名教师，传授给学生的绝不仅仅是具体的科学文化知识，他的思想作风，精神境界，人生态度，道德情操，价值追求，社会责任，思维方法等等这些书本上学不到的东西，都会在教学活动中不自觉地表现出来，传授给学生。所以，作为一名人民教师，一言一行都事关大局，必需不断进行自我完善，努力提高理论素养和思想水平，以良好的素质展现人类灵魂工程师的精神面貌。榜样的力量是无穷的，要严格要求自己，形成兢兢业业，任劳任怨，科学严谨、积极进取、乐于奉献，团结协作、爱护他人、关心集体的良好品德，用自己人格的力量去影响和感染学生，真正做到为人师表。

第二节 教育与自我教育相结合

在新的时代背景下，高等学校培养人的职能没有变，始终要把培养社会主义事业合格建设者和可靠接班人作为工作目标。但随着社会主义市场经济发展的需要和新形势下学生思想状况的变化，大学生的思想道德建设的内容和方法也要进行相应的充实和调整。在坚持正面教育的同时，充分调动学生自身主动性，将教育和自我教育相结合，才能使思想道德建设落到实处，收到实效。这就要充分发挥学校教师、党团组织的教育引导作用，引导大学生自我教育、自我管理、自我服务、自我提高。

任何形式的教育都只是外因，大学生自身才是思想道德建设的主体，我们的教育只有通过调动学生内在的力量，强化学生的主体意识，发挥学生自我教育的作用，才能真正提高大学生的思想道德素质，深化思想道德建设。从大学生活的实际来看，可以着重从加强以宿舍为单位的基层组织化建设、班集体、团支部建设和学生社团建设等几个方面来加强工作。

一、加强以宿舍为单位的基层组织化建设

大学生宿舍是高校学生生活和休息的主要场所，它的精神氛围，对学生的健康成长具有很大的作用。搞好宿舍的管理，是体现大学生自我管理能力的标志。众所周知的学生宿舍卧谈会，天南地北，海阔天空，其中不管缺乏一些无聊的甚至低级趣味的话题。特别是近些年来，随着高等教育的大发展，高校普遍挖潜扩招，在校学生人数急剧增长，高等教育从精英教育变为大众教育，学生素质也明显降低。学生宿舍在一定程度上已成为教育与管理的薄弱环节。高校管理干部队伍力量薄弱，在学生的教育与管理方面难度进一步加大。在这种情况下，加强以宿舍为单位的基层组织化建设就显得非常必要。深入开展文明宿舍评比，强化思想政治工作进宿舍等工作，积极调动大学生自身的积极作用，充分发挥学生会、学生社团、学生党团员、学生干部在学生宿舍管理中的主体作用。从净化日常生活环境、维持良好生活秩序、创建团结和谐宿舍开始，把宿舍变成提高大学生思想道德素质的前沿阵地，是高校教育管理的重要任务。

二、加强班集体的规范化建设

班集体是教学和学生生活管理的基本单位，同时也是学校德育工作的基层单位和良好载体。在思想道德建设中，以班集体和团支部的建设为重点，加强对学生集体主义思想和集体荣誉感的教育，在团结友爱、健康向上的集体氛围中，培养德、智、体全面发展的社会主义事业合格建设者和可靠接班人。

在目前的情况下，大多数高校已经把党支部建立到高年级的班上。即使没有党支部的班级，也有健全的团组织。在班集体建设中，党支部和团支部的建设是关键。只要把党、团的基层建设抓实抓好，就能使班集体形成一个团结稳定的政治核心，从而使班级工作能够顺利地开展。为了真正实现教育与自我教育的结合，就要加强对班级工作的指导，加强班级干部和学生骨干的培训，思想培训、工作培训、作风培训有机地结合起来，真正提高班干部综合素质。帮助他们结合班级实际，找准工作的突破点，使班级工作不断创新，形成具有时代精神的良好风气。良好的班风，主要体

现在鲜明的政治态度；浓厚的学习风气；强烈的集体意识；丰富的课外活动等几个方面。

（一）鲜明的政治态度

在班集体中形成鲜明的政治态度的氛围，能够以一种无形的力量，团结和凝聚全班成员，进行教育和自我教育。按照党和国家的政治要求，按照社会发展的需要，激发出一种共同的情感，形成一种共同的目标。这是一个集体建设的最高层次，是要引导和帮助大学生树立正确的世界观、人生观和价值观，确立为全面建设小康社会和构建社会主义和谐社会而奋斗的政治理想的坚实基础。这样的班集体，就能够有效地抵制拜金主义、享乐主义、极端个人主义和封建迷信等腐朽思想的侵蚀，就能够确保大学生思想道德建设目标的顺利实现。

（二）浓厚的学习风气

大学生的中心任务是学习科学文化知识。形成浓厚的学习风气是完成好学习任务的必要保证。良好的学风，是大学生自我教育的工具，是大学生健康成长的土壤，是大学生奋发成材的动力。全班同学在比学赶帮的氛围中，能够激发自己极大的创造性和自觉的积极性，以勤奋学习显示自己的态度，以开拓进取显示自己的精神，以发明创造显示自己的智慧，以优异成绩显示自己的价值。诸如课堂笔记展、优秀作业展；外语朗读、电子设计、数学建模、计算机编程竞赛以及小发明、小创造、小制作等活动，更能活跃班集体学习生活，进一步激发学习兴趣。在这样的基础上，为中华民族崛起而读书，为促进社会发展而学习的价值观念就能够牢固地树立起来。

（三）严格的组织纪律

规章制度和纪律是为统一集体成员的思想和行为而制定的具有导向性和约束性的行为准则。通过这些纪律的约束，使集体活动得以顺利进行。班级行为规范、宿舍公约、党、团支部工作条例、班风学风等规范的制订和实施，能够有效地调整班集体成员的行为，为良好班集体的建立奠定良好的制度基础。同时要通过经常性的教育，使全班同学对班级制度和纪律有全面而深刻的理解，并内化为自己的思想，自觉地支配和调节自己的行为，由他律达到自律。也要注意发挥全班同学的主动性积极性，形成良好的舆论氛围，使全体同学在认知、评价和行动上都保持一致。在教育与自我教育中，形成一个健康向上，积极进取的班集体。

（四）丰富的课外活动

生动活泼、丰富多彩的课外活动既能锻炼班集体成员的实践能力，又能陶冶他们的思想情操，同时对大学生的个性发展又有很大的影响作用。针对班集体成员的特点，充分发挥每个同学的优势，经常性地开展生动、活泼、健康的学术、文化艺术、体育、参观、调查、劳动、社会实践等课外活动，为每个成员的个性发展提供条件，有意识地锻炼学生各个方面的能力，培养责任感和集体荣誉感，增进同学间的友谊。这也是大学生进行自我教育的重要手段，能够有效地促进好班风的形成。

三、发挥学生社团自我教育的职能

随着学生活动特点的变化，基层的概念也得以扩展。除了班级外，各种学生社团也都在事实上成为学生活动的基层单位。学生在课余时间更多地在社团中参与各种活动，所以学生社团是高校重要的学生自我教育、自我管理、自我服务的组织，在思想道德建设中也是一支不可轻忽的力量。

学校应该花力气对社团的骨干进行培训，加强社团活动的管理，适当增加对社团活动的经费投入，必要时，可以在社团成立正式或临时的党团组织，以加强对社团的教育和引导。

第三节 理论教育与社会实践相结合

大学生思想道德建设只有建立在一个理论基础上，才能保证正确的发展方向。长期以来我们对于理论学习十分重视，这对于大学生的思想道德建设起着至关重要的作用。但是，理论是为了指导实践，只有在实践中才有生命力，实践是理论的落脚点；同时在实践中才能验证理论，发展理论，将理论推进到更高的高度。实践是人类探索和改造客观世界的社会活动，也是一切人才成长的根本途径。离开了社会与实践，理论与实际、主观与客观就无法联系并达到和谐的统一。无数事实证明，理论只有与实践相结合，才能更深刻的被人们所理解，也才能真正地为人们所掌握。离开了实践，一切理论都将失去其社会意义。在大学生的思想道德建设中，社会实践的作用同样不可忽视，我们只有将政治理论教育和社会实践相结合，既重视理论的学习，又重视引导大学生深入社会、了解社会、服务社会，才能实现思想道德建设的深入和可持续性发展。因此学习马克思、列宁主义理论，目的是为了指导实际工作，只有掌握马克思主义基本原理、基本观点，才善于从实际情况出发加以运用，有针对性地解放思想和工作中的实际问题，把马克思主义作为认识问题和解决问题的指南，在改造主观和客观世界的实践中学习和运用马克思主义才是理论学习的目的所在。

一、坚持以课堂教学为主的理论教育

社会的快速发展，对人们思想素质的要求也越来越高，不仅要求较高的政治理论素质，还要有完善的专业理论知识。但在实际学习过程中，大学生往往非常重视专业知识的学习，对政治理论的学习相对薄弱，这是我们应该予以重视的。对此，我们需要从两方面加强工作。一是要加强对优秀学生的指导和组织，形成政治理论学习的骨干队伍。指导老师要深入到学生中去，与大家一起学习、讨论、座谈，解答学生的各类问题。引导学生学习和掌握国家方针政策，使学生真正学有所得，提高政治理论水平。二是要采取多种形式，以行之有效的方法，在全体大学生中进行政治理论教育，特别是紧密结合形势政策宣讲，适时地将国内外最新动态、学生关心的热点、疑点问题讲述给学生，使学生在学习中注重理论与实践相结合，确保理论学习事半功倍，取得实效。

二、强化以社会实践环节的教育

重视和强化实践教学环节，是顺应社会发展对人才的更高要求以及思想道德建设的内在需要。大学生只有参加社会实践，深入到经济建设、思想文化建设和科学实验中去，才能够不断地培养自身的实践能力和艰苦奋斗及创新精神，为今后创造灿烂的人生奠定坚实的基础。

大学生实践能力素质的培养贯穿于大学生学习、生活、实践等整个过程。因此，在社会实践活动中要以辩证唯物主义作指导，既从实际出发，又注意总结其内在规律，运用现代手段和科学方法，充分发挥社会实践的特殊作用，起到综合性的教育效果。整体来看，实施大学生社会实践主要有以下几个途径。

（一）开展各种教学实践活动

大学生阶段有许多实践性很强的课程，结合课堂教学，认真搞好教学实践是非常重要的工作。在保证课堂教学的基础上，力求弥补学校教育、理论教育的不足，使大学生能尽快地溶入到各行各业的具体工作中去，为将来更好地从事专业工作提供良好的锻炼机会和条件。也能够在教学实践过程中锻炼思维，提高感性认识，增强实际工作能力，开阔眼界，更好地适应改革开放和现代化建设的需要，更好地为人民服务，为社会主义服务。

（二）建立社会实践活动基地

社会实践活动不能是盲目的。要以全面建设小康社会的现实需要为基础，坚持正确的指导思想，有组织有目标的进行。如果缺乏方向或失去活动的目标，实践活动就会流于形式、丧失活力。因此，建立大学生社会实践活动基地是十分必要的，可以为大学生的思想道德教育提供更广阔的空间。以基地为依托，有目的、有计划地安排好社会实践与学习活动，学生能够更有针对性地了解社会、服务社会，接受更加有效的锻炼。另外，通过不同类型的实习基地，将一个全面的社会大舞台展示给学生，让学生得到全面的锻炼和提高。

（三）深入开展社会实践活动

目前，大学生社会实践活动已经成为全国上下共同关注的问题，每年的寒暑假，全国大学生社会实践领导小组都会做出主题活动安排，各省、市、各高校也都具体开展很多形式的社会实践教育活动。除此之外，经常性的社会实践活动也越来越多，青年志愿者、爱心行动、科普宣传、法制教育、社区活动，读一本好书，做一件好事，参加一项社会公益活动；等等。这些活动对提高大学生自身素质、增强社会实际工作能力起到了积极的促进作用。

实践证明，积极参加广泛的实践活动是在新的历史条件下，贯彻教育与生产劳动相结合的方针和加强教育的实践环节的有力措施，是推动大学生走与实践相结合，与工农相结合道路的有效途径。它对大学生学以致用，服务于生产，服务于实际，增强实践能力和学习积极性等具有积极的促进作用；对于提高大学生坚持党在社会主义初级阶段的基本路线的自觉性，培养适应社会主义市场经济迫切需要的全面素质的建设者和接班人都具有重要的现实意义和深远的历史意义。

第四节 教育与管理相结合

教育与管理是大学生思想道德建设的两个重要方面，必需把二者有机结合起来，把思想道德建设融于学校管理之中，建立长效工作机制，由他律到自律、由约束到激励，才能有效地引导大学生的思想和行为，推进思想道德建设的顺利有序进行，才能充分发挥教育与管理的最佳效果。

教育必需辅之以管理，管理也是教育的形式，在教育与管理的过程中，必需要完善体制，理顺学校各部门的职能。在各部门职责明确的前提下，围绕"教书育人、服务育人、管理育人"这条主线，统一规划和管理，各负其责，建立教管结合的长效机制，实现人才培养的良性循环，为大学生思想道德建设提供良好的运行体制保障。然而，高校思想道德建设是一项复杂的系统工程，又受到市场经济和新技术革命的巨大挑战，能否把握时代特点，有针对性地加强思想道德教育工作，既是提高人才培养质量的要求，也是高校自身发展的需要。要实现这样的目标，必需要建立健全大学生思想道德教育与管理的规章制度，使大学生思想道德建设有法可依、有章可循，沿着良性的轨道健康发展。

一、以规章制度促进大学生树立科学的世界观和人生观

社会主义市场经济的建立和完善，促进了经济发展和社会进步，同时，也使人们的思维方式和思想观念发生了深刻变革。大学生作为社会中最敏感的群体代表，处在两种体制、不同观念剧烈碰撞的交汇点上。心理上的困惑与焦虑、社会化过程中的选择与冲突、道德观念上的矛盾与期待，使当代大学生心态呈现出一个十分矛盾的复合体。他们往往关心国家大事，但在政治观念上又存在着与社会发展不同步的保守意识；迫切希望中华民族振兴和发展，但在行为取向上又缺乏高度的责任感；常常把个人作为价值主体放在首位，但又在精神领域存在着愧疚的矛盾心理；有强烈的成才意识，但又缺乏脚踏实地的奋斗精神。因此，应该根据实际情况，不断建立和健全诸如政治理论学习制度、党、团组织工作条例、社会实践管理办法等各项规章制度，教育引导学生树立科学世界观、人生观，增强明辨是非的能力。作为社会主义事业的建设者和接班人的大学生，也要主动为自己的人生理想和目标准确定位，并不断付出努力，珍惜短暂的大学时光，克服浅尝辄止、犹豫徘徊、信马由缰等种种情绪化倾向和盲目行为，在各种考验、诱惑面前始终选择对人生负责的态度，以真正的主人翁姿态实现自己的人生价值。

二、以规章制度促进学生个体行为的规范和思想道德素质的提高

没有规矩不成方圆，这是我国传统教育重要的信条之一。大学生年龄大都在 20 岁左右，正处于世界观趋于成熟但还没有完全成熟的时期；还由于每位学生的生活经历和所受到教育不同，思维和行为上又经常表现出一定的差异性。在大学生的组成结构中，独生子女比例偏大，生活上一帆风顺，没有经历过多少的磨难，导致许多学生呈现出极端的以自我为中心的思维方式。互助意识、自制能力较差，公共道德水准偏低，行为随意性强，自我约束能力差。违反校规校纪，甚至以身试法的现象不断发生。因此，建立和健全有关教育和管理的规章制度，抑制和纠正学生的不良行为，巩固和培养其良好的习惯，对学生的健康成长、培养良好的思想道德素质具有重要的作用。

三、以规章制度促进学生形成良好的学风

学校的学习环境直接影响着学生的学习风气，而良好学习环境的营造，不仅受学校传统文化观念的影响，还与学生自身的努力密切相关。但是，对一部分学生而言，人生的目标不明确，上大学的目的不清楚，就业竞争的压力也使他们心慌意乱。他们不满足于"宿舍——教室——餐厅"三点一线式的生活方式，不屑于校园中的文学沙龙、科技论坛等文化生活，而热衷于校外的电子游戏厅、网络文化和社交活动等，他们不在乎自己是否校园的主人，而是我行我素，放荡不羁，甚至有的行为过激，破坏校园安全稳定的秩序。因此，必需依靠健全的规章制度，从学习要求、自习纪律、考试制度、作息规定、生活习惯等方面进行规范和约束，把学生引导到刻苦学习、努力进取的要求上来，促进学风建设，以优异的成绩回报党和国家的培养之情、父母的养育之恩。

第五节 继承传统与改进创新相结合

坚持继承优良传统与改进创新相结合是思想道德建设的一个基本原则。思想道德建设的历程，是一个连续的过程，是随着社会历史的发展变化而不断创新的过程。它除了要受到社会存在的影响以外，更有赖于对自身发展经验和传统的扬弃。在继承优良传统的基础上，积极探索新形势下大学生思想道德建设的新途径、新办法，努力体现时代性，把握规律性，富于创造性，增强实效性。因此，正确处理继承、借鉴与发展、创新的关系，对促进思想道德建设具有重要的意义。

一、正确处理继承传统与改进创新的关系

思想道德建设是随着历史条件的变化而不断发展的，是在继承、借鉴与发展、创新的辩证统一中发展的。只有继承思想道德建设的优良传统，批判地吸收一切有益的东西，根据时代要求，及时发展和创新，思想道德建设才能与时俱进，始终保持先进性。

任何时期的思想道德建设，都是以前一时期和阶段思想政治教育的成功经验和传统作为基础的，离开了这个基础，就失去了其继续前进和发展的条件，就不可能产生现时代的思想政治教育。割断思想政治教育的发展历史，就会丧失思想政治教育发展的基础和前提。

将发展的概念引入大学生思想道德建设，形成对大学生思想道德建设发

展及其实现的、总的、根本的看法，并以此系统的观点来指导大学生思想道德建设的实践，就是大学生思想道德建设的发展观。发展观是指既有历史合理性又有价值合理性的发展观，其方法论依据是马克思主义的历史尺度和价值尺度及其内在统一性理论，其发展模式是协调发展、可持续发展和人的全面发展三位一体。大学生思想道德建设的发展，从文化学的角度而言，就是辩证地处理好"古"和"今"，即历史传统和时代精神的关系，"中"和"外"即民族性和世界性的关系。历史的经验告诉我们，大学生思想道德建设要进一步得到改进和加强，必需开发传统文化资源，继承和发扬革命优良传统，这是创新和发展的基础和根源，"问渠哪得清如许，为有源头活水来。"同时，大学生思想道德建设必需是开放的，要学习和借鉴其他国家有益的经验，实现高校思想政治工作的现代转型，以适应新时期、新形势发展的需要。

我们党要始终代表中国先进文化的前进方向，就是党的理论、路线、纲领、方针、政策和各项工作，必需努力体现发展面向现代化、面向世界、面向未来的，民族的、科学的、大众的社会主义文化的要求，促进全民族思想道德素质和科学文化素质的不断提高，为我国经济发展和社会进步提供精神动力和智力支持。发展社会主义文化，必需继承和发扬一切优秀的文化，必需充分体现时代精神和创造精神，必需具有世界眼光，增强感召力。中华民族的优秀文化传统，党和人民从五四运动以来形成的革命文化传统，人类社会创造的一切先进文明成果，我们都要积极继承和发扬。我国几千年历史留下了丰富的文化遗产，我们应该取其精华、去其糟粕，结合时代精神加以继承和发展，做到古为今用。同时必需结合新的实践和时代的要求，结合人民群众精神文化生活的需要，积极进行文化创新，努力繁荣先进文化，把亿万人民紧紧吸引在有中国特色社会主义文化的伟大旗帜下。大学生思想道德建设是有中国特色社会主义文化的重要内容，也是中国社会主义大学的最突出的特色，是"具有中国风格、中国特色的社会主义文化"在高等教育领域的集中体现。

二、在保持思想道德建设民族特色的基础上创新

任何一个国家、一个民族的思想道德建设，在发展过程中，都既要维护自己的民族传统，保持自身文化的特色，又需吸收外来的先进成果以发展壮大自己。任何民族都有与其他民族相互区别的文化传统和民族特色。思想道德是维系一个国家和民族的精神纽带，以思想道德为核心的文化生存是民族和国家生存的基本前提条件。民族特色即民族个性和特点，也就是民族性。

在新时期，特别是在全球化加剧的当今时代，强调保持思想道德建设的

民族特色具有深刻的含义。这里的"民族特色"基本上和文化的"民族性"是同义的。民族性不仅表现在应该有本民族的思想道德特征上，而且表现在吸收外来思想道德时的主体性上，而这种主体性不仅表现在吸收外来思想道德时的主体选择性上，而且表现在消化外来思想道德的能力上。也就是说，即使是外国的思想道德，也不能完全照搬过来，而必需结合中国的实际情况，经过中国人自己的"消化"使之成为具有中国特点的思想道德，从发展的角度看，思想道德建设是中国共产党对中国传统思想道德文化的继承和创造，与不同国家、不同社会都存在的道德教育、思想教育等有相同之处，但也有根本的区别，这鲜明地体现在思想政治工作的"中国特色、中国风格"上。思想道德建设之所以在我国这块土地上发展起来，成为我们党和社会主义国家的重要政治优势，除了社会主义的政治、经济需要并决定思想道德建设之外，一个重要原因是思想道德建设符合我国的文化国情。我国自古以来，就有重德治、讲礼仪，重伦理、讲道德，重理想、讲修养，重内在、讲人格的传统，这种文化传统与西方国家重法制、讲规范，重外在、讲行为的传统是有区别的。正是这种文化传统，不仅留下了民族的传统美德，而且铸塑了国民的深层心理，形成了民族的习惯，为思想道德建设的产生、发展奠定了浓厚的文化基础，也为思想道德建设发挥巨大作用提供了条件。所以，党的思想道德建设自创立以来，经历了几十年的发展，逐步地丰富和完善。在新的历史条件下，思想道德建设遵循改革发展的路径，更以富有中国特色的面貌，以整合发展的态势，在全球化的时代大背景中，发挥重要而独特的作用。

三、在坚持思想道德建设正确方向的前提下创新

马克思主义是我们认识和改造世界的强大思想武器，是指导中国革命、建设和改革的行动指南。这是总结我们党的历史得出的最基本的经验，也是思想道德建设发展的最重要的特点。在新时期，只有牢牢把握这一点，继承和发扬党的优良传统，才能延续和发展中华民族优秀传统，保持和发展民族文化特色，保证思想道德建设的正确方向，加强、改进和创新思想道德建设。

无数历史事实证明，一个没有坚强精神动力的民族是没有希望和前途的民族，一个缺乏崇高精神支撑的国家是涣散消沉的国家，一个丧失了共同精神支柱的社会是混乱无序的社会。一个民族、一个国家，如果没有自己的精神支柱，就等于没有灵魂，就会失去凝聚力和生命力，有没有高昂的民族精神，是衡量一个国家综合国力强弱的一个重要尺度。崇高的精神，凝聚着绝大多数人的意愿和根本利益，代表了社会进步的方向。从这一意义上讲，崇高的精神本身就是伟大事业的内在组成部分，伟大的事业必需以塑造崇高精

神为其重要任务。以科学的理论武装人，以高尚的精神塑造人，是大学生思想道德建设的重要内容。

四、在学习借鉴别国有益经验的条件下创新

思想道德建设是我们党的独创。很多国家虽然没有像我们这样一整套理论和实践体系，但事实上也有政治教育、道德教育等意识形态的工作，有些国家这方面还很有成效，无论是理论体系还是实践方法都有我们可资借鉴的地方。以美国为代表的西方国家，思想政治工作的名称各异，但总体而言，都有强化政治教育的趋势，在针对性、系统性、渗透性和结果方面有明显的效果。

（一）鲜明的阶级性与政治性

作为上层建筑领域的思想道德建设，具有鲜明的阶级性与政治性特征，这个特征在任何国家、任何时期都明显地存在。综观美国史，我们可以看到，从争取独立到现在成为世界头号资本主义强国，美国资产阶级一直在抓思想道德建设，而且导向非常明确，非常鲜明，措施非常得力，可以说是"一刻也不放松"。资产阶级在与无产阶级的斗争中，不断总结经验，非常注意讲政治，从战略的高度，把思想道德建设作为推行资产阶级意识形态、培养资产阶级接班人的"主渠道"，以此为主要手段，以隐蔽的、持续不断的方式，"打一场没有硝烟的战争"。美国在历史上，虽然也曾有忽视思想道德建设的情况，但以政治教育为核心的公民教育从来没有忽视过。由于美国从争取独立起就在为资产阶级共和国奋斗，所以它的爱国主义是与爱资本主义自然统一在一起的。美国的思想道德建设从一开始就具有强烈的阶级性和政治功能。美国是一个迅速发展、崇尚变化的国家，相对主义、实用主义、功利主义十分流行。然而就是在这种氛围里，政治的核心内容却长期保持了稳定性和连续性。资本主义教育、反共产主义教育、公民权利和义务的教育、国民精神教育——这四个方面的教育旗帜鲜明、一以贯之，毫不动摇，从不含糊。美国毫不动摇地坚持这四项基本教育，其根本目的是为了阶级统治和国家利益，而绝不是为了"普世"理想。法国政治思想家托克维尔的话可以对此问题提供参考："美国人的思想缺乏一般观念，他们根本不追求理论上的发现。在美国，对人们进行的一切教育，都以政治为目的。"美国政府对待政治教育和道德教育及宗教教育的政策是不同的。总的说来，对后二者的政策比较宽松。然而在政治教育方面，却采取了许多"硬性"的行政措施，比如对学校教学计划中政治科目的规定，比如对教师、校长和督学按一定的政治及道德要求进行严格

的筛选，等等。可以说，美国在政治教育方面的虚伪性要比它在道德教育方面的虚伪性少得多。高度重视政治教育，鲜明的阶级性与政治性，这是美国高校思想道德建设最显著的特点。

美国在爱国教育中也大张旗鼓地进行主导价值观的宣传和灌输。通过公民在基本价值观上达成的一致来实现政治上的一致，是世界上许多国家爱国教育获得成功的一条重要经验。比如，在思想政治教育的诸多方向中，许多国家抓得最紧的是政治教育，政治教育的成效也是最突出的。

（二）较强的社会适应性

在很多国家，思想道德建设的主题和核心是爱国主义教育。美国高校思想道德建设紧密联系社会实际，根据美国政治、经济、文化条件的变化，不断调整内容、方式、理论，经过逐步发展和完善，达到比较成熟的阶段，特别是美国爱国主义教育和宗教信仰结合，增强适应美国的国情，增强了感召力。目前美国高校思想道德建设不但能够适应美国政治需要，而且能够适应社会需要，满足学生个人发展需要，在解决美国私有制和个人主义基础上产生的社会矛盾、社会冲突和社会问题的预防、干预中，发挥了重要作用。值得重视和研究的是，在美国的一些重要时刻，美国的思想道德建设教育发挥了作用，如20世纪90年代美国出兵伊拉克，在短期内完成兵员补充，并得到民众特别是青年学生的支持；2001年在遭到"9.11"恐怖袭击严重打击后，美国民众迅速恢复自信，高度支持政府的态度，都能反映出思想道德建设的效果和适应性。

搞好爱国教育，首先要对爱国的本质有深刻、准确地把握。"爱国"容易使人联想到民族情感，其实它首先是一种意识形态，是团结凝聚本国人民共同奋斗的精神支柱。在现代利益关系错综复杂的社会条件下，唯有爱国才能最大限度地在一个国家中团结一切可以团结的力量，找到利益冲突各方都可以接受的某种共同点、结合点。因此，许多国家才不约而同地把对"国家意识"的宣扬和灌输放在爱国教育的首位，并以此为指导来处理爱国与民族、宗教的关系，个人与社会的关系。我们看到，作为移民国家的美国，通过爱国教育形成了强烈的"美利坚民族"意识。新加坡通过实施"社会认同工程"，开展"共同价值观"大讨论，使华人、印度人、马来西亚人凝聚成"新加坡人"。东欧剧变后，处于转型时期的原社会主义国家，在艰难地选择新的发展方向和道路的过程中，面对人民群众的困惑和迷茫，唯一没有争议而能够高举起来的旗帜就是爱国。可见，在爱国教育中，尤其是在有着多民族和跨界民族的国家，民族情感只是纽带，"国家意识"才是核心。"国家意识"是树立共同精神信仰和精神支柱的最重要、最有效的途径。

（三）重视理论研究，具有系统性、整合性发展的趋势

20世纪以来，美国德育流派纷呈，但主要无非两大倾向，科学主义倾向和人本主义倾向。科学主义德育思潮是现代美国德育理论的主流。科学主义是随工业革命的出现、科学技术的发展而产生的一种哲学思潮，始于19世纪末、20世纪初。科学主义表现为经验主义的、实证主义的、实用主义的和唯功利主义的科学观，注重以科学认识的理论、方法、逻辑和科学发展的规律作为自己的研究对象，并以此来反观世界。主要表现为：具有明显的形式主义色彩，强调道德概念、道德语言分析，注重道德形式与道德判断；忽视作为主体的人的情感、意志，推崇理性与科学并贯穿于其德育理论与德育实践；强调德育的外在目的、社会的功能。这一德育流派的理论在美国的德育领域影响极大，成为20世纪以来美国德育领域的主流。归纳起来，这一德育流派主要包括：以杜威为代表的实用主义德育流派；以斯金纳为代表的"新行为技术"德育理论；以柯尔伯格为代表的道德"认知——发展"学派。

与科学主义德育思潮对立而存在的是人文主义德育思潮。如果说科学主义的德育思潮是20世纪以来美国德育发展的主流，影响着美国德育发展的总趋势，那么，人本主义的德育思潮则始终与之相伴随，形成分庭抗礼的局面。人本主义常把人和科学对立起来，力图在科学之外来解释人及与人有关的问题。认为，用自然科学的方法、用理性逻辑的方法来研究人和说明人，都是用一种外在的东西规定人，必将淹没人的特征与个性，抹杀人的主动性与自由。人本主义的德育观认为，人的特性就在于人的本性的丰富性、微妙性和多面性；人的本质不依赖于赋予他自身的价值；人不是外界环境的被动物，人应当听从和尊重他内在的原则。因此，应从人的本身的存在来研究人，也就是从人的非理性出发。人本主义道德观还认为，认知是人的表层的东西，不能确定人的本性。人的内心深处的情感、意志、欲望才是人的真正本质。人本主义的德育观强调人自身的作用重视人的能动性和个性自由，把道德看成是绝对的情感、情绪、本能、意志的领域，认为非理性是道德的基础和决定力量。在美国，人本主义的德育思潮所包含的流派很多，比较突出的是20世纪50年代的存在主义德育流派，以马斯洛为代表的人本主义德育流派和以拉思斯、西蒙、哈明等人为代表的价值澄清学派。这些杂乱纷呈的德育理论并不一定都正确，但确实也反映了一种现象，就是他们的思想道德建设不断有新的理论出现，不断有新的理论指导，体现的是发展与变化。所有这些，都是我们在思想道德建设的创新过程中应该认真研究和学习的。

五、在创新发展的基础上开发思想政治工作的新资源

在新形势下，要实现大学生思想道德建设的新发展，就要在继承和发扬思想道德建设优良传统的基础上，在内容、形式、方法、手段以及机制等方面，锐意创新和改进，特别要在增强时代感，加强针对性、实效性、主动性上下功夫，着眼于开发思想道德建设的新资源。这是今后加强和改进大学生思想道德建设的重点。思想道德建设关键在落实。大学生思想道德建设要勇于开拓，锐意创新，增强时代感，使思想道德建设的内容贴近学生的现实生活，贴近时代的发展要求，在经济全球化和社会多元化的背景下，重点培养学生的辨别能力和批判能力，为学生的全面而健康发展服务；同时大学生思想道德建设虚实结合、知行统一，不能道理讲得多，行为指导少，虚而不实，知行脱节，而要结合学生个体发展的特点，虚功实做，寓理于事，抓好养成教育，在帮助学生自己解决人生发展问题的过程中体认道理，形成正确的人生观、世界观和价值观；在具体工作中，要注意思想道德建设的层次性，使思想道德建设统筹、科学、有序地进行，防止突击性、运动式、一刀切、"一阵风"；做到新旧结合，把传统的思想道德建设和新形势下的创新结合起来，重在取得实效。高等学校的新形势、新变化、新问题，给大学生思想道德建设带来了新机遇、新挑战、新发展，思想道德建设也因此重在创新。高校思想政治工作者要开拓进取，推进思想道德建设的创新和发展，形成主动性强、针对性强、实效性强的全方位、整体化、开放型的高校思想道德建设新格局。

第六节 解放思想问题与解决实际问题相结合

解放思想问题与解决实际问题相结合是我们党的思想方法和工作方法。在加强和改进大学生思想道德建设中，在"育人为本、德育为先"的原则基础上，我们同样要把加强思想道德建设与解决实际问题结合起来，既以理服人又以情感人，从而使我们的工作真正能够体现时代性、把握规律性、提高针对性、实效性和吸引力、说服力、感染力。思想道德建设归根到底是做人的工作，必需坚持以人为本。既要坚持教育人、引导人、鼓舞人、鞭策人，又要做到尊重人、理解人、关心人、帮助人。当代大学生在成长过程中难免会遇到一些思想问题，在生活中也会面临很多实际问题，而这些实际问题往往是他们思想问题的根源。因此，他们遇到的一些具体思想问题既需要通过提高认识来解决，也需要通过解决他们所遇到的一些具体困难和问题来解决。针对大学生的思想道德建设，既要摆事实、讲道理，以理服人，不断提高他

们的思想认识和精神境界，又要关心人、办实事，以情感人，帮助大学生处理好成长过程中学习成才、择业交友、健康生活等方面的具体问题。切实将思想道德建设渗透到多为大学生做实事、做好事的过程中，在办实事中贯穿思想道德建设。

一、要进一步做好贫困生解困工作

目前，由于社会经济发展的不平衡性，许多家庭仍然处在比较贫困的生活状态。具体在高等学校，每年都有一定数量的贫困学生急需帮助。做好这项工作，不让一个大学生因家庭贫困而辍学，不仅是经济问题，也是政治问题，体现了社会公正、教育公平，体现了社会主义制度的优越性，体现了党和政府的关怀。要认真落实国家关于解决高校贫困学生困难问题的相关政策和各项措施，政府、高校要为贫困家庭学生勤工助学创造条件。在这项工作上，态度要坚决，力度要加大，在采取困难补助、勤工助学、减免学费、师生捐助等多种形式帮助的同时，更要在全体学生中加强艰苦奋斗、自立自强、勤俭节约教育，把解决实际问题与思想教育有机地结合起来，使大学生思想道德建设既扎实又富有成效。

二、要进一步做好毕业生就业指导工作

近些年来，由于经济结构变化和产业结构调整，社会用人机制走向市场化，失业和再就业问题一直突出地存在着，也在很大程度上影响着大学生的就业。做好毕业生就业服务工作，关系实施人才强国战略和全面建设小康社会的全局，关系广大毕业生及其家庭的切身利益，关系高校和社会的稳定。要坚持"面向市场，双向选择，完善服务，加强指导"的就业方针，采取一切措施做好这项工作。高校在做好就业指导工作，积极为大学生落实就业岗位创造条件的同时，也要教育引导大学生树立正确的择业观念，特别是要激励大学生发扬艰苦奋斗和甘于奉献的崇高精神，到基层、到西部、到祖国最需要的地方去建功立业，把指导就业与加强思想道德建设紧密结合起来，推进大学生思想道德建设上新台阶。

三、要进一步做好后勤管理和服务工作

管理和服务在思想政治教育中发挥着不可或缺的作用，是全方位育人的重要环节。要把大学生思想道德建设与为大学生服务紧密结合起来，了解大学生的愿望要求，关心大学生的冷暖疾苦，帮助大学生解决实际困难。要不断提高管理和服务水平，从关心大学生学习生活的一点一滴做起，从大学生

反映的一个个问题抓起，切实加强大学生宿舍、食堂、澡堂和活动中心的管理，不断满足大学生对学习、生活和文体活动等方面的合理需求，在科学严格的管理和细致入微的服务中，增强大学生思想道德建设的实效。

四、要进一步做好大学生的心理健康咨询和教育工作

做好大学生的心理健康咨询和教育工作，帮助大学生培养良好的心理品质，是当前大学生思想道德建设的重要一环。现代社会竞争激烈，大学生面临的学习、生活、情感和就业等压力明显增大，由此产生的心理问题明显增多。心理问题已成为影响大学生健康成长的新的重要因素，须高度重视。要积极开展心理咨询工作，为大学生提供及时、有效、高质量的心理健康指导与服务，有针对性地帮助大学生处理好学习成才、择业交友、健康生活等方面的具体问题。要积极开展多种形式的心理健康教育，保证大学生健康顺利地成长。

第二章 当代大学生思想道德
建设的目标任务

中共中央国务院《关于进一步加强和改进大学生思想政治教育的意见》中提出了加强和改进大学生思想政治教育的四项主要任务：第一，要以理想信念教育为核心，深入进行树立正确的世界观、人生观和价值观教育；第二，要以爱国主义教育为重点，深入进行弘扬和培育民族精神教育；第三，要以基本道德规范为基础，深入进行公民道德教育；第四，要以大学生全面发展为目标，深入进行素质教育。加强和改进大学生思想政治教育，提高他们的思想道德素质，并努力促进他们的全面发展，是对最根本的社会发展动力的激发，是对最关键的社会发展主体的塑造，是实现科学发展观和构建和谐社会的内在要求。

第一节 树立正确的世界观、人生观、价值观

世界观、人生观、价值观有着丰富的内涵，是一个有机的整体。大学阶段是大学生正确的世界观、人生观和价值观形成和确立的关键时期。牢固树立正确的世界观、人生观和价值观是大学生思想道德建设的主要任务，对培养合格人才具有重要影响。

一、世界观、人生观和价值观及其关系

世界观是人们对整个世界的总的看法和根本性观点，人生观是人们对人生的价值、目的的总的看法，价值观是人们对人生目的、人生意义的评价和认识，是衡量价值的标准。三者之间是辩证统一的关系。

（一）世界观、人生观、价值观的基本内涵

所谓世界观，是指人们对整个世界，包括自然界、人类社会、思维领域在内的总体看法和根本观点，即人们关于整个世界的观点、看法、态度；所

谓人生观，是指人们对人生目的、人生意义、人生态度等人生基本问题的根本看法和态度。它回答人为什么而活着这一人生永恒的命题，其中，对人生目的的根本看法和态度是人生观的核心；所谓价值观，是指人们对某事物对人的作用、意义、价值的观点、看法、态度。通常讲的价值观主要是指人生价值观，是价值观在人生中的表现，是价值观的一个领域。人生价值观，是指对个人对社会的责任和贡献，社会对个人的尊重和满足的观点、看法、态度。

（二）世界观与人生观的关系

世界观是对自然、社会和人自身即整个世界的总的看法，其中自然包括对人生目的、意义以及爱情、幸福、苦乐、荣辱、生死等人生观问题的系统看法。从这一意义上看，世界观包括人生观，人生观表现世界观。人生观是世界观的重要组成部分。人生观反映世界观，表现世界观。世界观是比人生观更深层、更根本的东西。人生观只有反映了社会历史发展的客观必然性，其人生目标的确立、人生道路的选择，与社会发展规律相一致，即反映了正确世界观的要求，才能称得上是正确的、进步的；否则，是错误的，阻碍社会进步的。同时，世界观又总是与人生观相一致，并通过人生观来表现。正确的人生观对于正确的世界观的形成、巩固和发展具有不可忽视的积极作用。

（三）世界观与价值观关系

价值观以世界观为理论基础，运用正确的世界观、方法论思考人生价值问题，才能树立正确的人生价值观。在看待个人利益与国家和人民的利益的关系、奉献精神和功利追求的关系，竞争与协作、自主与监督、效率与公平、先富与共富，经济效益与社会效益等关系问题上，离开唯物辩证法的指导，就可能从一个极端跳到另一个极端。

（四）人生观与价值观的关系

价值观是人生观中最重要、最根本的东西。所谓人生目的、意义，人生中的幸福苦乐、荣辱等就表现为一种价值评价，人生道路的选择归根结底也就是一种价值选择。所以人们将人生观、价值观称作人生价值观是不无道理的。然而，不仅要看到价值问题在人生观中的重要地位，而且要看到价值观的形成受人生观的制约。改革开放以来，有些人谈价值和价值观问题陷入了误区，如认为价值的获得不受任何制约，完全是价值主体自由选择的结果；只讲个人价值，不讲社会价值；侈谈价值多元，不谈价值导向；只讲低层次价值追求，不讲高层次价值追求；等等。这当中一个主要原因，是割裂价值观与人生观的联系，乃至在错误人生观的误导下谈人生价值问题。可见离开正确人生观的指导谈价值问题，即会难免陷入误区。

世界观、人生观、价值观之间是相辅相成、相互作用、相互促进的，也就是辩证统一的。一般说来，世界观包括并决定人生观、价值观，人生观、价值观表现世界观。在理论层面，世界观是最根本的理论基础或理论前提；在意识形态和精神生活领域层面，价值观表现得最直接、最鲜明、最集中。

二、大学生世界观、人生观和价值观状况

随着改革开放的进一步深化和扩大，在新的世纪社会处在转型时期，大学生的世界观、人生态度以及价值取向也发生了深刻的变化。他们的世界观、人生观、价值观状况，直接关系到我们国家和民族的长治久安和社会文明进步。当代大学生思想观念和精神风貌的总体态势积极向上，他们有一定的政治追求，有鲜明的民族自豪感和时代使命感，思想敏锐，文化水平高，求知欲望和自主意识强，但还存在一些消极因素。

（一）世界观日趋成熟但存在二元倾向

随着科学技术的不断发展，大学生的世界观的主要趋向是唯物的、科学的，但是我们也必需承认，许多大学生还不是彻底的唯物主义无神论者，其世界观中存在着唯心主义有神论的成分，特别是还存在一些迷信思想，表现出明显的二元倾向性。当代大学生逐步确立了辩证唯物主义和历史唯物主义的世界观，树立了建设中国特色社会主义的政治观念，并逐步升华为具有理性的自觉政治行为。关心国家的前途和命运，是忠诚的爱国主义群体。他们善于接受新生事物，报纸、广播、电视特别是网络成为他们获取信息的重要工具。具有强烈的爱国之心、报国之志，始终是坚定、忠诚的爱国主义大军。对许多社会热点如机构改革、分配不公、腐败问题等都表示关注。

（二）主流人生观日趋理性化但非主流影响很大

日渐理性化的人生观对当代大学生形成导向激励，当代大学生正处在人生观的成熟、成型期，他们在对历史和现实的评判中吮吸生存营养，在对未来的憧憬中寄托精神力量。大学生主流人生观是好的，树立正确人生观的还是绝大多数。他们对日常学习生活开始形成思维和行为导向，追求完美的人格质量越来越为当代大学生所青睐。应该充分肯定当代大学生的这一积极上进的势头，努力营建更有利于塑造大学生完美形象和人格质量的文化氛围。

（三）价值观呈现多元化趋势

市场经济条件下，大学生的价值观念，开始进入了一种比较自觉的状态，

无论是在日常生活、社会道德，还是在人生价值方面，大学生都已开始意识到自我价值观念存在的意义，觉察到自我的袒露和个性的抒发。价值观信仰由一元转向多元，由相对统一转向差异，这是当代大学生价值观变化的一个基本走向。价值取向由理想主义转向求真务实。在改革开放以前，由于当时处在计划经济体制下高度整合的社会体系中，意识形态高度集中，大学生的价值取向与国家和社会的总体价值观念基本上一致。国家的意志、社会的目标就是大学生的选择和追求。现在这一现象开始发生了变化，大学生已经能够主动和自觉地意识到自我价值的追求，开始重视实效及物质利益，开始有了自己的某些价值标准、价值取向，在与整个社会基本一致的基础上，开始注重个人需求，他们的价值取向带有明显的功利主义倾向。价值观念由传统的重义轻利向现代的义利并重转变。在市场经济的大环境里，大学生的金钱观念、利益意识大大强化，竞争、进取、效率、富裕、自强、自立的价值观得到充分肯定。大学生的自我意识日益觉醒，个性世界不断丰富，个人的积极性、自主性和创造性得到了更多地发挥机会。

三、牢固树立科学的世界观、人生观和价值观

大学生是最富生机、最有活力的社会群体之一，是国家的希望，民族的未来，其思想道德素质是全民族思想道德素质提高的重要基础，也是全民族整体素质提高的重要基础。

（一）正确世界观、人生观和价值观的意蕴

在长期的社会主义革命和社会主义建设中，我们认识到：只有马克思主义的辩证唯物主义和历史唯物主义的世界观，才是指导我们观察和认识世界的科学的世界观。只有全心全意为人民服务的人生观，才是我们应当奉行的人生观。只有以个人利益与集体利益相结合，而以集体利益高于个人利益为原则的价值观，才是唯一正确的价值观。这一科学的世界观，给我们提出了观察自然和观察历史发展的正确方法；这一正确的人生观，指明了一个人应当如何正确对待生死、荣辱、得失、苦乐和贫富关系，使人们在人生道路上能够正确前进；这一价值观，使我们懂得了集体利益之所以高于个人利益的客观必然性，有利于我们正确地处理个人同他人、个人同社会、集体、国家的关系。

（二）加强大学生世界观、人生观和价值观教育的必要性

加强大学生的世界观、人生观和价值观教育是高校思想政治工作的重要

内容。大学生的思想观念具有较强的可塑性，必需通过加强世界观、人生观和价值观教育给予正确引导。大学阶段，学生的生理和心理尚未完全成熟，是世界观、人生观和价值观形成和确立的关键时期。而这个阶段，社会上各种思潮包括正确的和错误的东西，无时无刻不在潜移默化地影响着他们。他们年轻幼稚、阅历浅薄、政治鉴别能力较差，自我意识及其人生价值观的可塑性较强，这就非常需要加强对他们的教育，及时帮助和引导他们树立正确的世界观、人生观和价值观。进而给他们指明正确的人生航向，增强他们自觉抵制错误思潮和拜金主义、享乐主义、极端个人主义等腐朽思想侵蚀的能力，促使他们健康成长。

加强对大学生世界观、人生观和价值观教育，是坚持社会主义办学方向的需要。社会主义高等教育的宗旨，就是要培养建设有中国特色社会主义事业的建设者和接班人。高等学校加强大学生的世界观、人生观和价值观教育，是保证社会主义高等教育办学方向的核心问题，这也是社会主义大学区别于资本主义大学的显著标志之一。

加强对大学生世界观、人生观和价值观教育，是抵制错误思潮影响的需要。市场经济条件下，社会上有一些人的自我价值观念极度膨胀，陷入极端个人主义、拜金主义、享乐主义的深渊，他们只讲个人不讲集体，只讲索取不讲奉献，贪污、走私、坑蒙拐骗，追求奢靡生活，更有甚者，把等价交换原则引用到党内生活和政务活动中来，大搞权钱交易、行贿受贿、贪赃枉法等。在这些错误思潮的影响下，一些大学生对理想、信念的概念模糊，往往把拥有金钱的多少作为衡量人生价值大小的尺度。市场经济大潮对大学生的思想观念产生冲击和影响，客观需要加强对世界观、人生观和价值观教育。

（三）加强大学生世界观、人生观和价值观教育的主要途径

世界观、人生观和价值观教育是一项系统工程，高校、家长和社会都负有教育的责任，要多管齐下，形成合力。对于作为接受者的大学生来说，要使他们把对人生意义和价值的思考变为一种内在的精神需求。要激发他们全面发展的意识和要求，改变把大学时期当作单纯的知识累积阶段的片面认识。借鉴当代中国和世界的先进文化，赋予教育内容以更深厚的文化基础和精神内涵，增强其理论厚度。

要切实加强大学生世界观、人生观和价值观教育，需要提高认识，加强领导，多管齐下，齐抓共管。切实加强党委对世界观、人生观和价值观教育的领导，并在高校建立起一支强有力的高素质的世界观、人生观和价值观教育师资队伍，做到高校、家长和社会的密切配合。建立一支高素质的思想政

治教育队伍则是重要保证。"两课"教育应作为世界观、人生观和价值观教育的主渠道，配备有足够数量的"两课"教师，而且这些教师具有良好的思想品德和教育教学经验，才能够用他们的言行去教育影响大学生。要切实配备好思想政治工作骨干发挥学生管理工作队伍的重要作用，还应充分发挥各专业课教师、教辅人员、管理人员和服务人员在大学生世界观、人生观和价值观教育中的作用。采取各种形式加强大学生的世界观、人生观和价值观教育。应针对大学生喜欢参与和竞争的特点，采取参观访问、形势报告、收看影视、征文大赛、演讲比赛、辩论大赛、主题班会和社团活动等形式，教育、启发、引导大学生。同时，把世界观、人生观和价值观教育活动与高校精神文明建设紧密结合起来，坚持以思想道德为重点，以校园文明建设为载体，以抓好世界观、人生观和价值观教育为目标，开展创建"文明食堂""文明宿舍""文明班级"和"文明大学生"活动，着重塑造文明学校、文明班级和文明大学生"三个形象"，努力在校园形成良好的政治风气、高尚的文明风气、浓厚的学习风气、健康的文化风气，把大学生培养成为品德高尚、文明自律、爱校敬业的优秀人才。

（四）理想信念教育是大学生"三观"教育的核心内容

理想是人们在实践中形成的具有现实可能性的对未来的向往和追求，是世界观在奋斗目标上的集中体现。信念则指人们对未来事业和生活的坚信，并身体力行的精神状态，是认识、情感和意志的融合与集中。理想以信念为基础，是信念在未来目标上的具体体现，而理想的实现必需以信念为支撑。理想和信念紧密联系在一起，是人类信仰的两个基本方面，是人的精神方面的内容，都是指人的精神支柱和精神追求。

理想信念是世界观、人生观、价值观的集中体现，是人们对未来的想象和设计。它可以使世界变得辉煌，使人们的生活充满希望。一个人有了远大正确的理想，才会有明确的奋斗目标；一个国家和民族有了理想，才会有希望。大学生正处在长知识、增才干、养成良好的品德行为、形成初步世界观、人生观的重要阶段，在这样一个人生阶段，理想信念正确与否，将直接影响他们的一生。因此，加强大学生世界观、人生观和价值观教育的核心是理想信念教育。理想信念教育是当前大学生思想道德建设中的根本任务，是提高大学生思想道德教育实效性的着力点和切入点。理想信念教育主要分为两个层次：一是中国特色社会主义的共同理想信念；二是共产主义的远大理想信念。中国特色社会主义的共同理想信念是共产主义远大理想信念在当代中国的阶段性表现，又是引导大学生追求更高的目标并树立远大理想信念的起点。

突出进行社会主义、共产主义理想信念的教育，是大学生思想道德建设的核心内容。抓住这个核心内容，就抓住了灵魂，抓住了关键。

第二节 培育浓厚的民族精神

民族精神是一个民族赖以生存发展的精神支柱。在五千年的历史长河中，中华民族形成了以爱国主义为核心，勤劳勇敢、自强不息、团结一致的伟大的民族精神，这是中华民族五千多年来薪火相传、生生不息的精神支柱。在当今世界，有没有高昂的民族精神已成为一个国家综合国力强弱的至关重要的因素。当代青年大学生既是中华民族优秀文化的继承者，更是未来社会主义事业的建设者，担负着继往开来，振兴中华民族的重任。因此，对当代大学生进行民族精神的培养，是思想道德建设的重要内容，是进一步增强中华民族凝聚力、战斗力和竞争力的有力保障。

一、民族精神的内涵

民族精神是民族的灵魂，体现了一个民族独有的精神特质，是这个民族与其他民族相区别的重要特征，它对民族的生存和发展具有巨大的作用。民族精神是一个民族特有的精神风貌，它是民族文化、民族智慧、民族心理和民族情感的客观反映，是一个民族价值取向、共同理想、思维方式和文化规范的集中体现。从本质上说，民族精神集中了一个民族文化的精华，是一个民族文明程度的重要标志。它是民族维系的纽带，是民族发展的动力，是一个民族自立于世界民族之林的支柱。人类社会发展的历史证明：没有强大的物质力量，一个民族不可能自尊、自立、自强；没有强大的精神力量，一个民族同样不可能自尊、自立、自强。任何一个民族为了自身的发展，都注重对本国学生的民族精神培育，使他们从小养成深厚、广阔、高尚的民族文化底蕴和精神空间。民族精神是民族的精神支柱和灵魂。它对于塑造民族的品格和风貌，对于增强民族凝聚力、向心力有着不可替代的作用。民族文化是民族精神的载体，民族精神是民族文化之升华。民族历史愈悠久，传统文化愈丰富，民族意识和民族情感就越深邃，民族精神就越强烈。

二、中华民族精神的精髓

经过五千多年的培育和锤炼，中华民族形成了以爱国主义为核心的团结统一、爱好和平、勤劳勇敢、自强不息的民族精神。

（一）团结统一的精神

团结统一是指一个民族为了实现共同的理想和目标，凝聚全民族的意志、智慧和力量，同心同德、维护统一、顾全大局的互助合作精神。自古以来，中国各民族之间就存在着一种强烈的民族认同感，都以自己是龙的传人、"炎黄子孙"而自豪，都有维护国家统一、反对民族分裂的整体感和责任感，从而用自己的实际行动谱写了一曲又一曲维护统一，反对分裂的颂歌。中国从秦朝建立统一的中央集权制国家以来，在漫长的历史岁月中虽有分合离乱，但主体一直是一个统一的多民族国家，其根本原因就在于中华民族高度一致的整体感、责任感的价值取向，在于各个民族之间和睦合作、友好相待的优良传统。中华民族精神强调团结统一。古往今来，越是在国家和民族危难的时刻，中国人民越是紧密地团结在一起。团结互助、和衷共济，一方有难、八方支援，是中华民族大家庭的优良传统。中国历史上虽然也曾经出现过暂时的分裂现象，但民族团结和国家统一始终是中华民族历史的主流。正是凭着对团结统一的执着追求，香港和澳门相继回到了祖国的怀抱。目前祖国完全统一的大业尚未完成，我们将坚定不移地为祖国统一的目标而不懈奋斗，同广大台湾同胞一道，共同承担起反对分裂国家、促进和平统一的神圣使命。

（二）勤劳勇敢的精神

中华民族精神彰显勤劳勇敢。中华民族勤劳自立，勇敢智慧，乐观向上。纵观历史，中华民族曾历经无数考验和种种巨大的灾难。但是，无论是自然灾害，还是强敌入侵，都没有能够动摇我们的民族和人民战胜困难的信心和意志。中华民族从来没有在艰难困苦面前退缩过、屈服过，而是知难而进、百折不挠。中华民族一向是以勤劳勇敢著称的民族。勤劳勇敢，平时用在建设上是发愤图强，积极向上；勤劳勇敢，在战时用在对付敌人上，就是不怕牺牲。在抗日战争中，中国共产党领导的人民抗日武装对敌作战十二万五千次，消灭日伪军一百七十一万四千人，中国军民伤亡总数在三千五百万以上，直接经济损失超过一千亿美元，间接经济损失超过五千亿美元。胜利是中国人抛头颅，洒热血，前仆后继，用牺牲换来的。表现了勇敢的中华民族不畏强暴，敢于牺牲，维护正义的品格。今天中国进入了百年来发展最快最好的历史时期，前途十分光明，但我们也必需居安思危，始终保持坚毅刚强、勇于胜利的精神，以坚定的信心战胜各种风险和挑战。

（三）爱好和平的精神

爱好和平是中华民族特有的文化精神，"和合"精神是人们追求建立和睦的家庭气氛、宽松的人际关系、和平的国际秩序的座右铭。这种文化精神使中华民族成为一个热爱和平、反对侵略的民族,是我们确保国家稳定、长治久安和处理国际关系的重要指导思想。爱好和平是中华民族自古以来所形成的民族精神,中华民族历来以爱好和平著称于世,是举世闻名的"礼仪之邦"。中华民族的爱好和平精神不仅表现在与兄弟民族、各民族成员之间的互帮互助、携手共进上,而且表现在与世界上其他民族的友好交往、休戚与共上。"协和万邦""德莫大于和"的观念深深地扎根于中华民族的传统之中。"和为贵",是中华民族为人处事的一个基本准则。在各民族之间,强调要友好相处,"和衷共济""和睦相处";在人和人的交往和相互关系中,强调要"和气生财";在社会生活中,主张"政通人和";在国与国的关系中,主张"协和万邦""和平共处",反对一切形式的侵略战争,反对以强凌弱,主张国家不分大小,都应平等相待。

(四)自强不息的精神

自古以来,中华民族把发展和实现个人的美好理想建立在自强不息的基础上,不仅相信一切美好的生活都要靠自己艰苦奋斗创造,而且把自强不息视为一种美德和人生价值。中华民族成员以自强不息为自己的人生路向,从而培育出一系列优秀的品格,特别是艰苦奋斗的品格和硬骨头精神。中华民族素以吃苦耐劳著称于世,是一个最有意志、最有耐力的民族。中华民族也一向最富有自尊心、自信心和铮铮骨气。近代以来,这一高贵品质获得了极大的发扬。中华民族正是凭着这种自强不息的精神,在崎岖的发展道路上,始终临危不惧,战胜一切艰难险阻,赢得了自身的壮大和发展。这种精神,铸就出中华民族特殊的性格和风貌。

三、当代大学生民族精神存在的问题

当今大学生思想主流是积极向上、奋发进取的,他们关注时事的变化,关心国家的命运,不因循守旧敢于创新。然而,由于知识能力的局限性和自身阅历经验比较缺乏,他们的思想又是不稳定的、易变化的,尤其是对新时期出现的新情况、新问题,缺乏全面的、科学的分析、评价、认知能力。表现在对民族精神认识方面,就是自觉不自觉地存在着忽视民族精神的倾向。

(一)缺乏民族精神认同感

当今世界,经济日益全球化。国际上任何一国的经济发展已离不开全球经济的变化发展。伴随着我国与西方国家日益频繁的经济贸易往来,东西方文化也进入了全面交流与碰撞。一方面由于西方发达国家生产力的先进性，经济的繁荣及由此带来的在全球化进程中的优势地位，他们民族的价值观念、思想观念，更容易为当代大学生所关注，甚至崇拜。他们只看到西方民族文化中积极性、先进性的一面，而没有看到其消极落后的一面。相反，由于目前我国生产力发展相对落后，使大学生对自身民族的文化思想，精神的价值意义产生了怀疑，甚至否定。另一方面，全球化为西方国家对发展中国家的文化殖民提供了新的手段和方法，他们通过交流对话、援助等各种途径，借口全球化中形成的人类意识千方百计淡化发展中国家的民族意识、民族精神，尤其对年青一代通过大肆宣传西方文化思想形成文化崇拜、媚外心态。因此，全球化带来的负面影响，使部分大学生对中华民族优秀的文化传统、精神思想缺乏强烈的认同感。

（二）轻视对民族精神的汲取和培育

当今时代一个突出的特点是科学技术的发展日新月异，特别是一些高新技术的发展，以迅雷不及掩耳之势，令世人目不暇接。以信息技术、生命技术、新材料技术等为主的高科技把人类社会推向了知识经济时代。这容易给人造成一种假象，似乎只有知识、技能尤其是自然科学知识才是推动生产力发展的因素。当代大学生比较重视专业知识和技能学习的培养，而忽视对社会人文知识、民族传统文化的学习修养。任何一个民族的精神文化无不凝结体现于该民族的历史、文学、艺术等经史典籍，或格言、警句、成语、故事等人文知识之中，忽视民族人文知识学习无异忽视民族文化。因而，对知识经济的片面理解，在大学生中造成了忽视民族文化的学习和民族精神的培育现象。

（三）价值观念偏离了中华民族精神

市场经济的发展调动了人们劳动积极性，在促进生产力巨大发展的同时，其本身天然就具有的拜金主义、物欲主义等缺陷，必然会影响人们的思想观念、价值观念。部分大学生在价值选择上更倾向于物质化功利性，在个人发展设计上更强调以自我为中心，这与中华民族几千年来形成的义利观、价值观是背道而驰的。中华民族历来张扬东西成仁、舍生取义的士大夫精神，褒扬埋头苦干、拼命硬干、舍身求法的脊梁精神，崇尚君子喻于义、小人喻于利的价值观念。这种精神观念正是千百年来激励着无数中华儿女为民族的繁荣、振兴不惜牺牲一切的巨大动力。市场经济对人们的思想观念带来的负面影响，使得优秀民族精神在大学生价值观念中发生了偏离。

四、以爱国主义教育为重点弘扬和培育民族精神

中华民族具有爱国主义传统，这一优良传统是中华民族生生不息的力量之源。爱国主义是千百年来巩固起来的对自己祖国的一种最深厚的感情。中华民族的爱国主义传统是在漫长的历史过程中形成和发展起来的，是中国传统文化思想宝库中的重要组成部分。爱国思想和爱国传统是确保中华民族团结、统一和发展的重要推动力。越是在困难的时候，越是在危急的关头，中国人民的爱国主义精神越显示出强大的力量。特别是到了近代，中华民族的爱国主义成为团结全民族救亡图存、争取国家独立和民族解放的伟大动力。在社会主义建设的新时期，中华民族的爱国主义是振奋民族精神，凝聚和团结全国人民自力更生、艰苦创业，实现中华民族伟大复兴和祖国完全统一的巨大精神力量。爱国主义已经成为民族凝聚力的一种日益重要的精神资源，而民族凝聚力又越来越成为衡量综合国力的一个重要指标。

（一）形成民族凝聚力的有效载体

中华民族历来具有酷爱自由、追求进步，维护民族尊严、国家主权的光荣传统。对外来侵略者无比痛恨、对卖国求荣的民族败类无比鄙视、对爱国的仁人志士无比崇敬，这是中华民族宝贵的民族性格。越是外敌入侵、民族生存发展受到威胁的危急关头，爱国主义就越加显示出强大的力量。中华民族宝贵的民族性格，爱憎分明的荣辱观、民族自尊心和自豪感，是中华民族的历史积淀和爱国情感的精神升华。我国是一个统一的多民族的国家，有五千多年的文明史。中华民族在这块土地上劳动和生活，各族人民相互团结，相互学习，用自己的劳动和智慧共同开发了祖国的大好河山，创造了灿烂的中华文明。中华文明不仅对东方产生了深远的影响，而且为整个人类文明做出了不可磨灭的贡献。一个民族、一个国家，如果没有自己的精神支柱，就等于没有灵魂，就会失去凝聚力和生命力。有没有高昂的民族精神，是衡量一个国家综合国力强弱的一个重要尺度。我们要大力进行爱国主义教育，增强全民族的凝聚力和自豪感，把个人的理想和事业融入祖国现代化建设的伟大事业中去。

（二）公民道德建设的重要组成部分

作为一种公民基本道德规范，爱国主义始终是维系我国各民族群众的自尊心、归宿感、责任感的基本价值认同。在整个公民道德规范体系中，爱国主义是公民道德的基本规范。个人的存在和发展离不开家庭、社会、民族、国家的生存发展，人们只有真正认识到这一规律，自觉认同这种责任，并且

愿意付诸行动，才是真正的爱国主义思想和崇高的爱国主义道德境界。爱国主义是公民道德建设的基本要求之一。在公民道德中，最重要的美德就是理解、合作、团结。这是与慈善、关怀、主动关心、博爱、友谊、友爱相联系的一种重要的基本价值，其核心是助人。爱国主义教育是社会主义精神文明建设的一个重要的组成部分，爱国主义具有极大的感召力和凝聚力，加强爱国主义教育，要贯穿社会主义现代化建设的整个过程。爱国主义是各民族人民共同的精神支柱，是民族、国家自强不息的强大凝聚力和生命力的根本体现，是凝聚人民、团结群众的重要思想基础，是改革开放和现代化建设的强大精神动力。

（三）提升大学生道德境界的有效途径

在全民族牢固树立建设有中国特色社会主义的共同理想和正确的世界观、人生观、价值观，在全社会大力倡导"爱国守法、明礼诚信、团结友善、勤俭自强、敬业奉献"的基本道德规范是《公民道德建设实施纲要》的明确要求。积极鼓励一切有利于国家统一、民族团结、经济发展、社会进步的思想道德，引导大学生在遵守基本道德规范的基础上，不断追求更高层次的道德目标。把权利与义务结合起来，树立把国家和人民利益放在首位而又充分尊重公民个人合法利益的社会主义义利观。在新形势下通过各种生动活泼的形式，广泛、深入、持久地加强爱国主义教育和宣传，在增强民族凝聚力和民族自豪感的同时，也提升了大学生的道德境界。

第三节 养成高尚的公民道德

我国已经进入了全面建设小康社会、加快推进社会主义现代化建设的新的发展阶段。在这一时期，加强公民道德建设，确立与经济、社会发展要求相适应的理论和规范，既是社会变革顺利进行的重要保证，也是社会发展的客观要求和应有之义，显得尤为重要和紧迫。公民道德建设的根本目标是培养有理想、有道德、有纪律、有文化的社会主义公民，即促进人的全面发展。当代大学生的道德素质是构成国民素质的重要方面，是一个民族文明程度的重要标志，养成高尚的公民道德是大学生成材的重要方面。

一、新时期我国公民道德的基本内容

中共中央颁布的《公民道德建设实施纲要》，要求在全社会大力倡导"爱国守法、明礼诚信、团结友善、勤俭自强、敬业奉献"20字的基本道德规范，积极推进社会主义道德建设。

"爱国守法"规范公民与国家的关系。每个公民都必需热爱自己的祖国，守法则是公民对国家的道德责任"底线"。爱国的人必然守法；不守法的人，根本谈不上爱国。爱国主义的具体内容和形式是与时俱进的，爱国主义的舞台越来越大，渠道越来越多，表现形式也越来越丰富。在世界面前维护祖国形象是爱国，为祖国争光是爱国，在各自平凡的岗位上，兢兢业业、无私奉献也是爱国。只要胸怀祖国，为祖国的繁荣富强做出贡献就是爱国。遵守国家各项法律、法规和法令，既是公民的法律义务，也是公民的一项道德要求。不守法，就不能成为国家的合格公民。要守法，就要知法、懂法、用法、护法。公民形成守法意识，才能培养文明行为，抵制消极现象，形成扶正祛邪、扬善惩恶社会风气，促进国家安定团结和社会长治久安。

"明礼诚信"主要规范公民在公共场合和公共关系中的道德行为。文明礼貌是公民在公共场合应该遵守的最基本的道德准则。在公共关系中最基本的道德规则是"诚信"，"诚信"是对"明礼"的进一步深化和升华。明礼就是要明确社会生活中的规矩、准则、法度。在社会礼仪、待人接物、与人相处时，必需讲究礼貌。"诚信"就是要求人们诚实守信，说老实话，做老实事，当老实人，言必信，行必果。除适用于人际关系外，还要用来规范社会组织与相关社会组织和相关个人之间的公共关系。诚信是市场经济运行过程中必需具备并需要大力发扬的道德条件。

"团结友善"主要规范公民与公民之间的道德关系。团结强调公民之间的亲和力，友善注重公民个人之间的亲善关系。"团结"是人们在意志、行动、情感上的和谐统一，是人类求得生存与发展的必不可少的条件。它动员人们振作精神，心怀希望，勇往直前。它鼓励人们乐观勇敢地面对困难和失败。它让人们心往一处想，劲往一处使，互助、互谅、互爱，让整个社会充满力量和温情。"友善"是一个人更好地融入社会的前提。在社会生活和工作中友善待人，热心公益，是对中华民族传统美德的继承和发扬。友善是爱心的外化，友善待人，既不苛求于人，也不强加于人，进而有助于人，如此人必友善待我。友善在人们遇到困难的时刻更显弥足珍贵。对处于困境中的人伸出援助的手，发扬互助友爱精神，人间就会充满美好的真情。友善是光明与和平的使者，友善地对待他人，友善地对待自然，方能形成友善的理想境界。

"勤俭自强"是对公民个人提出的道德要求，主要规范公民的个人行为。对勤俭的理解包括勤劳和节俭，这两个方面的结合，构成了保持艰苦奋斗的生活态度。勤俭是勤劳、节制、理性、昂扬进取的积极社会精神，它能促使社会进步。勤俭是我们过去战胜困难，取得社会主义革命和建设胜利的重要原则，也是我们今后走向富强的重要保证。提倡适度、健康的消费，自觉抵制生活中的奢侈之风。自强包括自信、自尊、奋发、坚毅等精神。自强，在很大程度上决定一个人、一个民族、一个国家的进与退、成与败、荣与辱。作为道德规范，自强是一种民族责任感，是一种顽强拼搏精神，是与时俱进的必然要求。

"敬业奉献"，主要规范公民与职业、公民与社会的道德关系，并引申出公民对待他人的道德责任。"敬业"的"业"指职业，也就是岗位。社会虽然有着不同的分工，但各行各业都离不开共同的敬业精神。培养劳动者的敬业精神，有利于社会生产力的发展，有利于社会的进步、和谐和稳定。敬业才能勤业、精业、成就事业。只有"爱岗敬业"，才能做到"诚实守信，办事公道，服务群众，奉献社会"。奉献就是为了正义和真理，为了国家和民族的利益献出自己的一切，甚至不惜牺牲生命。奉献是一种崇高的精神境界，是高层次的道德实践。甘于奉献是社会主义道德建设的主旋律，也是衡量一个社会道德水平的基本标准。

二、公民道德是中国伦理道德发展的必然

中华民族有着悠久的文明史，丰富而又独特的道德积淀尤其是源远流长的德治传统是这个文明史的重要组成部分。中华民族优秀的传统道德，是中华民族在几千年的生产活动中形成并积淀下来的具有稳定结构的，并为整个中华民族所共同恪守的、影响整个社会的道德心理意识和道德行为习惯。它信守仁爱求善的道德原则，倡导人道主义和爱国主义；倡导和合大同、自然主义、和平主义、中庸思想；倡导英雄主义、乐观主义、与时俱进和创新精神；强调秩序、理性和社会文明。几千年积淀而成的优秀传统道德品质是中华民族赖以生存的精神支柱，是具有世界意义的瑰宝，这些传统是我们民族生息繁衍，并创造光辉灿烂的东方文明的精神源泉。改革开放的过程中，道德领域虽然发生了深刻而积极的变化，但仍存在许多问题。比如，拜金主义、享乐主义、个人主义等在一定范围内滋长蔓延；一些地方赌博成风，迷信盛行，等等。可以说，20世纪的中国，最现代的市场、商品意识与最狭隘的小生产观念，最崇高的爱国主义、集体主义、无私奉献精神与最极端的个人主义的金钱崇拜，最可贵的民族觉醒、民族振兴意识和最落后的封建主义观念以及它们种种复杂的混合形式都同时并存着。加强公民的道德建设显得尤为重要。继承和发扬中华民族的传统美德和党的优良传统，借鉴世界先进道德文明的成果，努力建立与社会主义市场经济相适应的道德体系。只有大力加强公民道德建设，才能弘扬民族精神和时代精神，形成良好的社会风气，促

进整个中华民族素质的不断提高；才能有力推动社会主义物质文明、政治文明、精神文明的协调发展和社会的全面进步；才能有效解决中国 20 世纪的伦理问题、真正摆脱伦理困境。

三、加强大学生公民道德建设的重要性

随着我国社会主义市场经济的不断发展，我国社会的经济成分、组织形式、就业方式、利益关系和分配方式也日益多样化。因此，加强对大学生的道德教育实属非常必要。大学生是同龄人中的佼佼者，正以旺盛的精力、顽强的意志、饱满的热情投身到学习科学文化知识当中，他们紧随时代的发展步伐，站在科学技术发展的前沿，以先进的科学文化知识武装自己的头脑。较高的科学文化素质为大学生道德建设提供了可靠保证。大学生在公民道德建设中的意义重大，他们可以通过示范和辐射作用影响整个社会。高等学校是科学精神与人文精神交融荟萃之地，应当成为公民道德建设的重要舞台，能够为全社会的道德建设提供可以遵循的基本原则和学习的榜样，行为的楷模。大学生可以利用诸如学习、社会实践、志愿者活动、勤工助学、假期探亲访友等与社会接触的机会，展示自己较高的道德水平和良好的道德形象，为全社会的公民道德建设起到了示范和辐射作用。

四、培养大学生公民道德的途径

高等学校是整个教育体系中的最高层次，拥有人才和成果的独特优势，应当发挥重要的阵地作用，承担起道德教育与道德建设的重要任务。中国特色社会主义的高等教育，肩负着发展社会主义先进文化的神圣职责，在道德教育中理应通过教育教学与科学研究，把"爱国守法、明礼诚信、团结友善、勤俭自强、敬业奉献"的基本道德规范和要求内化为师生的道德素质，促进培养"四有"新人任务的实现，把大学建设成为社会道德的示范区，发挥其在社会道德建设中的宣传、推介和辐射作用。

（一）充分发挥"两课"的主渠道和主阵地的作用

高校的政治理论课和思想品德课是系统地对大学生进行马列主义理论教育和品德教育的主渠道和主阵地。以往那种局限于以课堂灌输和说教为主要方式的德育模式，已不能适应新形势的要求。要逐步完善道德教育与学校管理、自律与他律相互补充、相互促进的德育运行机制，综合运用学校教育的各种手段、渠道、方式，更有效地教育、引导大学生的思想、行为及道德意识。要丰富和拓展"两课"特别是思想道德修养课的教学内容，思想道德教

育应涵盖爱国主义、社会主义、集体主义、为人民服务、社会公德、职业道德、家庭美德、经济道德、科技道德、生态道德、国际道德等内容,帮助学生既确立弘扬传统美德,又体现时代精神的社会主义新型道德观。

（二）充分运用现代传播工具与手段

随着信息技术飞速发展,现代信息传播工具已得到广泛普及和使用。如以互联网为代表的现代传播工具因信息传递速度快、传播的信息密度大、覆盖面广、传播的内容量大、庞杂、传输效率高等特点为人们广泛利用。网络好比一把双刃剑,随着网络的应用越来越深入人们的生活,网络为大学生学习、思想教育提供了新的发展空间。同时,对大学生的学习、日常生活以及思想意识产生了深刻影响。如出现人际关系的疏离、网络攻击行为等现象。针对这些情况,高校管理人员应了解和掌握本学科领域相关的工具平台和教育软件,找准高科技与高校德育工作的结合点,以适应现代社会信息传播方式的变革。提高学生思想道德教育的影响力、渗透力和覆盖面,把思想道德建设工作延伸到网络这一新领域。

（三）积极建设丰富多彩的校园文化

校园文明是指整洁、优雅、卫生、安全的校园环境、学习环境和生活环境及健康高雅、积极向上、丰富多彩的校园文化活动等多方面。文明校园的标准是优良的教风、优良的学风和优良的校风。文明的校园环境对大学生汲取知识、人格发展产生潜移默化的影响,并为安定团结的校园秩序提供了有力的保障。因此,加强校风、学风和教风建设,通过丰富多彩的校园文化活动为学生健康成长创造良好的氛围,使学生在活动过程中受到锻炼,增强团队精神和合作意识,提高自身综合素质,形成积极、乐观的生活态度。全面的设施、合理的布局、各具特色的建筑和场所,有助于陶冶师生情操,激发开拓进取精神、约束不良风气和行为、促进身心健康、调节情趣和心理状态,有利于更好地发挥校园文化潜移默化的教育功能。

（四）解放思想问题与解决生活问题相结合

随着国内外经济大环境的调整和变化,影响大学生的生活和思想的因素越来越多,大学生面临的生活与思想问题也随之增多。此外,学生在学习生活中所遇到的生活压力、学习压力、就业压力、心理生理压力、思想压力等也加重了思想问题的产生,这些都值得我们高度重视。高校教育工作者既要关心学生的生活,为学生排忧解难,又要了解学生的心理、思想状况,帮助他们缓解心理压力,放下思想包袱,正确面对生活的挑战。将心理健康教育纳入大学生日常的思想道德教育之中，帮助他们解除困惑。

（五）公民道德规范更加具体化

公民道德的培养对大学生来说应该有更加具体的要求，学校应结合实际制定指导性的行为规范，进而培育大学生的公民道德。讲明礼应该表现在校园内尊敬老师，同学之间彼此尊重、谦和与体谅，穿着打扮、言谈举止要得体、适宜等。在校外，要求大学生自觉尊老爱幼、待人以礼、助人为乐、说话和气、谈吐文雅、爱护公物、保护环境、维护公共秩序、遵守交通规则、不随地吐痰、不乱扔纸屑果皮、不在公共场所高声喧哗等。讲诚信应该表现在采取各种措施，严格考试纪律，治理考试舞弊现象，积极营造"讲诚信光荣，不讲诚信可耻"的校园氛围。讲团结，应该表现在学生之间要情同手足，和睦相处，要互相学习，取长补短，不要钩心斗角，拉帮结派。讲友善，要教育大学生懂得，对他人友善的人，必然会得到他人的友善，适当地让学生掌握一些与人相处的技巧。讲勤俭应该表现在适当增加公益劳动，学一些基本的理财知识，鼓励参加勤工俭学，接触社会，体验生活的艰辛。敬业就是要热爱所学专业，专心学业，刻苦学习。在学习过程中，大学生要全神贯注，而不要三心二意；要勤勉努力，而不要懈怠懒惰。应该在校内外设立一系列学生实践基地，组织一些义务活动、青年志愿者活动、"三下乡"社会实践活动等，让学生在活动中进行自我教育，在奉献中实现自我价值，从而培养当代大学生的奉献精神。

第四节 培养全面的综合素质

高校的人才培养目标必需适应经济和社会形势发展变化的要求，更新教育观念，完善教育方法，努力强化素质教育，培养学生的综合素质。中共中央国务院《关于进一步加强和改进大学生思想政治教育的意见》中提出："以大学生全面发展为目标，深入进行素质教育。加强民主法制教育，增强遵纪守法观念。加强人文素质和科学精神教育，加强集体主义和团结合作精神教育，促进大学生思想道德素质、科学文化素质和健康素质协调发展，引导大学生勤于学习、善于创造、甘于奉献，成为有理想、有道德、有文化、有纪律的社会主义新人。"高校应该在上述四个主要方面进行素质教育。

一、加强民主法制教育，增强遵纪守法观念

加强对大学生的民主法制教育，是全面推动社会主义民主政治建设的需

要，也是大学生提高和完善自身综合素质，顺利成长和发展的要求。要使学生弄清社会主义民主与资产阶级民主的根本界限，明确社会主义民主与社会主义法制的相互联系，加深大学生对社会主义民主政治建设的长期性、艰巨性、必要性和紧迫性的认识。正确认识民主与集中、自由与纪律的关系，懂得民主集中制的组织原则，防止极端民主化和自由主义倾向。懂得运用法律武器维护自己的合法权利，包括自己的人格尊严和人身安全，善于运用法律武器同不法行为做斗争。在"法律基础"课的教学中突出民主法制教育，使大学生从国家政治制度、立法制度、司法制度、行政监督制度、财产所有权制度、婚姻家庭制度、知识产权制度等基本制度的层面正确认识自己的祖国，并着重对大学生进行国家观念和权利义务观念教育，有利于增进大学生在理性认识基础上产生的爱国情感。要创新法律素质教育的方法手段。比如，法律素质教育要配合教育教学，组织一些模拟法庭、旁听法院庭审、法纪知识竞赛、辩论赛、有奖竞赛、征文等活动，也需要请法官、检察官、律师及法律工作者来校开展法规知识讲座、报告，以便让学生在丰富多彩的法纪教育中转化成自我教育、自我体验法律的力量，使法纪观念入脑入心。

二、加强人文素质和科学精神教育，塑造完整人格

科学精神和人文精神分别源于人类对自然和人的认识，科学精神以物为尺度，追求真实，推崇理性，包含开拓创新、勤奋不息的进取精神和独立思考、敢于怀疑的批判精神。人文精神以人为中心，追求美好，推崇情感。它包含对道德信念的看重，对人的尊重和对人类的终极关怀等内容，主张以人为本，强调人的价值和尊严。科学知识不等于科学精神，人文知识不等于人文精神，培养德才兼备的高级人才，需要对学生进行精神境界的提升。真正杰出的高级人才不仅仅要积累知识，更要完善品格，应具有理想崇高、求实创新、自强不息、尊重自然、关爱他人等优秀品格。大学生科学精神缺失的问题已引起了广泛关注。调查表明，我国 95% 以上的大学生的创造能力没有得到充分开发，他们在毕业后较长时间内难以从事各种发明创造活动，不能在岗位上真正发挥大学生应有的作用。不少学生没有创新意识，缺乏创造欲望，不会进行创造性思维，缺少创新的毅力和拼搏精神，解决实际问题的能力差。科学知识和科学精神是两个内涵不同的概念，科学精神是大学生德才的一部分，缺乏科学精神的大学生至多只不过是工匠，而不会成为大师。大学生对人文课程没有足够的重视，对科学与价值、人类对自然科学的社会控制等问题上不能有清楚的认识。人文精神缺失的畸形人才不仅不会造福人类，甚至会危害社会。人文知识不等于人文精神，对学生进行精神境界的提升是

一个复杂的系统工程，不是增加几门人文课程和举办一些人文知识讲座能够完成的。知识经济时代理想人格所体现的科学精神是融合了人文精神的科学精神，离开人文精神的科学精神不是真正的科学精神，离开科学精神的人文精神也是残缺不全的人文精神。人文主义科学家和科学主义的人文学者，都在关注如何整合科学精神和人文精神。现代教育正承载着这一重任，为人性的解放、人的价值的尊重、人的权利和义务的统一，反对人为物役，防止人类生存方式的异化，走社会和环境协调统筹、可持续发展的道路，奠定深厚的思想基础。

三、加强集体主义教育，树立科学人生观

集体主义作为社会主义道德的基本原则和价值导向，要求在社会主义社会提倡集体利益和个人利益的辩证统一。在社会主义市场经济条件下，社会主义集体是自由个人的联合体。在这个集体里，每个人自由发展的条件可以置于个人的控制之下，个人利用集体条件使自己得到发展，通过个人的活动又为集体的发展做出贡献，集体利益与个人利益实现了高度统一。集体利益要高于个人利益。在社会主义集体中，集体利益体现着集体成员普遍的、根本的、真正的和最终的利益。只有更加注重集体利益，集体成员的个体利益才能得到实现和保障。因此，顾全大局是集体主义原则的一个根本要求。在集体利益与个人利益发生矛盾时，个人要顾全大局，以集体利益为重。在必要情况下，个人应该为集体利益而牺牲个体利益，要用自己的生命来维护集体利益。这是社会主义集体主义原则的最重要内容和最根本要求。

集体主义作为公民道德建设原则，也是解决我国现实道德领域存在的问题的迫切要求。我国公民道德建设方面仍存在许多问题，一些领域和一些地方道德失范，拜金主义、享乐主义、极端个人主义有所滋长，见利忘义、损公肥私行为时有发生，不讲信用、欺骗欺诈成为社会公害，以权谋私、腐化堕落现象严重存在。这些问题产生的原因是复杂的，但道德的错位是重要原因。解决这些问题迫切需要在公民道德建设中旗帜鲜明地坚持集体主义原则。集体主义原则是从最广大人民的根本利益出发，坚持集体利益高于个人利益；在保证集体利益的前提下，把集体利益和个人利益结合起来；在二者发生矛盾时，个人利益服从集体利益。坚持集体主义原则，就是要引导人们正确认识和处理国家、集体、个人三者利益关系，提倡个人利益服从集体利益、局部利益服从整体利益、当前利益服从长远利益，反对小团体主义、本位主义和损公肥私、损人利己，把个人的理想与奋斗融入广大人民的共同理想和奋斗之中。为贯彻执行《公民道德建设实施纲要》，必需在大学生中大力弘扬集

体主义。

四、加强合作精神教育，培养团队精神

市场经济需要竞争，但竞争并不排斥合作。事实上，在知识型劳动者的就业领域，绝大部分情况下，都更加需要同事之间的分工合作，才能创造出更高的工作效率和更大的经济效益。无论是行政事业单位还是公司企业，没有融洽的、相互理解和相互扶持的上下级关系、同事关系，都会给单位和个人的前途造成明显的消极影响。现在的问题是，我国高校的大学生已经进入到以独生子女为主体的阶段，许多学生长期在家庭教育中形成的缺陷也带到了学校。其中最显著的特点之一就是缺乏同学之间相互沟通的能力，容不得别人的批评，做事喜欢以自我为中心。这种缺陷显然不能适应未来合作共事的要求。因此，高校应在素质教育方面有意识地为学生营造相互沟通的环境，提供合作共事的机会，努力培养团队精神。学生工作可以多组织一些适合学生特点的集体活动，专业课教师可以结合专业知识的讲授，多安排一些课堂讨论，有条件的教师可以指导学生进行较大规模的社会调查。学校应该重视教学实习过程，让学生能够较早地接触社会，体验与他人合作共事的生活。

五、加强心理教育辅导，培养健康素质

健康并不仅仅是没有疾病，而应该是指人的身体、心理、精神和社会适应能力的完好状态。世界卫生组织将健康定义为一个在身体上，精神上的圆满状态和良好的适应能力，因而健康应包括身体健康、心理健康和社会适应良好三个方面。任何人都是一个身心的统一体，大学生的全面发展包括生理与心理两方面的因素，心理健康与其全面发展有着密不可分的关系。心理健康教育是塑造大学生优良思想品德的先决条件。心理健康教育对大学生个性的形成，思想和品德的训练均起到积极的促进作用，是其必要的手段。心理健康教育是促进大学生智力发展，提高心理素质的基础。如果一个大学生朝气蓬勃、心情愉快，就会调动其智力活动的积极性，易于在大脑皮层形成优势兴奋中心，也易于形成新的暂时神经联系和使旧有的暂时神经联系复活，进而促进智力的发展。反之，若是在烦恼、焦躁、担心、忧虑、惧怕等情绪状态下学习，就会压抑他智力活动的积极性和主动性，使其感知、记忆、思维、想象等认知机能受到压抑和阻碍。高校通过多种形式开展心理健康教育和心理咨询辅导，有利于学生健康素质的提高，有利于构建和谐校园，有利于社会稳定，是培养合格人才的必要环节。

第三章 当代大学生思想道德建设的环境

在人的思想道德的形成过程中，环境具有一种潜移默化的作用。古人讲"近朱者赤，近墨者黑。""蓬生麻中，不扶而直；泥沙在涅，与之俱黑。"这些都说明了环境具有很强的影响力和感染力。马克思和恩格斯认为：人创造环境，同样，环境也创造人。个体的思想道德意识是在环境的熏陶及社会关系的综合作用下形成的。离开了社会环境，人的思想道德的形成和发展是不可能的。马克思说过：人天生就是社会的动物，那他就只有在社会中才能发展自己的真正天性。任何个体的成长都离不开环境的影响，不受环境影响的个体是不存在的。大学生思想道德建设需要一个良好的环境，思想道德建设环境的优劣，直接关系到大学生思想道德建设的成败。因此研究大学生思想道德建设，就必需研究各类环境对大学生思想道德建设的影响。

第一节 当代大学生思想道德建设环境的分类和特征

大学生思想道德建设环境是指对大学生思想道德形成和发展产生影响的一切外部因素。不同的环境因素对大学生思想道德建设影响的内容和方式都不一样。因此，研究大学生思想道德建设环境的分类和特征，对于利用环境因素促进大学生思想道德建设具有重要意义。

一、学生思想道德建设环境的分类

对大学生思想道德建设环境进行分类，目的是为了寻求对于大学生思想道德建设环境比较科学、比较全面和合理的认识，从而使大学生思想道德建设能够更好地适应、把握和创造有利的环境，促进大学生思想道德建设工作得以顺利开展。本着尽可能科学和详尽的原则，对大学生思想道德建设环境作如下分类：

（一）按空间域，大学生思想道德建设环境可以分为宏观环境和微观环境

宏观和微观是人类观察和分析世界和事物的两种不同思维视角。宏观也即宏与大的方面，微观也即微与小的方面，其划分是从空间域的角度考虑的。从同样的视角出发，大学生思想道德建设环境可以划分为宏观环境和微观环境。宏观环境也即大环境，微观环境也就是小环境。一般说来，大学生思想道德建设的宏观环境主要指社会政治、经济、文化环境，包括影响大学生思想道德建设的社会环境和自然环境。微观环境通常是指与大学生的思想、行为与心理等直接相关的局部的小范围的环境。值得注意的是，宏观和微观不是绝对的概念，宏观环境和微观环境之间也不存在绝对的界限。宏观环境着眼于与大学生思想道德建设相关联的宏大和全面的方面，而微观环境则着眼于具体和局部的方面。二者互相结合，共同为大学生思想道德建设的要素提供背景并对之产生影响。

（二）按时间域，大学生思想道德建设环境可以分为既往环境、现实环境和未来环境

与从空间域的视角观察大学生思想道德建设环境类似，时间因素也可以作为考虑大学生思想道德建设环境划分的标准之一。从时间域来思考和划分，大学生思想道德建设环境可以分为既往环境、现实环境和未来环境。既往环境也即过去的大学生思想道德建设环境，它与现实环境、未来环境之间形成了相互对照、分属各异的时间区间环境。比如，大学生思想道德建设的历史，如果从时间因素加以考虑，就可以划分为不同的时间区间，每一段的大学生思想道德建设都有其独特的环境。因此也就有在不同时间坐标内的既往环境、现实环境与未来环境。既往大学生思想道德建设环境，在现实环境中仍有可能存在其遗留因素，也仍有可能对现实甚至未来的大学生思想道德建设产生影响。现实环境有对既往环境的继承与改造，也有对未来环境的奠基与预设。未来环境既来自于既往环境和现实环境，又有别于此二者。从既往环境、现实环境与未来环境之间的关系看，它们三者存在着前者对后者时间上的延伸与过渡，也由此造成大学生思想道德建设环境之间的差异。

（三）按性质域，大学生思想道德建设环境可以分为良性环境和恶性环境

针对大学生思想道德建设环境所产生的作用和影响的性质域划分，大学生思想道德建设环境可以分为良性环境和恶性环境。良性环境指为大学生的

思想和行为创造顺境，对大学生思想道德建设产生积极促进作用的环境。与之相对，恶性环境则指为大学生的思想和行为创造逆境，对大学生思想道德建设产生消极阻碍作用的环境。良性环境与恶性环境之间相互对立，在一定条件下可以互相转化。原来的良性环境，随着时间的推移、地点的转换或其内部构成因素的变化，可以转变为恶性环境，其积极作用也会转为消极作用。而原来的恶性环境，如果遇到条件的改变，也可能会转而变成良性环境，从而对大学生思想道德建设起到促进作用。由于大学生思想道德建设过程中人的主观因素的存在，良性环境不一定总是导致好的学生思想道德建设效果，而恶性环境也不一定总是产生恶果，但这个悖论并不影响在大学生思想道德建设过程中坚持建设良性环境、改变和消除恶性环境的基本原则。

（四）按状态域，大学生思想道德建设环境可以分为开放环境和封闭环境

状态是对人或事物所表现出来的状况或形态的描述。从状态域划分，大学生思想道德建设环境可以为开放环境和封闭环境。有学者认为开放环境是指大学生思想道德建设活动能够与外界进行思想信息交流和行为交换的环境，而封闭环境则是指大学生思想道德建设活动不与外界进行思想信息交流和行为交换的环境。这个概括，是着眼于大学生思想道德建设活动与外界的关系而言的。把开放环境与封闭环境的区分定位在大学生思想道德建设活动是否与外界发生关系，揭示出了两者之间的差别，但并不全面。众所周知，大学生思想道德建设是一个复杂的过程，有大量的人和物的因素参与并渗透其中。从状态域角度去分析大学生思想道德建设环境，既要描述其静态内涵，也要描述其动态内涵。因此，大学生思想道德建设的开放环境与封闭环境的区分应该包括静态因素与动态因素两个方面。由此可以说，开放环境是指大学生思想道德建设过程中的要素单独或共同组成的能够与外界进行交往和交换的氛围和状态，封闭环境则是指与外界缺乏交流的氛围与状态。

（五）按作用域，大学生思想道德建设环境可以分为直接环境和间接环境

大学生思想道德建设环境是大学生思想道德建设赖以开展的载体，环境为活动得以进行提供了场所和条件，同时也对处于其中的大学生思想道德建设要素产生作用。按照作用产生的方式和领域，大学生思想道德建设环境又可以划分为直接环境和间接环境。一般说来，大学生思想道德建设要素及大学生思想道德建设实践活动直接面对、直接受到影响和作用的环境是直接环境，而需要其他媒介传递和通过其他媒介受到影响和作用的环境则称为间接

环境。在大学生思想道德建设实践中，教育者和受教育者亲身感受到的往往是大学生思想道德建设的直接环境，而通过一定的方式和手段，借助一定的媒介转化成教育者和受教育者能够亲身感受到的而又在直接环境之外的环境往往是间接环境。直接环境和间接环境以不同的时空和层次展现，对大学生思想道德建设的影响程度也因时空和层次的不同而不同。通常，间接环境对大学生思想道德建设过程产生影响和作用往往要通过转化为直接环境或借助一定的直接形式来实现，这就在一定程度上模糊了直接环境与间接环境之间的界限。

（六）按构成域，大学生思想道德建设环境可以分为社会人文环境和自然人文环境

考察大学生思想道德建设环境的不同层次和内容，如果按照构成域来划分，大学生思想道德建设环境可以划分为社会人文环境和自然人文环境。社会人文环境又包括政治环境、经济环境、文化环境等。在中国，当前大学生思想道德建设的政治环境是共产党领导的人民民主专政的国体和人民代表大会制度、共产党领导的多党合作制度和民族区域自治制度等；经济环境是社会主义市场经济体制下的所有制结构、社会分配和保障制度等；文化环境则是以马克思主义为指导和占主导地位的社会主义文化。除社会人文环境外，自然环境对大学生的思想道德的形成和发展也会产生影响，具有人文属性的自然环境如名山大川、革命圣地等也完全可以作为大学生思想道德建设的宝贵资源。因此，大学生思想道德建设环境中还应该包括自然人文环境，也就是自然环境中具有人文特征，可以在实践中为大学生思想道德建设服务的环境属自然人文环境。

二、大学生思想道德建设环境的特征

大学生思想道德建设环境是一个大系统，是由大大小小、各式各样的环境要素构成的。这些环境要素一方面具有多种相同或相似之处，即具有环境要素的普遍性；另一方面又存在各种差异，具有环境要素的特殊性，构成大学生思想道德建设环境的特征。研究大学生思想道德建设环境的特征，有利于更好地了解大学生思想道德建设环境的内部结构，认清大学生思想道德建设环境的本质属性和外在特征，更加重视大学生思想道德建设环境的优化，从而增强大学生思想道德建设的效果。

（一）大学生思想道德建设环境的结构特征

结构是指事物的各部分、各单元、各要素之间的相互依存关系或相对稳

定的作用模式。大学生思想道德建设环境的结构是指大学生思想道德建设环境系统内部各部分、各因素相互之间的联系或作用模式。大学生思想道德建设环境各部分、诸因素是通过何种方式来相互联系与作用的，即大学生思想道德建设环境结构方面有何特征，可以从两个方面来分析。

1. 大学生思想道德建设环境的整体性

所谓大学生思想道德建设环境的整体性是指大学生思想道德建设环境系统的有机性与统一性。这种有机性与统一性是大学生思想道德建设环境系统存在与发展的根基。也正是由于各种环境因素发生联系与作用时所表现出来的有机性与统一性，才使得大学生思想道德建设环境成为一个有机统一的整体。这种整体性特征具体表现在两方面：

（1）有机性

大学生思想道德建设环境诸要素在构成整体环境时，在联系方式上不是支离破碎、互不相干，而是有机合成的。一方面，构成大学生思想道德建设环境系统的诸要素各部分密不可分。虽然大学生思想道德建设环境诸要素按照不同的属性或不同的作用范围等区分标准可以划分出不同部分、不同类型，但这种区分只有形式上的或是理论上的区分。在实践中，它们是不可分割的，如物质环境与精神环境的区分，硬环境与软环境的区分，政治环境、经济环境与文化环境的区分。但实际上，它们都不是孤立的、独立存在的，而是相互影响、相互作用、密不可分的。另一方面，构成大学生思想道德建设环境系统的诸要素、各部分之间相互协调。这种相互协调是指大学生思想道德建设环境诸要素和谐相处与配合作用。大学生思想道德建设环境诸要素之间不可能不存在矛盾，但它们在对大学生思想道德建设影响中又表现出同一性，各种环境因素可以协调一致来发挥作用。在这些环境因素中，在作用方式上有主导性因素与辅助性因素的区分，但这两类环境因素不是孤立的，而是相辅相成、相互配合的。也正是由于环境因素之间具有协调功能，因此，大学生思想道德建设环境因素可以形成一种整体合力，这种合力往往大于各种环境因素作用力的机械相加之和。如在大学生思想道德发展变化过程中，学校环境、社会环境、家庭环境具有协调一致的特点。如果把这三类环境因素机械地分割、隔离开来，那么，大学生思想道德建设的环境系统就不全面，大学生思想道德的形成与发展就可能出现缺陷，从而直接影响大学生思想道德建设的效果。

（2）统一性

大学生思想道德建设环境结构的统一性，是指大学生思想道德建设环境诸要素在对大学生思想道德建设过程进行影响时在方式上的统一特征。按照辩证唯物主义的观点,任何事物都是对立统一的矛盾体。大学生思想道德建设环境同样是一个统一的矛盾体,其内部结构复杂,组成要素繁多,但在整体上表现为统一的境况或氛围。如,我国的政治环境尽管政治思想观念多种多样,但在整体上却是马克思主义占主导地位,集体主义意识形态占主流地位。同时,这种统一性还可表现为作用或方式的统一性。各个环境因素都对大学生思想道德建设发挥作用。但作用的方向并非只有一个,这就使得环境因素在相互作用、相互斗争、相互抵消的过程中,最终达成环境因素在相互作用上的一致性。如,大学生思想道德建设的社会因素、学校因素、家庭因素之间既有协调的一面,又有对立或排斥的一面,而这些相互对立、相互排斥的因素相互斗争,力量此消彼长,最终形成统一的力量,直接影响大学生思想道德建设的效果。

2. 大学生思想道德建设环境结构的有序性

大学生思想道德建设环境结构的有序性,是指大学生思想道德建设环境诸要素存在方式上呈现的格式化倾向以及这些因素交替作用的规律性。它是大学生思想道德建设环境系统的重要特征。

(1) 环境因素的格式化

构成影响大学生思想道德建设的环境因素是按照一定的结构形式组合而成的有序系统,呈现出纵横交错的格局。从横向来看,大学生思想道德建设环境系统可以划分为若干个子系统或若干个部分。如大学生思想道德建设环境系统可以分为社会环境、社区环境、组织环境、家庭环境、人际交往环境等子系统。这些子系统看似独立,实际上又是由一根红线连接在一起的,是以人为中心、以人的活动范围及群体隶属关系为红线来进行排列与分类的。从纵向来看,大学生思想道德建设环境可分为宏观、中观、微观三大层次。从大学生思想道德建设环境作用方式与程序来看,大学生思想道德建设环境可分为主导性与辅助性的环境因素。

(2) 环境因素更新的规律性

大学生思想道德建设环境并非一成不变,而是不断地发生变化的。这种变化,一方面来自于作为大学生思想道德建设主体的人是不断变化的;另一方面来自于环境因素内部的相互作用。这种改变表现为大学生思想道德建设环境诸要素的相互作用、地位改变以及要素的增减等。这种改变并非杂乱无章,而会呈现出一定的规律性。这种规律性就是大学生思想道德建设环境因素的变化,是一个由低级向高级、由简单向复杂渐进的过程。需要特别指出的是,大学生思想道德建设环境因素的不断更新、改变,更多地带有一种目的性、可控性和有计划性。

（二）大学生思想道德建设环境的本质特征

大学生思想道德建设环境的本质特征就是大学生思想道德建设环境本身所带有的从根本上决定环境的发生、发展与变化的属性。它是全面、正确地反映大学生思想道德建设环境系统并科学地预测这一环境系统运动变化方向的基础。

1. 大学生思想道德建设环境的阶级性

大学生思想道德建设环境的阶级性，是指大学生思想道德建设环境因素所体现的与特定阶级相一致的属性，它决定着环境因素的基本内涵与价值倾向性，并影响环境因素的发展变化。

首先，从大学生思想道德建设的特殊性来看，我国的大学生思想道德建设就是用马克思主义的思想道德体系来教育广大学生，培养社会主义合格建设者和可靠接班人。显而易见，大学生思想道德建设具有明显的无产阶级性质。不承认大学生思想道德建设环境的阶级性只能是一种无知或虚伪的表现。

其次，从社会生活的角度来看，环绕于大学生周围的思想道德建设环境，实际上就是社会生活环境，而社会生活环境的状况受到社会生产、生活行为的影响。从宏观的国家与法、社会意识，到微观的个人思想与行为，都受到阶级的直接或间接的影响。既然社会生活不可避免地要打上阶级的烙印，那么，主要由社会生活环境构成的大学生思想道德建设环境就不可能摆脱阶级的影响或控制。大学生思想道德建设环境不仅包括经济因素，而且包括政治因素和文化因素。很显然，政治因素直接与相应社会的阶级结构密切相连，而经济因素中各种矛盾的根源及矛盾的发展变化都与特定社会的阶级利益密切相关，至于文化因素更不可避免要受到特定社会占主导地位的阶级意识形态的制约。所以，大学生思想道德建设环境内部渗透着阶级意识，体现着阶级性。

2. 大学生思想道德建设环境的社会性

大学生思想道德建设环境的社会性，是指大学生思想道德建设环境是社会活动的产物，社会性要素对大学生思想道德建设环境的产生与发展起着决定性作用。大学生思想道德建设环境的社会性表现在三个方面：一是表现在环境的来源上。思想道德建设环境是社会生活的产物，是文化的结晶，大学生思想道德建设环境的政治性要素主要是人们政治活动的产物，经济性要素主要是人们经济活动的产物，文化性要素主要是人们文化活动的产物。可见，大学生思想道德建设环境除极少的未经人工塑造的因素外，均是人类社会活动的产物，具有社会属性。二是表现在环境的内部构成上。大学生思想道德建设环境系统是由社会性要素和自然性要素构成的，但二者的地位和作用不同。社会性要素占据主导地位，在大学生思想道德建设环境中是决定性因素。三是表现在环境作用范围上。在大学生思想道德建设环境因素发挥作用的过程中，由于外界因素的参与以及主观能动选择，环境因素总是在一定程度上服从与服务于社会的需要。

（三）大学生思想道德建设环境的外在特征

大学生思想道德建设环境的外在特征，就是大学生思想道德建设环境外部表现方面的特点。人们对于大学生思想道德建设环境感觉最多、最直接的还是其外部特征。

1. 广泛性

大学生思想道德建设环境因素十分广泛，可谓无所不包，无处不在，无时不有。从横向看，它既包括自然环境因素，又包括社会环境因素，既包括物质性环境因素，又包括精神性环境因素，既包括政治环境因素，又包括经济环境因素与文化环境因素；从纵向看，它既包括历史的因素，又包括现实的因素，既包括社会大环境，又包括社区环境、组织环境、家庭环境及人际关系等小环境；从环境作用的性质来看，它既包括积极环境因素，又包括消极环境因素。这些大大小小，各式各样的环境因素构成大学生思想道德建设环境的网络系统，全方位地、多渠道地影响着大学生思想道德建设的过程，影响着大学生思想道德的形成与发展。

2. 复杂性

由于大学生思想道德建设环境是由千千万万环境因素构成的网络系统，这就决定了这一系统的复杂性。大学生思想道德建设环境的复杂性不仅表现在各种因素相互关系的复杂性上，而且还表现在环境因素本质属性判别的复杂程度上。虽然，在理论上很容易将各种环境因素划分为主导性因素或辅助性因素，积极性因素或消极性因素、先进阶级的环境因素或落后阶级的环境因素，但在实际工作中，各种因素不一定能直接感觉到，也不会贴上属性标签，确实难以区分。

3. 动态性

世界上的万事万物总是发展变化的，大学生思想道德建设环境同样处于一种动态运行过程中。从自然环境因素来看，随着人们改造世界、利用自然的生产活动的深入，今天人们面对的自然环境与过去相比，可谓是天壤之别。从社会环境因素来看，社会的经济、政治、文化要素也是不断发展变化的。这些因素前后的变化，都反映了大学生思想道德建设环境的动态性。

4. 渗透性

大学生思想道德建设环境对大学生的思想道德、价值观的影响不是靠强制手段来实现的，而主要是靠潜移默化的感染、熏陶及渗透。在大学生思想道德建设环境系统中，千千万万的教育因素都在跟大学生发生接触，大学生通过与环境的交流不知不觉地接受教育，日积月累就会由量变到质变，出现情感的升华，思想道德认识的升华。如校园文化环境的优劣对大学生的成长具有潜移默化的渗透作用。

5. 可塑性

从环境与人的关系来看，一方面，环境制约人的社会活动；另一方面，人又反作用于环境，即人们可以能动地去利用环境、改造环境。人们完全可以根据大学生思想道德建设的目标，有计划、有步骤地改变一定社会范围内的环境因素，使环境因素符合大学生思想道德建设的需要，符合大学生思想道德发展的需要。可见，大学生思想道德建设环境具有可塑性。

第二节 当代大学生思想道德建设环境的功能

大学生思想道德建设环境从不同角度、不同方面影响着大学生世界观、人生观、价值观的形成。它以隐蔽的形式，无声的形态，导向大学生的认识，规范大学生的言行，培养大学生的品德，促进大学生的健康成长。大学生思想道德建设环境的功能主要有以下几个方面。

一、导向功能

大学生思想道德建设环境对大学生思想道德认识和人生价值观的形成有着导向功能。这种导向功能表现为：首先，从校内环境来看，从物质条件到精神活动，从集体规范到人际关系，从教师的举止仪表到教室的装饰布置，都给生活于其中的学生一个具体可感的参考，并传递出一定的价值信息，给每个学生心理上以一定的暗示，使他们自觉或不自觉地从周围环境中接受那些人们所认可或学校倡导的价值观与道德观。例如，绿化优美的校园、建筑物上恰当的装饰不仅给人以美感，而且蕴含着学校的教育理念和价值取向，对学生产生暗示作用。学校在长期的文化实践中形成的大学文化体现着学校的风格个性，凝聚着学校的基本精神与价值取向，对学生的道德认识和思想品质具有重要的导向作用。它可以将学校的意志和价值渗透于学校的各种文化活动中，使之成为学生生活环境不可分割的一部分，进而在有意无意中对学生发生影响，对他们人生态度和道德认识的形成发挥导向作用。其次，从校外环境来看，无论是自然环境的因素，还是社会环境的因素，都对学生有着导向作用。自然环境中的山川湖海都蕴含着一定的教育内容，能培养学生爱祖国、爱家乡的感情。自然环境与社会环境相同，对学校影响较大的是社会环境。社会环境中的政治、经济、文化等环境因素不断与高校环境中的因素进行物质、信息和能量的交换，各种社会信息传入学校后能对学生的思想认识和价值观念的形成产生重大影响。良好健康的社会信息可将学生的道德认识和人生价值观导入正确的方向。相反，消极不良的社会信息也能误导学生，削弱思想道德建设的效果。在当前社会转型时期，固有的社会意识、社会价值、生活方式和社会道德规范发生相应变化的社会现实中，学校加强对社会信息进行筛选处理，有意识地创建良好氛围，对学生树立正确人生价值观有着重要作用。

二、渗透功能

渗透功能是指环境中诸因素对学生的影响不是强制的，而是感染熏陶和潜移默化的作用。这种作用使学生在不知不觉中受到心灵的感染、情操的陶冶、哲理的启迪，使教育者的意图逐渐渗透到他们的思想中，由量变到质变，使学生的思想感情发生改变或将原有的思想提高到新的层次，特别是那些只能意会，不能言传的东西。渗透功能对人的思想的形成发挥着独特的作用。唐代诗人杜甫在《春夜喜雨》中写道："好雨知时节，当春乃发生。随风潜入夜，润物细无声。"这种意境就是环境渗透功能的写照。环境渗透功能正是通过这种耳濡目染，对情感的熏陶感染来实现的。列宁指出："没有人的情感，就从来没有也不可能有人对真理的追求。"情感的培养既要靠正面灌输，也要靠在环境中进行感染陶冶。高校环境中丰富的内容对学生情感陶冶具有得天独厚的优势。无论是整洁文明的校容、校貌，还是生机盎然的学习环境；无论是积极向上的校风、班风，还是丰富多彩的文化活动，都是陶冶学生情感、净化学生心灵、培养学生情操的重要环境因素。师生交往、同学交往之中的情感交流，会形成学校特有的人际情感环境。教师对学生的关怀、期待、爱心很容易感染学生，引起情感共鸣，产生积极的体验。同学间的友谊、帮助也可以使学生直接地感受到生活中的真善美，可以领悟到人与人之间真诚、友爱和理解的可贵。这样，师生共同形成学校特有的人际情感环境，对学生具有强烈的感染力。学校的花草树木、建筑布局、人物雕塑等都是陶冶情感的因素，使学生对集体、对学校产生归属感、认同感，使他们感到自己是学校的主人，从而激发他们爱学校、爱生活的情感。学校中的集体活动也是陶冶学生情感，培养学生情操的重要途径。集体活动内容生动多样，形式新颖别致、情感色彩浓郁等特点，能较好地满足学生的兴趣和需要，对学生产生较强的吸引力。集体活动有利于他们在积极向上的气氛中激发出健康的情绪体验，受到高尚的道德情操的熏陶，养成健康良好的品德，促进身心发展。例如：志愿者活动、升国旗仪式、参观有历史价值的纪念场馆、参加义务劳动、参加文体活动等能让学生接受爱国主义、社会主义、集体主义的教育；参加学术活动、艺术活动、读书活动等能使学生得到美的享受和情感熏陶。

三、规范功能

大学生思想道德建设环境对学生的言行具有重要的约束作用和规范作用。环境对学生的教育不是直接的，而是隐蔽渗透在学生经常接触、参与的各种环境因素及活动之中。从表面上看，尽管这些作用是潜在的，但它们却往往通过暗示、舆论、从众等对学生形成潜在的心理压力和动力，从而体现出对学生言行的约束规范，达到正面教育难以达到的效果。各种规章制度是学校管理的重要手段，具有强制作用，体现着学校的意志以及社会道德观念和是非标准。它能使管理工作朝着科学有序的方向发展，它也是思想道德建设的坚强保障。制度环境对于那些无视校规校纪、学习松懈、行为不端的学生具有强大的约束力。对违反校规校纪的学生进行恰当的处罚，例如，对考试作弊者勒令退学，这就足以令任何欲作弊者三思。校风是全校师生理想追求、科学文化素养、治学精神和行为风尚等多方面的综合反映，它是一种无形而有效的精神力量。它能使处于其中的成员自觉或不自觉地受到制约，积极遵守群体生活的轨道，进而在集体中形成一种良好的共同的心理约束力。这种约束力能在学校的各种场合、各种不同的群体内产生一种共同的"气氛"，形成一种集体的"心理环境"。这种环境又使学生非强制地、非逻辑地移植到自己的心理系统中，经过同化而成为个体的心理特征，从而进一步制约个体的言行。这种"气氛"与"心理环境"体现出校风的价值规范，而维护这一价值规范的重要手段又是舆论环境。学校中健康的舆论是良好校风的表现。舆论是通过议论来褒贬学生的言行，对其做出肯定或否定的评价。这种评价可以引起学生认识的变化和情绪上的体验，能促使他们调整自己的言论和行为。对违纪学生的处分张榜公布，虽然对被公布的学生可能是一种伤害，但又何尝不是一种警诫，一种激励，对其他学生而言，则可以引以为鉴。受到舆论支持、赞扬并引起自豪与荣誉感的行为，学生乐于继续坚持和发挥。得不到舆论支持或受到舆论指责，并引起愧疚的行为，学生会努力去克服和改正，从而达到对言行的规范。

四、示范功能

大学生思想道德建设环境的示范性特点必然产生出示范功能。大学生思想道德建设环境蕴含了丰富的示范教育因素，对学生思想品德和价值观的形成施予潜移默化的影响。当代大学生的自尊心强、情感丰富，成才欲望强烈，但世界观、人生观、价值观还不成熟，情绪波动较大，意志力弱，可塑性很大。示范功能对培养他们集体荣誉感和对人民的责任感，引导他们树立正确"三观"具有重要作用。学校环境的示范作用具体表现为：首先，教师的示范作用。教师的示范无疑是最重要的，教师是知识的传播者，也是德育工作者，是学生的人格榜样，他们的政治态度、品德作风和生活方式对学生的政治观、人生价值观、道德观会产生直接影响。教师以身作则的示范，不仅提高了自身的威信，而且能有效地激发学生积极的情感，增强说服教育的可信性和感染性，许多学生的思想作风、兴趣爱好和行为习惯都深受老师的影响。正如加里宁所指出的那样："要知道，教育者影响受教育者的不仅是所教的某些知识，而且还有他的行为、生活方式以及对日常现象的态度。"一个善于言传身教的"人师"和楷模，尤其是与学生联系最多的专兼职班主任和辅导员，他们的影响更为深刻。其次，学生中先进人物和事迹的示范作用。这种示范对他们道德、情感和价值观的形成有着重要的影响。大学生的年龄结构、社会阅历、知识水平、兴趣爱好有相近或一致的特点，因而所在环境中受到奖励或舆论褒扬的先进人物和事迹就易成为他们模仿的榜样，而对受到惩罚和舆论贬责的人或事就会拒绝模仿。例如，对学生中好人好事的表扬和奖励就会使学生以其作为示范，在日常生活中加以模仿，成为他们好人好事的动机。反之，对违纪学生进行处罚，也会使学生努力去避免这种行为在自己身上发生。再次，社会的各种典型人物和事迹也对大学生具有示范作用。"雷锋精神"影响了几代人，时至今日早已成为一种民族精神，并且以后还将产生其深远的影响。普通工人徐虎在平凡岗位上做出的不平凡成绩深深打动了大学生的心灵。优秀共产党员孔繁森的事迹不知让多少人流下了激动的泪水。尽管他们不如教师和学生的影响那样贴近生活，但其影响同样非常大，他们的光辉业绩和高大形象容易引起学生心理上的共鸣，产生向他们学习的愿望，进而把这种愿望转化成为学习的动力。此外，渗透于校园雕塑、学习园地、教材中的各种有关英雄、劳模、著名科学家、文学家等杰出人物的先进事迹，也对学生具有示范作用。

第三节 当代大学生思想道德建设环境的影响

一、宏观环境对大学生思想道德建设的影响

宏观环境主要指社会环境，它由社会经济环境、政治环境、文化环境构成。宏观环境对大学生思想道德建设的影响是很明显的。

（一）经济环境

1. 经济环境是决定大学生思想道德建设的重要因素

经济环境是环境诸因素中最基本的因素，它直接影响着大学生思想道德的要求和规格，决定着大学生思想道德建设的发展水平。历史唯物主义告诉我们，物质生产活动是引起社会生活的一切方面发生变化的最基本因素，社会经济环境是指社会物质生产活动赖以存在的基础，是社会的生产方式，包括生产力的发展水平，人与人之间的经济关系。即生产资料的占有关系、产品的交换关系、分配关系、物质产品的满足程度等。社会的经济环境既对人的思想发展提供外部的物质技术，又对人的思想道德结构提出相适应的发展要求，人的思想道德的性质是由人所处的生产关系的性质决定的，其发展水平归根到底则是由物质生产力的发展水平所决定的。在社会主义社会，我国实行以公有制为主体多种所有制共同发展的经济制度，以按劳分配为主、多种分配方式并存的分配制度。这种经济环境要求大学生思想道德建设必需坚持以为人民服务为核心、以集体主义为原则，以诚实守信为重点，引导大学生遵守基本行为准则的基础上，追求更高的思想道德目标。

2. 科学技术的发展水平将对大学生思想道德建设产生重大影响

科技是第一生产力，这是被现代大工业生产所证实了的客观事实。科学技术在生产上的广泛应用，推动了社会生产力的发展，影响着人们社会生活的各个方面，其中也对大学生思想道德建设产生重大的影响。比如，计算机技术的迅速发展，不仅促进了生产力的发展，推动社会政治与社会文化的进步，并逐步影响着大学生思想道德，使之发生着深刻的变化。这些变化从积极方面来评价，表现为大学生接受思想信息、鉴别筛选思想信息的能力得到极大提高，市场意识和时效观念增强。但同时，计算机使部分大学生远离人群，走向孤独，集体观念淡化，特别是过分沉淀于电脑游戏，而且又可能影

响其他方面素质的发展。对此，我们应该清楚看到，高科技环境既给大学生思想道德建设带来许多积极影响，也不可避免地出现负面影响。因此，对于大学生思想道德建设队伍来说，如何在科技环境中因势利导，化消极因素为积极因素，引导大学生健康成长，就是义不容辞的职责了。

（二）政治环境

社会政治环境是指环绕着人的社会政治境况。它包括政权的性质、政治制度、政治体制和政治思想、政治准则等。任何国家都有一定的政治环境。政权的性质、政治制度决定了人的政治地位，政治意识、政治理论、政治纲领，则规范着人的政治行为。政治体制、民主、法制建设对人的政治观念、民主意识的形成产生重大影响。政治环境是形成人的政治观的外在重要因素，也是实现人的政治社会化的客观条件。

在大学生思想道德建设活动中，政治环境的影响和作用突出地表现在以下几个方面：

1. 实现党的政治领导，贯彻党的路线、方针、政策

在政治环境的各个因素中，党的路线、方针、政策是影响大学生思想道德建设的最经常性的因素，大学生思想道德可以在学习与贯彻党的路线、方针、政策中接受影响、实现转化的。例如，党的十一届三中全会以来，由于实现了党的工作中心的转移，坚持改革开放、坚持四项基本原则，使我们国家的面貌发生了重大的变化，也使大学生的思想状态和精神面貌发生了极大变化。这些现象充分说明，党的路线、方针、政策构成的政治环境对大学生思想道德建设具有重大的影响。因此，大学生思想道德建设队伍必然要把自己的视野投向社会政治环境，从中把握大学生思想道德建设的规律性，经常进行党的基本路线、纲领和政策的教育。只有这样，大学生思想道德建设工作才能赢得主动权。

2. 认清形势、树立正确的政治价值观

国际国内的形势反映社会政治环境变化发展的状态，主要表现为一定时期以内国际上和某一国家内部发生的重大事件的现实状态及其走向与对策。它不仅影响大学生的政治立场、观点和价值取向，而且还会成为一定时期内大学生思想教育的内容。

马克思主义告诉我们，社会存在决定社会意识，社会意识是社会存在的反映，是人们对周围环境、社会生活、社会关系的认识，它依赖于社会存在又反作用于社会存在。因而，国际、国内形势的变化，必然会影响大学生的思想、引起大学生思想的变化，并直接关系到大学生的政治态度和政治价值

观的确立。大学生思想道德建设者要抓住教育的有利时机，深入了解大学生的思想认识、立场、态度，以便有针对性地开展形势、政策教育，引导大学生树立正确的政治价值观。

（三）文化环境

社会文化包括物质文化和精神文化，而对大学生思想道德建设直接起影响作用的主要是精神文化。精神文化又包括思想与文化两个方面，主要指社会的理想、信念、道德、纪律、人们相互间的关系，以及社会教育、科学、文学艺术、新闻出版、广播电视等各项活动的境况。社会文化环境通过融合在大学生周围的各种教育因素间接地、潜移默化地影响大学生的思想面貌和价值取向，影响大学生思想道德建设的内容和方式。社会文化环境的影响作用主要表现在以下几个方面：

1. 在全社会形成共同理想和精神支柱

社会文化环境给大学生提供良好的科学文化知识基础条件，使大学生能够更好地学习和掌握马克思主义理论，在改造客观世界的同时，改造主观世界。一个人有了科学的、正确的、强大的共同理想和精神支柱，也就有了明确的政治方向和发展动力，并能起到精神动员的作用。

2. 形成社会主义道德风尚

发展文学艺术、新闻出版、广播影视等事业，是文化建设的重要内容，是营造良好文化环境的重要条件，也对大学生形成高尚的道德风气具有重的作用。

文学艺术是文化的重要内容，是人类的精神食粮。高雅的、健康的、进步的文艺作品能够滋润大学生的心灵，升华大学生的精神境界，使大学生的思想情操向着健康的方向发展；相反，粗俗的、腐朽的、堕落的文艺作品则使大学生滋长不健康的思想和情调，腐蚀大学生的灵魂，甚至把人引上邪路，走上犯罪的道路。因此，大学生思想道德建设要引导大学生弘扬民族的文化精粹，倡导优秀的高雅艺术，推荐具有教育意义和学术价值的文学作品和学术著作，以发扬爱国主义、集体主义、社会主义的思想和精神，培育有理想、有道德、有文化、有纪律的公民。

新闻出版、电影电视在当今条件下，在文化环境的建设中具有特殊重要的意义。现代大众传播媒介的主要功能是传播信息，通过报纸、杂志、书籍、广播、电视、电影等大众媒介向大学生发布大量的信息，提供娱乐，传递社会文化传统，引导社会舆论，使大学生随时了解所处的文化环境，以保持对社会的沟通。大众媒介传播信息的这种"环境示警"作用，有助于大学生形成崇高的思想道德品质。

在我们的国家，营造良好的文化环境，要求以科学的理论武装人，以正确的舆论引导人，以高尚的精神塑造人，以优秀的作品鼓舞人。这种文化环境不仅能够满足大学生的精神文化的需求，而且可以使大学生的思想道德得到健康的发展。

二、微观环境对大学生思想道德建设的影响

微观环境主要是指家庭环境、学校环境。

（一）家庭环境

家庭环境，是指自己的家庭境况。包括家庭的经济状况、社会地位、父母及其他家庭成员的思想品德、文化水平、教育程度、相互关系等等。由于亲属间存在的血缘关系和依赖关系，家庭对大学生思想道德影响具有一种特殊的感染力和影响力。充分发挥家庭环境的教育功能对大学生的思想道德建设具有至关重要的作用。

1. 培养自立、自主、自强精神

社会主义市场经济的发展，改革开放的力度加大，给社会注入了无穷的活力，使社会经济情况发生了重大的变化，为家庭环境建设奠定了物质基础。现在家长一方面力求适应社会，在家庭教育上不惜重点投资，花费了相当大的人力、物力、财力、时间和精力。这是家庭环境建设的很大进步与发展；另一方面是"2+1"的家庭模式造成家长对独生子女无微不至的关心和照顾，这种关怀，使有些大学生缺乏独立生活的能力，以至社会生存和适应能力偏弱。因此，要改变家庭环境对子女娇骄二气的助长，必需促使家长十分关注子女自主、自立、自强精神的培养。

2. 发扬中华民族传统美德

良好的家庭环境，要求继承勤劳俭朴、艰苦奋斗、团结协作、爱岗敬业的传统美德，并且赋予新的时代内容、文化样式和活动载体，使大学生把传统美德与精神文明建设相结合，并吸收世界上其他国家的先进文明成果，形成有中华民族特色的、体现时代特征的家庭美德。

3. 倡导家长以身作则，率先示范

家庭中家长的言传身教对子女的思想具有潜移默化的示范作用，提高家长的素质是搞好家庭环境建设的根本。所以，家庭环境，建设要以社区和学校为依托、举办家长学校，盘活家庭环境的思想道德资源，在社区的亲和力、凝聚力和启动力的带动下，家长学校能起到抓一代、促两代的教育效应。

（二）学校环境

学校是建立在一定社会关系基础上的社会组织体系，是一种专门从事培养人才的特殊单位。学校环境，是指学校的教职工、教育内容、校园文化、校风、教风、学风等诸多因素构成的境况。

学校环境作为社会环境的一部分，培养党和国家所需要的人才。必需建设好育人的环境，以教师、干部的表率作用、良好的校园环境、校风、校园文化等因素对大学生的思想道德的健康成长产生积极的影响。

1. 校园物质环境

校园物质环境是指校园内对学生的学习和生活产生影响的一切物质条件的总和。包括教学场所、活动场所、生活休息场所、校园绿化环境、各类设施装备等方面的状况。校园物质环境能对学生产生无形的影响，渗透着一定的审美文化意蕴。它们的直观形象、独特的装饰、高雅的布置，能给学生以美感和艺术享受，一幅画、一句名言、一个警句、一条标语，都能给学生传递富有教育意义的思想信息。校园环境建设不仅是大学生思想道德建设的要求，也是学生自我发展和健康成长的要求。

2. 校园文化环境

校园文化环境是属于学校环境的软件建设部分，具体包括教风、学风、校风、制度、文化氛围、文化活动等，其中树立优良的校风，是创造良好的校园文化环境的重要内容。

（1）校风的影响与作用

校风是校园文化的本质表现，是学校师生员工共同形成的、具有办学特色的、全局性、稳定性的精神力量和行为作风，是学校管理和办学水平的集中表现。校风是学校环境中无形的教育因素，对学生的思想道德建设产生潜移默化的影响。

（2）制度文化的规范作用

制度是一种重要的教育手段，要求大家共同遵守的办事规程或行为准则。能约束和规范大学生的言行。它以国家的法律、法规、政策及教育领导部门颁布的制度为依据，从加强学校管理的需要出发所下达的成文的共同遵守的条规。它们按作用的范围可分为教学管理、校园环境管理、生活行为管理、社会实践管理等制度。由这些制度所形成的文化氛围，称之为制度文化环境。它所采取的强制与非强制的约束手段，目的是规范大学生的言行，在学校形成鼓励先进，鞭策后进、促人进步的良好风气。因而，制度文化环境对大学生的思想行为具有调节、约束、规范和导向作用。

（3）校园文化的教育作用

校园文化是以学校为依托的社会亚文化。它主要是指以学生为主体、以校风为灵魂的第二课堂、社团活动、课外文体活动与社会实践教育。它相对于课堂教学，统称为实践教育，这种教育活动带有明显的文化特征，包括知识讲座、技能培训、文体竞赛、参观访问、社会调查、志愿者服务活动、节假日的文化娱乐活动等。这些活动在教师指导下，学生自愿参加，由学生自己组织管理、极大地满足了学生的自尊需要，归属需要和成才需要，对学生知识的拓展、能力的培养、情操的陶冶、思想道德修养都起着积极的促进作用。它不仅使学生深化了课堂知识、提高了运用知识解决问题的能力，还进一步激发了追求新知识的成才欲望。而且使学生了解社会、懂得国情、增强社会责任感和历史使命感。校园文化教育，作为学生的第二课堂，对学生的课外文化活动和社会实践活动要加强指导和引导，建立规范化的管理制度，提高其运作的科学性、才能促使校园文化健康发展，增强育人的社会效应。

3. 校园人际环境

校园人际关系主要是教职工与学生的关系，核心是教师与学生的关系。由校园人际关系构成的人际氛围称之为校园人际环境。校园人际环境对学生的思想道德建设影响集中表现为教书育人、管理育人、服务育人的人际氛围。

（1）教书育人

教师是组织教学活动的主体，他的思想、人品和知识，会在教学与教育活动中对学生产生示范作用。这种示范作用表现在教师要用自己崇高的思想、良好的品德、渊博的学识以及真善美的行为去影响学生，作学生学习、效法的表率。凡是要求学生做到的，教师自己必需做到。孔子说过："于师以正、孰敢不正。"他认为，一个人首先要自立，才能立人，首先正己，才能正人。因而，教师只有注重在思想品德、学识才能、文明礼貌等方面，自觉地做学生的表率，才能出色地完成教书育人的任务，为社会培养更多更好的有用人才。

（2）管理育人

学校管理是指学校为了实现教育目的，合理、科学地使用学校人力、物力、财力，使学校培养人才工作持续、有效地进行的实践活动。管理育人是指学校管理人员结合管理过程对学生施加教育影响，以达到促进大学生思想道德建设的目的。管理具有育人的功能，学校管理的规范性、约束性、渗透性、民主性的特点，能使学生在接受管理过程中，受到思想教育，得到情感陶冶，达到行为规范。特别是管理人员的以身作则，言教与身教相结合，率先示范，使学生在无形中受到感染和认同，能收到较好的教育效果。

（3）服务育人

学校的一切工作都是为了培育人才，从这个意义上讲，教学、教育、后勤各项工作都具有育人的功能。但如果与教师、管理人员的育人功能相区别，服务育人则着重是指后勤、生活服务部门的职工在学校各项服务工作中的育人功能。学校各项服务工作都要服从学校的教育目标，即服务人员在服务过程中的一切服务措施都要为学生健康成长服务，做好服务工作，有助于把学生培养成为社会的有用人才。因而，学校的职工思想上要明确育人的职责，自身要具有较高的思想道德素质和服务本领，只有这样，才能提高服务水平和服务的育人效果。

学校的人际环境除了教职工与学生的关系外，还有学生与学生的关系、学生与领导的关系、学生与社区的左邻右舍的关系、学生与教学、教育基地人员的关系等等。这些关系的处理也会影响学生的思想道德建设。

第四节 当代大学生思想道德建设环境的优化

近年来，高校对于在新形势下如何加强学生思想道德建设进行了许多有益的尝试，在"三育人"的基础上提出了环境育人。不少理论工作者对如何加强环境建设，发挥其育人功能进行了有益的探索。但应当看到，目前高校的环境中还存在着许多不利于学生思想道德建设的问题。为实现大学生思想道德建设的目标，高校学生思想道德建设应依据一定原则，寻求合理有效途径，对环境进行优化。

一、大学生思想道德建设环境优化的原则

大学生思想道德建设环境优化，应遵循以下原则：

（一）政治性原则

思想道德建设本身有着鲜明的阶级性。党的教育方针明确指出：坚持教育为社会主义现代化建设服务，为人民服务，与生产劳动和社会实践相结合，培养德智体美全面发展的社会主义建设者和接班人。大学生思想道德建设必需自觉贯彻党的教育方针。党和国家一直重视对大学生培养的政治标准。高校作为人才培养的场所，历来就是不同政治势力争夺的重要阵地。因此，必需旗帜鲜明地用建设中国特色社会主义理论教育大学生，坚定他们的社会主义信念，要把政治性贯穿到对学生发生教育作用的各个因素中，渗透到高校环境的各个方面。防止和克服那种就政治论政治，政治以外无政治的倾向。

围绕帮助学生树立正确世界观、人生观、价值观这个中心，发挥政治的导向功能。坚持政治性原则是保证环境优化的前提。

（二）层次性原则

层次性原则主要包含两方面的内容。一是人的思想道德品质是由低向高层次性发展的。具体分为三个层次，基础层次是遵纪守法，顾全大局，热爱国家，诚实劳动。这是最基本的道德要求。第二层次是先公后私，先人后己。它要求每一个人都能自觉地把集体利益、国家利益放在个人利益之上。最高层次是无私奉献，一心为公，即全心全意为人民服务。道德的层次性要求我们在大学生思想道德建设中要从基础层次入手，从严格执行校规校纪开始。要求学生从顾全大局，不损人利己做起，进一步达到能够把集体利益放于个人利益之上，努力学好本领，提高自己的修养水平，在学校中尽到自己的义务，为维护良好校风学风做出应有努力，最后达到全心全意为人民服务。二是大学生本身的思想是分层次的。首先是不同年级学生所受教育的程度不同，整体上呈现出差异，思想表现出一定的层次。其次是同年级的不同个体思想水平也有高低之分。有的学生能够对自己严格要求，时刻注意自己品德培养，表现出比较高的思想境界。而有的学生要求自己不严，平时不注重自己的言行，其思想水平就相对较低。坚持层次性原则，也是实事求是的表现。层次性的区分，是为了保证在优化大学生思想道德建设环境时能从实际出发，防止片面性。

（三）系统性原则

大学生思想道德建设的内容丰富，它是多方面、多层次、多角度的。每一个方面、层次、角度都体现一种思想，每一种思想都依赖着环境的某一方面、层次、角度，环境在对人产生教育时都是从一定方面、一定层次、一定角度上与具体的受教育者发生着内在的或外在的联系，形成了一个错综复杂的独特的系统。它存在于高校中，与其他系统共同作用于学生，发挥着育人功能。系统性原则要求我们在环境优化上要从整体考虑，不能只注重某一方面而忽视另一方面，要把整个系统建设成一个协调的和谐整体。在物质环境优化上既要考虑到空间的立体性，又要考虑时间的连续性，还要考虑布局的合理性和结构的完整性。在精神环境优化上，既要发挥制度环境的约束性，又要发挥舆论环境的导向性，还要注意校园文化活动开展的层次性和针对性。在环境优化中必需注意协调相关系统的关系，达到相互促进、共同发展，为实现大学生思想道德建设的目的服务。

（四）针对性原则

每所学校、专业、学生有特殊性，每个寝室、班级、社团有特殊性，这些特殊性要求在优化环境时要有针对性。每所学校根据自己的特殊性和教育发展的要求，创建有利于贯彻学校意志的体现自身特色的环境。每个学生或团体所面临的问题不相同，只有根据他们本身的特殊性和面临的问题有的放矢地优化环境，才能达到较好的效果。如果全校都"齐步走"，对有些思想问题根本无法解决。坚持针对性原则是从实际出发，具体问题具体分析的体现，是发挥学生的主体性的有效手段。这样做，学生感受到了尊重，其情感便会处于激动状态，意志呈现积极向上的趋势，思想处于积极开放的状态，对外来环境的影响会采取合理的摄取方式。相反，学生就会出现逆反心理或情绪低落，思想处于消极封闭状态，对外来影响很可能采取拒绝方式。还有，不同时期学生所关心的问题不同，学生的热点问题也不同果我们的教育不进行有针对性的相应的调整，环境建设不发生相应的变化，就会出现与学生思想道德发展不合拍的滞后局面。

二、大学生思想道德建设环境优化的途径

随着教育的发展，人们越来越多地认识到环境育人的重要性。高校应当在遵循优化原则的基础上，建设良好的思想道德建设环境。具体来讲，主要应从以下途径入手：

（一）依靠政府行为和社会动员，优化社会宏观环境

社会宏观环境的优化，是社会主义精神文明建设的重要内容，对推动社会全面进步具有重要意义。党、政府与有关主管的领导部门是优化社会宏观环境的主体，可通过倡导良好的社会道德风尚和正确的舆论导向；加强立法，整治贪污腐败、违法犯罪；整顿社会秩序、强化社会治安；加强环保意识的宣传，普及环保知识等，以确保社会宏观环境积极因素的增长，弘扬爱国主义、集体主义、社会主义主旋律，以利于大学生思想道德建设。

（二）改善物质环境条件，建设优美校园

学校的物质环境条件既是学校构成的"硬环境"，也是大学生思想道德建设的"硬环境"。它的一花一木，一砖一石都向学生表明了一种价值观念。高校应该根据自身的自然条件、财力物力，有计划有步骤地美化校园，既能感到庄重、严整、大方、活泼，又能感到心旷神怡、高雅别致。一幅张贴适宜的广告、一个达意悦目的通知、一条言简意赅的标语、一块放置得当的警示

牌、一条整洁的林荫道、一个恰到好处的装饰、一尊引人深思的雕塑，等等，都向学生传递着一定的观念，给每个学生以形式美、语言美、艺术美的示范。对物质环境的优化，既要从大处着眼，注重环境建设的整体一致性，又要从小处着手。

（三）加强校规校纪建设，建立健全规章制度

没有规矩，不成方圆。没有健全的规章制度，高校就没有正常的教学和生活秩序。加强制度建设有四层含义：一是制度本身有不科学、不完善的地方，有些制度在实际操作上有困难需要加以改进完善；二是随着时间的推移，原来行之有效的制度表现出局限性，需要对那些不合时代要求的内容进行调整；三是随着社会的进步和教育的发展，高校环境中又出现了一些新情况新问题，需要建立新的制度对这些新情况新问题进行规范和管理；四是在规章制度的执行过程中，要减少人为因素的影响，减少随意性，做到严格照章办事。加强制度建设不是对学生自由的约束，而是为学生的主体性发挥创造良好条件，为学生思想道德建设成长保驾护航。学校的规章制度要有目标指向，要起到扬善抑恶、奖勤罚懒、扶正祛邪的作用。学校必需抓制度的落实，不管多么好多么科学的制度如果不注重落到实处，也不过是流于形式，收不到什么好的效果。学校除了国家和教育行政部颁布制定的法规规章外，还要有自己的规章制度和实施细则，还必需针对本校存在的问题或不良风气，制定出有针对性的管理制度。规章制度一经产生后，尽管在行为规范上可产生立竿见影的效果，但思想的转化却不一定那样快。这就需要大学生思想道德建设队伍做好宣传疏导，让学生充分认识制定制度的重要性、必要性，使学生心理认同它，才能有意识地执行它。

（四）加强校园文化建设，引导良好校风的形成

孟子说："故闻伯夷之风者，顽夫廉，懦夫有立志。"可见风气之重要。校风是学校的灵魂，优良的校风是学校在激烈竞争中赖以生存和发展的重要条件，也是学校社会地位的支柱和顺利开展对外活动的基础。校风的形成有一个成长发展的过程，需要长期努力，不可能一蹴而就。除了常抓不懈地法规教育和经常性的大学生思想道德建设以外，校园文化建设也起着举足轻重的作用。校园文化建设是加强大学生思想道德建设的重要途径和方式，它对大学生的人生观、价值观、审美修养、内在素质的熏陶作用不可低估。校园文化通过追求一种整体的优势，树立一种群体的共同价值观念，形成一种强大的向心力；通过丰富多彩的文化活动、社团活动、社会实践活动，使学生在其中交际和合作，凝聚成一个整体；通过创造一致的精神气氛和融洽的文

化氛围，消除学生心理和情绪上的干扰摩擦，协调人际关系。健康的校园文化是学生个性自由发展的广阔天地，为他们发掘自我个性的潜能创造了条件。健康的校园文化会使学生感到自己在学校中的主体地位，自觉自愿地维护集体荣誉，从心理上把校风内化为自己的价值体系，也在一定程度上能净化社会风气。应该建立一个既坚持社会主义方向，又显得健康活泼、热情向上、符合学生身心特征的校园文化环境，充分发挥它的导向和渗透功能，为树立学生的正确人生目标和价值追求创造良好的外部条件。

（五）加强学生中的热点研究，形成正确的舆论导向

大学生中的热点既非大学生自身固有的产物，也非大学生主观创造的结果，而是社会、学校、大学生交互作用，不断运动的结果。引起热点既有急剧变化的社会现实，也有校园特殊的环境气氛。大学生作为社会变化的晴雨表，热点直接或间接地反映了社会政治、经济、文化的变化。高校作为知识、信息的聚集地，各种社会思潮、学术理论在校园中传播引起学生思想变化，学校的建设发展和文化活动等对大学生的影响都能引起学生的关注，成为校园的热点。热点不断是大学生群体的特有现象，是大学生思维活跃、勇于探索、追求真知、充实自身的体现。但是，大学生涉世不深，对引起热点深刻的社会原因缺乏分析判断，加上世界观、人生观、价值观还未完全形成，喜欢随大流，从众心理比较强，可能出现不分好坏、不辨良莠的状况。加强热点研究，就是要及时找出热点的起因及可能产生的影响，用正确的理论和科学的方法加以引导。

第四章 当代大学生思想道德建设的评估

大学生思想道德建设评估是高等学校学生思想道德建设的重要环节，对大学生思想道德建设具有指导、规范和促进作用。在加强大学生思想道德建设方面，各高校都采取了一系列措施，也取得了一些成效。如何衡量高校大学生思想道德建设的水平和质量，如何评价高校大学生思想道德建设的效果，用什么标准、坚持什么原则来考察大学生思想道德建设的水平、质量和效果，进而表彰先进，鞭策落后，传扬成功经验，指导各高等学校沿着正确的方向加强和改进大学生思想道德建设，需要建立一套科学严谨的评估体系，以便于客观、准确、全面、系统地衡量各高校大学生思想道德建设的水平、质量和效果，这既是社会发展提出的客观要求，也是大学生思想道德建设自身实现科学化、规范化的需要，具有重要的理论价值和现实意义。

第一节 当代大学生思想道德建设评估概述

大学生思想道德建设评估是中国教育评价体系中的一项重要内容，其评估的主题是大学生思想道德建设情况，评估的主要对象是各高等院校。中国教育评价恢复和兴起的初期，教育评价主要是针对学生学习的。自 20 世纪 80 年代中期以来，教育评价范围扩大到了对教师工作、管理工作、学科专业、精神文明建设和学校办学水平等的评价。随着新世纪中国教育事业的发展以及教育评价理论和方法的日趋成熟，大学生思想道德建设评估已引起社会和教育界的普遍关注。

一、大学生思想道德建设评估的含义

大学生思想道德建设评估是指根据社会对大学生思想道德建设的要求以及各高校大学生思想道德建设的实际，首先研究确立一套严谨、科学、系统、全面的评估指标体系，然后运用调查、测试和统计分析等先进方法，对大学生思想道德建设的质量、水平和实际效果进行价值判断的过程。它为保证大

学生思想道德建设沿着正确的方向发展，规范大学生思想道德建设行为，全面提高大学生思想道德建设的效果提供了可靠的依据。

大学生思想道德建设评估的依据主要有两个方面：一是看大学生思想道德建设是否满足了社会发展的需要，是否反映了社会对大学生思想道德建设的目标要求，它在评估中表现为评估目标；二是看各高校在大学生思想道德建设方面所做实际工作的水平、质量和效果，也就是通过检查对照，评议分析，看各高校大学生思想道德建设满足评估指标的程度如何，它在评估中具体表现为评估指标。大学生思想道德建设的目标是由我国的社会主义性质所决定的，它规定了大学生思想道德建设评估必需反映社会主义发展方向，必需有利于构建和谐社会，必需有利于大学生思想道德素质的完善，必需有利于培养有中国特色社会主义事业合格建设者和可靠接班人。但是，目标总是抽象和笼统的，很难直接将它作为评估的依据；同时，大学生思想道德建设评估工做主要是针对具体的高等学校展开的，因此，需要将抽象的目标具体化，通过对目标的分解，使其成为具体的、可测量的、操作化和行为化指标。从本质上讲，大学生思想道德建设评估的这两个依据是一致的，评估目标决定了评估指标，评估指标是评估目标的具体反映，所有的评估指标的总和才能全面地反映目标整体。大学生思想道德建设评估应当首先处理好目标与指标这一辩证关系，使目标正确地指导指标，指标准确地反映目标。

从哲学的眼光来看，大学生思想道德建设评估是一种客观现象，也是既存的事实，这种事实存在是以主观形态表现出来的。大学生思想道德建设评估的本质是一种价值判断过程，它必需对大学生思想道德建设的社会效果做出价值判断。大学生思想道德建设作为高校学生教育的实践活动，它应当首先满足社会发展的需要，满足社会主义市场经济对培养人才的需要，这就构成了大学生思想道德建设的社会价值。大学生思想道德建设评估就是对这个社会价值做出科学的判断，判断大学生思想道德建设实践活动是否实现了这一社会价值，以及实现社会价值的程度如何。大学生思想道德建设评估的手段和方法是通过运用先进的调查、测试、统计技术和评估方法对大学生思想道德建设实践活动做出全面的、科学的价值判断。评估的科学性很大程度上依赖于评估手段的科学性。大学生思想道德建设评估吸取并综合运用自然科学和社会科学的最新成果，根据任何事物的存在都是质和数的统一，既有质的规定，又有量的体现的要求，对大学生思想道德建设的社会价值进行测评，以取得对这一社会现象的量的认识；再运用统计分析的方法，对调查、测评得来的数据信息进行科学处理，以揭示大学生思想道德建设的内在规律性和客观存在的现实；最后运用科学评估的方法，在对大学生思想道德建设做出定性与定量相结合、全面分析的基础上，对大学生思想道德建设活动实现价值与否及实现的程度做出正确的价值判断。

大学生思想道德建设评估的主题是高校大学生思想道德建设的整个实践活动。评估内容涉及面非常宽泛，大到整个大学生思想道德建设的指导思想、方针、原则、组织、目标等，小至大学生思想道德建设的各个系统的局部工作及个体与群体的施教与受教活动。此外，从评估工作的完整性而言，它还应当包括大学生思想道德建设系统与社会系统的关系评估，即大学生思想道德建设的社会效果评估。

二、大学生思想道德建设评估的特点

大学生思想道德建设的内容十分丰富，涉及的部门和人员非常多，表现形式极其多样，影响效果极为广泛，所有这些决定了大学生思想道德建设评估工作具有以下几个方面的特点：

（一）大学生思想道德建设评估具有综合性

大学生思想道德建设内容丰富多彩，形式多种多样，涉及方方面面，这就决定了大学生思想道德建设评估必然具有综合性特点。大学生思想道德建设评估绝不是单单评估某一个部门、某一个方面，而是对整个系统运行情况的全面评估，所以评估指标体系的确立既要有能够反映组织领导机构、建设方法模式、制度措施等方面的指标，又要有能够反映建设效果发展潜力、创新程度的指标；既要考虑教育管理主体，又要考虑教育管理客体；既要重视社会效益，又要注重经济效益；既要考虑近期表现，又要考虑长远发展。按照一定的权重比例，对以上各项指标进行综合评价分析，才能全面准确地对大学生思想道德建设情况做出客观真实的评估。

（二）大学生思想道德建设评估具有动态性

大学生思想道德建设的效果往往在实施思想道德建设之后一定的时间内方可显现出来，相对于大学生思想道德建设本身而言，存在一定的滞后性。这种滞后性的特点，决定了大学生思想道德建设评估是一种动态的评估，必需坚持用联系和发展的观点来指导评估工作，不能就事论事，以偏概全，要把握大学生思想道德建设的各个时期、各个方面、各个部分、各个环节以及各种内部和外部的关系，以求达到对"事实"的全面认识。要把评估当作一项日常性工作，经常性、规范化开展，把评估工作放在时间的坐标系中，综合考虑其历史、现实和未来。只有这样，评估工作才能较客观、全面地对大学生思想道德建设的效果做出准确的分析评价。

（三）大学生思想道德建设评估具有对比性

由于大学生思想道德建设效果的表现形式多种多样，因此，大学生思想道德评估具有比较性特点，应当通过纵向和横向的对比来判断大学生思想道德建设状况。所谓纵向对比，是指随着时间的推移，对大学生思想道德建设实施过程中的效果变化进行前后对比，通过分析研究前后的变化来进行效果的评价与考评。所谓横向对比，是指将同一类评估对象作比较，从存在的差异中来分析、评价大学生思想道德建设的效果。通过纵向与横向对比，对大学生思想道德建设进行客观评价，从中把握它的实际价值。

（四）大学生思想道德建设评估具有系统性

大学生思想道德建设本身是一个庞大的系统工程，其建设途径和作d效果非常广泛，这就决定了大学生思想道德建设评估具有系统性的特点。这种系统性特点首先表现为整体性，大学生思想道德建设是一个完整的科学体系，既涵盖建设思路、模式、机制，也包括措施、制度、方式、方法；既涉及教师队伍、管理队伍状况，也包括大学生思想道德素质情况；既有对学校内部情况的评价，也包括社会对学校评价；既包含对现实情况的评价，也包括对历史情况的评价。因此，在评估工作中，既要重视对个别阶段、个别区域、个别对象的评价，更要重视对整个建设体系的全面分析，做到局部与整体相结合，历史与现实相结合，近期与长远相结合，定性与定量相结合，自评与社会评价相结合。

三、大学生思想道德建设评估的功能

大学生思想道德建设评估是高校学生思想道德建设的一个重要环节，是整个大学生思想道德建设系统的重要组成部分。通过评估，反馈信息，找出不足，明确方向，及时对大学生思想道德建设的效果进行监控，促进大学生思想道德建设更新观念、创新机制、完善模式、改进方法，不断优化大学生思想道德建设的过程，增强大学生思想道德建设的实效。具体来讲，大学生思想道德建设具有以下几个方面的功能：

（一）大学生思想道德建设评估具有导向功能

大学生思想道德建设评估是以一定的目标、需要、愿望作为价值判断标准的过程。一方面，大学生思想道德建设评估是对其现实的社会价值做出判断，也就是说，大学生思想道德建设评估必需满足社会的需要。因此，通过评估，能够引导大学生思想道德建设适应社会发展的需要，朝着社会发展需要的方向推进，以实现其社会价值。另一方面，任何评估都具有"指挥棒"的作用，肯定什么，否定什么，倡导什么，抑制什么，奖励什么，惩处什么，在评估指标体系中必需有明确的规定，这样有利于引导和规范受评主体不断改进和完善大学生思想道德建设，进而促进大学生思想道德素养的提高，培养社会主义事业的合格建设者和接班人。

（二）大学生思想道德建设评估具有激励功能

大学生思想道德建设评估是对思想道德教育活动的实际效果进行客观、公正的评价，评估的结果直接关系到学校的声誉，充分体现了高校的教育教学水平和管理质量，影响到对学校办学水平和实力的总体评价。从这个角度来看，各个高校应当十分重视大学生思想道德建设评估工作，都希望通过评估获得一个较好的评价。只要大学生思想道德建设评估是严肃认真、符合实际、客观公正、严谨科学的，就会有利于调动受评对象的积极性、主动性和创造性，激励各个高校采取切实措施，努力加强和改进大学生思想道德建设工作。

（三）大学生思想道德建设评估具有鉴定功能

大学生思想道德建设评估根据科学的评估指标体系，运用先进的测量、统计和评估方法，对大学生思想道德建设工作的实效进行判定，通过定性与定量相结合的分析方法获得对受评对象质与量的认识，经过综合分析研究，进而对受评对象做出客观真实的评价，指出存在的问题和不足，提出整改建议，使受评对象明确今后工作目标和努力方向。从这个层面来看，大学生思想道德建设评估的过程亦是对大学生思想道德建设工作进行鉴定的过程，切脉问诊，找出病因，对症下药，以利于大学生思想道德建设不断完善。同时，根据评估的结果，对大学生思想道德建设效果好的单位，给予精神和物质上的鼓励；对大学生思想道德建设不符合目标要求的单位，给予鞭策和批评教育，要求限期整改。

（四）大学生思想道德建设评估具有调节功能

评估工作常被人们用来确定对现实目标的实现程度。通过全面评估，必然会发现大学生思想道德建设是否达到了预期目标；提出的建设目标是否符合实际，是否具有实现的可能性；如果目标已经达到，是否还有能够朝更高的目标发展的潜力；或者原先制定的建设目标实现的可能性极小，甚至根本不可能实现等等一系列问题。同时，还可以发现评估指标体系本身存在的问题和不足。在这些情况下，都需要对现实的目标和评估指标体系作重新考虑和相应的调整，以使其更加科学规范。评估的这种调节功能促使人们对目标的达到程度有一个明确的、清晰的分析和估量，从而对大学生思想道德建设目标做出适当的调节，以保证建设目标更加切合实际和得以顺利实现；同时还可以促使研究设计评估指标体系的部门和人员，根据现场评估的运行情况及受评对象反馈的意见和建议，对评估指标体系做出相应的调整，使其更加完善。

（五）大学生思想道德建设评估具有咨询功能

大学生思想道德建设是一项系统工程，要促使该系统的顺利运行，大学生思想道德建设的领导组织部门的科学决策和有效管理非常重要。而科学决策和有效管理是建立在领导者对大量真实、可靠信息的及时掌握基础之上的。通过评估，可以使大学生思想道德建设过程中各个环节的各种各样的信息，全面、及时、直观地暴露出来，这就为领导者提供了大量的事实和可靠材料，从而为其进行科学决策和管理提供客观依据。领导者根据评估咨询的信息，检验原定工作目标的正确与否，从而做出新的决策。因此，评估咨询功能在大学生思想道德建设评估中发挥着重要的作用，并越来越引起人们的重视。

四、大学生思想道德建设评估的意义

大学生思想道德建设评估是保障高校大学生思想政治教育质量的重要手段之一，对加强和改进大学生思想道德建设工作具有十分重要的意义。归纳起来可概括为以下几个方面：

（一）大学生思想道德建设评估有利于巩固和改进工作

大学生思想道德建设评估本身就是分析验证，总结经验教训，发现问题，提供解决问题的方案，反馈给决策者以图改进的过程。通过评估，大学生思想道德建设只会得到巩固、发展和改进。评估有利于了解大学生思想道德建设的过去、现在和未来，有利于调动各个高校的工作积极性、主动性和创造性，不断巩固和改进大学生思想道德建设工作。同时，评估又是一种检查，对平时忽视大学生思想道德建设的高校和部门给予有力地鞭策，从而有利于大学生思想道德建设的组织、人员工作效率的提高。

（二）大学生思想道德建设评估有利于大学生的全面发展

大学生思想道德建设的目的是提高大学生的思想道德素质，是做人的工作，使大学生更好地发展。在大学生多元素质中，思想道德素质是灵魂，是最重要的素质，居于各元素之首，对其他素质的培养起着导向、动力和保证作用。通过加强大学生思想道德建设评估，可以有效规范大学生思想道德建设工作，促进高校采取措施培养政治坚定、思想进步、道德高尚、人格健全、心理健康的高素质人才。一个具有优良思想道德素养的大学生，就会自觉地肩负历史责任，牢记历史使命，发奋学习现代科学技术文化知识，主动强健体魄，努力把自己培养成为德智体美全面发展的社会主义事业合格建设者和接班人。

（三）大学生思想道德建设评估有利于思想政治教育学科建设

思想政治教育学是建立在思想政治教育实践理论基础上的系统化的理论科学体系。大学生思想道德建设评估就是总结经验，给以学科完善理论的重要途径。大学生思想道德建设评估对本学科建设的贡献可体现在：一是发现本学科理论体系的不完善、不成熟之处。二是总结新材料，提升新理论。三是可进一步把握思想政治教育活动的规律。四是发现的新问题、新缺陷可以激发更强烈的学科研究和发展需要，提供动力。

大学生思想道德建设评估还有利于党和国家方针、政策的正确实施，有利于人们生活环境的优化改善，有利于抵制腐败消极因素，在意识形态领域中斗争也易克服制胜。因而思想政治教育评估对人类社会发展、正邪斗争有着积极的促进作用。

（四）大学生思想道德建设评估是科学决策的起点与预期总结的终点

大学生思想道德建设一般也要经过决策、计划、组织、实施、协调、评估、反馈等一系列活动程序。决策前一般要以评估反馈过来的信息做参考，它的第一步就是估量机会以确立目标。估量机会包括预先看到未来的可能机会和认识这些机会的能力以及自身所具备的条件，并对所希望取得的成果进行展望。能否把切实可行的目标确定下来就取决于这样一种对机会的认识和估量。当经过估量机会、决策，再到评估时，评估就成了对决策正确与否的总结了。评估不但是上次决策及相应系列活动的检验，而且也是下次决策解决问题的一系列活动的关键枢纽。大学生思想道德建设的周期长，通过评估，有利于了解大学生思想道德建设的历史、现状，了解现有大学生思想道德建设工作进展及大学生的思想道德水平状况，克服大学生思想道德建设过程中存在的问题，少走弯路。

第二节 当代大学生思想道德建设评估的原则

明确了大学生思想道德建设评估的含义、特点、功能、意义后，接下来就应该考虑如何评估的问题。要想使大学生思想道德建设评估工作规范、有序，使建立起的评估指标体系科学、全面，就必需有一套宏观的、纲领性的要求，就是大学生思想道德建设评估的原则和标准。

大学生思想道德建设评估，包括评估指标体系的建立以及整个评估过程都必需坚持以下几个原则：

一、必需坚持党性原则

即评估自始至终必需坚持为实现党的奋斗目标服务。这一标准即按照无产阶级立场、观点、方法和党在新的历史时期的基本路线、基本纲领来对照大学生思想道德建设工作。

1. 大学生思想道德建设评估的内容和标准必需反映党的奋斗目标和各个时期的总任务

我党的最终目标是实现共产主义。在社会主义到共产主义社会这个历史过程中，有许多不同的具体历史任务。我国社会主义初级阶段的总任务是：把我国建设成为富强、民主、文明的社会主义现代化强国。党性原则要求大学生思想道德建设评估的内容和标准必需反映党的奋斗目标和社会主义初级阶段的总任务，坚持"三个有利于"标准，贯彻群众路线，只有这样才能反映党性原则。

2. 大学生思想道德建设评估的内容和标准必需保持相对稳定性

社会意识对社会存在的相对稳定性原则告诉我们，大学生思想道德建设评估的内容与标准既不能超前也不能落后于思想道德建设客观发展的一般实际，否则，评估将是不可靠、不客观、不准确的。党的中心任务在一段时期内具有稳定性，不可能一蹴而就，由此决定的大学生思想道德建设的评估内容与标准不能摇摆不定，变来变去，经过周密调查、缜密研究，一旦建立起科学的评估体系，就应该相对固定下来，坚决执行，否则，就会失去其应有的功能和作用。

3. 要坚持原则性与灵活性的统一

大学生思想道德建设评估的相对稳定性是指党性原则和党的目标任务的

相对稳定性而言的，但在实施总目标、总任务过程中具体反映出来的变化又要求评估灵活机动，这就是所谓原则性与灵活性相统一的矛盾性。大学生思想道德建设是为了广大青年学生树立起科学世界观、人生观和价值观，确立以为人民服务为核心，以集体主义为原则，以爱祖国、爱人民、爱劳动、爱科学、爱社会主义为基本要求的社会主义思想道德观念。构建大学生思想道德建设评估指标体系必需明确反映这一原则性要求，同时，在评估过程中，在坚持原则性的前提下，针对各高校的特点，可以灵活掌握执行，以求评估工作更加符合客观实际，更有利于调动各高校的积极性，更有利于各高校沿着正确的方向不断加强和改进大学生思想道德建设。

二、必需坚持实事求是原则

大学生思想道德建设评估本身是主观的评价判断，但这种判断必需建立在对客观事实充分把握和认识的基础上，否则，就会出现评估不客观、不真实、不公平现象，非但不能实现以评促建、以评促改的愿望，还会挫伤受评高校的积极性。根据历史唯物主义理论，主体人的目的性活动，包括主观性的评估活动要获得其客观性，关键是活动的前提应该以客观事实为依据，以此作为主观评估的出发点，才有可能达到对评价对象的客观把握和恰如其分的真实评价。所以在大学生思想道德建设评估过程中，必需坚持实事求是的原则。

1.要多深入实际，深入基层，多开展调查研究，多听取群众的意见，不但要听取高校教育管理者的汇报，更应该注重大学生思想道德素质的全面考察，只有这样，才有可能获取真实全面的第一手资料，为科学评估奠定基础。

2.要始终坚持正确的评估方向，坚决避免形式主义、官僚主义、本本主义等不良作风，坚决防止和杜绝以不正当手段获取好的评估结果。受政绩、功利意识和社会不良现象的影响，一些高校在大学生思想道德建设评估过程中，采取送礼、请吃、请玩等手段，企图赢得评估专家的好感，进而取得较好的评估结果。如果这种现象形成风气，必然影响评估的严肃性、公正性和权威性，给大学生思想道德建设评估工作造成极大危害，进而影响大学生的培养质量。所以，作为高校教育管理者应当摆正心态，把主要精力投入到大学生思想道德建设上，主动、积极地配合评估专家的考察评估，虚心接受评估专家的意见和建议，正确对待评估结果；作为评估专家一定要出于公心，坚持公平、公正、公开的原则，全面客观地考察评估各个高校，对于非正常手段对待评估的高校，轻者提出严正警告，重者上报上级主管部门给予严肃处理。只有这样，才能切实维护大学生思想道德建设评估工作的严肃性。

3.要坚持历史唯物主义的观点。这是以唯物史观作为基础的，强调把评估对象放到一定的社会历史条件中去作具体分析，从中找出对象与社会历史条件之间的内在联系。因此，认识对象，认识评估的标准的依据都离不开当时的历史条件，要贯彻逻辑与历史统一的辩证思维方法。我们既不要被历史上的大学生思想道德建设的某些失误所迷惑，也不要被当前大学生思想道德建设所发挥的实际作用低迷而丧失信心，应该看到大学生思想道德建设总体上是随着社会发展而不断得到加强和改进的。

三、必需坚持全面原则

在整个评估过程中，必需坚持辩证的、系统的思维方式，力戒片面、静止、孤立、表面化的形而上学思维方式。对大学生思想道德建设评估的内容设计，要有整体性、层次性和时空性，坚决避免因片面的评估致使评估工作起不到应有的作用，甚至对大学生思想道德建设造成危害。具体来说，应当做到以下几点：

1.对影响大学生思想道德建设活动的各种因素及效果要进行全面考察

大学生思想道德建设的效果如何，其影响因素是多方面的，可直接追溯到构成大学生思想道德建设的内外各个环节、各种因素及其结构如何，其中的主要因素不同，建设效果可能完全适得其反。大学生思想道德建设评估就是要先从构成因素分析入手，一个环节一个环节地去检查，一个指标一个指标地去对照，不留死角，权重质量，综合分析，以求评估内容的完整性。

2.对大学生思想道德建设评估的正确认识要全面

不但要认清大学生思想道德建设评估的时代含义、特点、内容、目标、依据、原则、作用和意义等，而且要在实施中的稳定的评估模式中寻找更科学的方式、方法。利用最新科技手段，遵循科学的"数字化"倾向，这对大学生思想道德建设评估来说是个新领域。

全面性原则是为了更有利于分析以更好地综合。全面性原则要做到客观真实，实事求是。全面性也不是要面面俱到，滴水不漏。全面性是为了分析的需要而尽量"充分占有材料"，经过"由表及里""去伪存真"而达到对大学生思想道德建设的综合性评估。因此，评估中要处理好普遍性与特殊性的矛盾关系，处理好主要矛盾和次要矛盾的关系问题，抓住主要矛盾和矛盾的主要方面。

四、必需坚持科学性原则

大学生思想道德建设评估指标体系的设计要符合科学性原则，按照指标与指标之间的内在联系明确指标的内容。对指标体系和指标组合的特定的科学要求，具体展现在以下几个方面：

1. 一致性要求

所谓一致性，即指标与目标必需一致。我们知道，目标是抽象的、高度概括的。只有将目标分解成一系列指标，才能实施评估工作。因而，指标作为目标的反映，必需与目标保持一致，必需能够充分地反映目标。若两者不一致，就会把评估工作引入歧途。一致性具体地表现为评估所设计的指标要求和方向必需与目标的要求和方向相一致，不能出现与目标相悖的指标。并且各指标间也应保持一致性，不能把两项相互冲突的指标放在同一评估系统中。因为如果指标体系内有两项指标相互冲突，那么其中必有一项是不符合目标要求的，在实践操作时，它必然会引起人们的思想混乱，使评估者和被评估这者无所适从。

2. 独立性要求

所谓独立性是指评估指标体系内的各项指标之间是互不重叠的，指标之间可以存在包容关系，但不应该相同或重复。指标设计的这种独立性要求基于两个原因：其一，指标若是不独立，存在两项或更多项重复的指标，那么在实际操作中，就会出现重复测定、重复计算的现象，不但增加了评估的工作量，造成不必要的时间、精力和人力、物力方面的浪费，更重要的是，指标若是不独立，按重复的指标进行分项评分，实际就加大了该指标的权重，这必然影响了评估工作的科学性。

3. 完备性要求

所谓完备性，是指设计的指标体系必需能充分地、完整地反映目标。因为每一个指标都是目标的一个方面的反映，只有指标的全体才能全面反映目标。因此，在设计指标前，必需对指标所包容的内涵与外延有一个全面的理解和把握，使指标的设计不出现遗漏和欠缺。指标体系要能够全面地再现目标，就必需用整体目标统揽具体指标，保证指标的设计能以逻辑的必然性从一系列最小的评估指标中推演出反映大学生思想道德建设目标的整个指标体系。

4. 可测性要求

所谓可测性，是指设计的指标应当能够用操作化的语言加以描述；指标所规定的内容能够通过实际调查、观察或测量的方法，获得确切的反馈信息，经过分析，得出明确结论。从马克思主义认识论角度分析，从可测目标开始，实际上就是从受评高校大学生思想道德建设个别特征和现象着手，进而认识受评者的整体面貌和本质表现。本质表现为现象，现象作为入门的向导，通过现象找本质，所以，大学生思想道德建设评估工作要遵循马克思主义认识论，从受评者的表象和行为特征着手，也就是从可测的、可行的指标着手，从分项评估到综合评估，从认识上就是实现了从现象分析到本质的认识飞跃，从感性到理性认识的飞跃。测量方法分为直接测量和间接测量。大学生思想道德建设的效果有的表现为物质成果，可通过直接测量而确定其价值，但更好地是表现为精神成果。对于精神成果，当它尚未通过一定的活动方式表现出来时，我们还不能进行直接的观察或测量。但这并不表明人们的思想道德状况不可测，它可以通过间接的测量去获得，可以通过综合调查分析而获得。通常我们是采用观察、调查来测量人们的行为、态度，来分析其思想道德状况的，使抽象的思想、道德具体化，成为可测性的指标。这里值得注意的是，通过行为来间接地测量人的思想道德状况是个复杂的问题。人的行为可以正确地反映人的思想，也可以扭曲地表现人的思想。如：语言行为实践的"口是心非"的现象在受评者身上也时有发生，这就给评估工作增加了难度，同时也就要求我们在评定和分析时，注意排除那些无关的表面现象，注意对受评者的思想行为作动态的全面预测和分析。

5. 可比性要求

所谓可比性是指指标必需反映受评对象的共同属性，测量的结果可以进行科学的比较。这种可比性要求主要表现在两个方面，一是在提出一项指标的同时，必需确定相应的可比尺度，只有按照同一个尺度的要求才能做出比较和区别，看出相比物之间的差异。比如，对客体进行物理测量时，人们对长度使用"米"，对质量使用"千克"，这样一种统一的测量尺度，普遍为人们所接受和采用，使测量出的对象具有可比性。当然，大学生思想道德建设评估是一件十分复杂的事，很难用对自然物体的测量尺度来测量人们的思想道德状况，因此，通常我们采用近似处理，即把并非严格等距、等质的评价对象作近似等距、等质的处理。比如将能够予以观察和测量的行为作为评价标准，或用二次量化的处理，使它以一定的形式表现出来，再作比较等。二是可比性要求还表现在受评者之间评价的内容属性必需保持质的一致，对象之间的共同属性是进行比较的前提，内容属性上的一致是得不出科学结论的。只有在质的一致的条件下，我们才能在整体、项目和分项目中确立质量和权重。对两个基础条件不同的评估对象等方式创造条件，是他们具有共同的对象属性，从而具有可比性。

6. 可接受性要求

所谓可接受性也表现在两个方面，一是所设立的指标脱离实际，就不能起到评估的导向、鉴别作用。因此，在指标设计时，除了透彻理解目标的要求外，还必需从实际出发，结合受评者的实际状况设计指标。这样，设计的指标才能为受评者所接受，在评估过程中，才能发挥受评估者的积极性。二是可接受性还表现在指标要求进行评估是可行的。评估工作是一项复杂的工作，它须要有准确的信息来源和科学技术水平才能进行，否则，就难以做到科学评估。因此，在进行评估前，应认真考虑实施评估方案的可行性，以及受评对象的组织部门是否有可能接受评估。

五、必需坚持"以评促建，以评促改，以评促管，评建结合，重在建设"的原则

大学生思想道德建设评估工作是促进大学生思想道德建设工作的一个重要手段，但绝不是大学生思想道德建设的终点。通过评估，检验效果，总结经验，表彰先进，发现不足和存在的问题的目的是为了更好地改进工作，规范管理，进一步促进工作。所以，在整个评估、建设过程中，必需始终坚持"以评促建，以评促改，以评促管，评建结合，重在建设"的原则，使大学生思想道德建设工作沿着良性循环的轨道进行。

1. 要树立"以评促建，以评促改，以评促管"的思想

要把评估工作当成促进学校建设、发展、改革，促进大学生思想道德建设的一次重要机遇，以积极的心态来对待评估，而不要应付评估，不能为评估和评估，不允许做表面文章，搞形式主义。对评估专家会诊出的问题，要虚心接受，制定具体措施加以整改，努力提高管理水平和质量，大力推进学校改革和发展，促进大学生思想道德建设健康快速发展。

2. 要全面贯彻"评建结合，重在建设"的思想

与评估工作本身相比较，建设居于更重要的地位，评估的一个最直接、最重要的目的就是为了促进大学生思想道德建设，引起高校领导的充分重视，加强对大学生思想道德建设人力、物力、财力的投入，创新工作方式和方法，建立健全大学生思想道德建设的规章制度，理顺各个方面的关系，形成有效的工作机制，使大学生思想道德建设取得更加明显的实效。所以，各个高校不应该把评估工作当成负担，当成额外任务，而应当把评估和建设结合起来，以评估促进建设，以建设来支撑评估；要把评建工作紧密结合起来，作为一项日常工作，长期坚持，而不应该当成临时的差使应付。

第三节 当代大学生思想道德建设评估内容

大学生思想道德建设评估不仅是关系到学校教育管理质量和水平的评价，而且也关系到学生对自身价值的估价和成功机会的把握。从现代教育学和心理学的角度看，它是人的发展的基本教育手段，也是学校、教师、学生价值社会化的手段。如前所述，大学生思想道德建设的内容十分丰富，涉及的部门和环节非常多，只有全面把握大学生思想道德建设的内容，才能保证评估的全面性、系统性和科学性。从总体上看，大学生思想道德建设评估的内容主要包含以下几个方面。

一、对大学生思想道德建设工作部门的评估

大学生思想道德建设是高校党的工作的一个组成部分，是高校党委领导下的教育实践活动，加强和改善党的领导，是做好大学生思想道德建设工作的关键。因此，评估党的组织是否加强了对大学生思想道德建设工作的领导。

随着社会主义现代化建设事业的全面开展和思想道德建设为经济工作服务、与业务工作相结合等一系列改革措施的落实，思想道德建设不再仅仅是各级党组织的事，而且也纳入了行政部门的工作之中。评估学校行政领导是否重视大学生思想道德建设，是否把加强大学生思想道德建设列入了议事日程，既抓业务工作，也抓思想道德建设，既重物质文明，也重精神文明；是否经常深入实际，在解决业务问题、教学问题的同时，解决大学生思想道德建设过程中出现的问题，为大学生思想道德建设创造良好的环境等。

学校宣传工作、学生工作、教学工作等党政部门和共青团等群团组织在大学生思想道德建设工作中具有重要的作用，它们既是党组织联系广大群众和青年学生的纽带，又是组织广大青年学生进行思想道德建设的直接参与者和组织者。评估宣传部门在大学生思想道德建设中的工作，就是要看宣传部门是否大力宣传党的路线、方针和政策，是否深入开展社会主义精神文明创建活动，是否努力构建有利于传扬先进文化、弘扬传统美德、时代精神校园和谐氛围等；评估学生工作部门在大学生思想道德建设中的工作，就是要看学生工作部门是否注重加强大学生思想政治教育工作，是否建立了一支专兼

职相结合的学生工作队伍，是否在构建了切实有效的大学生思想道德素质评价体系，是否卓有成效地组织开展了大学生社会公德、职业道德、传统美德、革命道德等方面的教育活动等；评估教学工作部门在大学生思想道德建设中的工作，就是要看教学工作部门是否把大学生思想道德修养等思想政治理论课列入了教学计划，是否结合学生实际加强教学管理和思想道德学科建设，是否注重加强了师德师风教育，提高全体教师教书育人的积极性和主动性等；评估共青团组织在大学生思想道德建设中的工作，就是要看各级共青团是否结合青年大学生的特点和思想实际，生动活泼地、形式多样地、创造性地组织开展思想道德建设活动，帮助青年学生学习政治理论、科学文化知识，广泛开展丰富多彩的文化体育活动和社会实践活动，使团组织真正成为团结、教育广大青年学生的先进组织。

二、对大学生思想道德建设工作队伍的评估

建立一支大学生思想道德建设工作队伍是做好工作的前提和基础。大学生思想道德建设工作队伍应由少数精干的专职学生政工干部和大量的兼职人员相结合而组成。

评估这支队伍，主要从以下几个方面进行：

（一）是否有一支具有马克思理论素养的高素质学生思想政治教育工作队伍

这支队伍的成员应具有较高的政治素质、思想道德素质、智能素质和身体素质，热爱大学生思想道德建设工作，具有强烈的事业心和责任感，具有较高的理论政策水平和组织协调能力。办事公正，为人正直，作风正派，言行一致，以身作则，勤奋学习，勇于探索，密切联系群众，不断研究和探索大学生思想道德建设的新途径和新方法，努力开拓大学生思想道德建设的新局面。

（二）学生思想政治教育工作队伍是否形成了合理的结构

这支队伍中应既有经验丰富的老同志，又有精力旺盛、思维敏捷的青年同志，还有挑大梁的中青年骨干，从年龄上形成较好的梯队；这支队伍中既要有专职人员，更要有数量充足的兼职人员，使大学生思想道德建设扎根于群众之中，形成专兼职相结合的网络结构；这支队伍还应该具有合理的专业结构，既有思想道德建设方面的专家，也有学生教育管理经验丰富的学生工作干部，还要有心理健康教育的人员，形成专业互相弥补、相互支撑的合理

的专业结构。

（三）学校是否形成了全员参与大学生思想道德建设的良好氛围

大学生思想道德建设是一个庞大的系统工程，涉及各个方面，需要全校师生员工共同关注，共同参与。所以，要通过加强舆论引导，建立制度政策保障和激励机制，使广大师生员工自觉参与到大学生思想道德建设活动中来，充分发挥各个部门、每一个个体在大学生思想道德建设工作中的作用。

要重点考察评估各级领导干部和全体教师在大学生思想道德建设活动中是否发挥了应有的积极作用。在高校，各级领导干部一方面对学校的事务起着决策、引导、组织、指挥的作用，另一方面还起着参谋、桥梁的作用，起着身教重于言教的作用。常言道"学高为师，德高为范"，对干部来说，"德"是"才"之本，道德能够填补智慧的缺陷，智慧永远弥补不了道德的缺失。全体教师肩负着传播文明、开发人类智慧、塑造人类灵魂的神圣使命，是学校教书育人的主力军，是素质教育的组织者和实施者，是知识创新的重要力量，在整个大学生思想道德建设过程中起着主导作用。高校教师的思想素质、价值取向、道德品质、精神风貌、认识水平、授知能力，不仅直接影响着学生的求知、创新和动手能力，而且更直接影响着学生人生观、价值观的形成和道德品质的定型。一个学校能不能为社会主义培养合格人才，培养德、智、体、美全面发展、有社会主义觉悟、有文化的劳动者，关键在教师。只有抓好干部、教师队伍的道德素质建设，才能真正做好全校学生的思想道德建设。所以，推进高校领导干部和教师的道德建设，是能否贯彻《公民道德建设实施纲要》的关键。历代教育家所倡导的"为人师表""以身作则""循循善诱""诲人不倦""躬行实践"等，既是师德规范，又是教师良好人格的体现。

三、对大学生思想道德建设阵地、载体情况的评估

同乘客一样，大学生思想道德建设离不开有效载体。修建高速公路、火车提速、改善乘车环境，是为了使乘客快速、舒心地到达目的地。思想政治教育也是一样，为了增强其实效性，使受教育学生愿意乘坐你提供的教育快车，就必需贴近学生、联系实际、深入生活，全面研究和准确把握新形势下学生思想活动的新特点，营造出能够满足学生多种需要的各种载体，包括课堂教学、社会实践、宿舍网站、文化舞台等，不断增强大学生思想道德建设时代感，加强针对性、实效性、主动性，力求做到生动活泼、学生喜闻乐见。评估大学生思想道德建设的阵地和载体情况主要从以下几个方面进行。

（一）是否充分发挥了思想政治理论课

教学的主渠道作用思想政治理论课教学的特定内容和功能，具有鲜明的政治性、政策性、实践性和时代性，体现着社会主义大学的本质特征，在培养社会主义事业合格建设者和可靠接班人方面具有不可替代的作用。因此，我们要充分发挥思想政治理论主渠道作用，把公民道德建设的基本内容和基本道德规范贯穿于思想政治理论课教学的全过程，着力把为人民服务作为公民道德建设的核心讲透，把集体主义作为公民道德建设的原则讲透，把"五爱"作为公民道德建设的基本要求、作为每个公民都应承担的法律义务和道德责任讲透，把"三德"作为公民道德建设的着力点讲透，使思想政治理论课教学真正成为弘扬传统美德、革命道德、家庭美德、社会公德、伦理道德、现代化道德和时代精神的主阵地和主渠道。

（二）是否有效地建立了网上德育阵地

教育手段的现代化，信息革命、知识经济给道德教育带来了一场深刻的革命。多媒体、信息高速公路等的出现，给我们的道德教育带来了严峻的挑战和难得的机遇。互联网的交互性、虚拟性、多边性、全时性、共享性和隐蔽性特点给高校学生思想道德教育提出许多新的问题。以西方文化和价值观念为主导的自由主义、利己主义、拜金主义、个人主义和各种各样不符合社会主义公民道德规范的资本主义腐朽思想对在校大学生构成前所未有的挑战，使得辨别真伪能力不强、心理结构相对脆弱、盲目崇拜西方文化的青年学生面临前所未有的冲击。每个高校的领导者和管理工作者都必需十分清醒地认识这一严峻挑战，制定有效措施，采取切实步骤，完善管理制度，充分把握机遇，加强网络德育建设，使互联网真正成为学生思想道德教育的主阵地。通过强有力的教育和引导，使广大学生自觉接受符合社会主义道德规范的约束，积极抵制一切腐朽思想和道德观念的侵蚀，自愿接受"红色"网站的熏陶；不断更新网络教育的内容和形式，用以马列主义为一元主导的科学内容和切合学生实际的新颖开放式占领网络阵地，使学生在寓教于乐、润物无声中受到教育，提高思想道德素养；要坚决防止行政命令式的"堵、查、封"和强制学生登陆某些网站、浏览某些内容，这些做法不但收不到任何教育效果，而且只能导致学生更加消极、被动地接受教育。

（三）是否组织开展了广泛的道德实践活动

思想道德建设的过程，是教育和实践相结合的过程。当前，大学生思想道德建设中最突出的问题，是道德认知和道德实践相脱离。要抓好二十字基本道德规范在高校的落实，加强大学生思想道德建设，就要狠抓道德实践这个环节。要适应思想道德建设群众性、广泛性、实践性的特点，以活动为载体，广泛深入地开展校园文化活动，继续组织开展志愿者服务、社区服务、无偿献血、扶贫助残、争先创优、公益劳动等社会主义精神文明创建活动。在开展道德实践活动中，要坚持"以人为本"的原则，着眼于提高大学生的道德素质，强化道德要求，有针对性地把二十字基本道德规范的内容细化分解，把道德要求融入大学生的社会实践，渗透到他们学习生活的各个领域。要深入开展宣传学习先进典型的活动，充分发挥先进典型的影响、示范、激励、带动作用，使广大学生从先进典型的感人事迹和优秀品质中得到启迪，受到教育。要不断地研究、探索和制定学生思想道德建设奖惩激励机制，把各种有益道德实践活动量化为具体指标，并将其纳入到学生德、智、体综合评价体系中去，以此调动广大学生自觉参加道德实践活动的主动性和积极性。

四、对大学生思想道德建设效果的评估

大学生思想道德建设是一项系统工程，因此，评估工作应从两个方面进行，一是评估大学生思想道德建设系统内的工作效果，二是评估大学生思想道德建设系统与社会大系统之间的协调工作的效果。就评估而言，可分成横向综合效果评估有纵向综合效果评估两种。

所谓横向综合效果评估，一是指大学生思想道德建设系统是否与社会大系统形成了合力。既要看大学生思想道德建设是否很好地吸取社会信息渠道中的积极影响因素，抵制和排除消极影响因素；又要看是否使社会环境、家庭和学校之间形成的立体网络，从各个不同的角度向教育对象施加影响，引导其提高思想道德素养。二是指大学生思想道德建设系统各个子系统之间能否发挥综合作用，即考察大学生思想道德建设的目标是否与建设的内容、方法、途径等保持了内在的一致性。

所谓纵向综合效果评估，主要是考察大学生思想道德建设是否把握住了工作的连续性和阶段性的统一，始终目标如一，i有浅入深、有高到低、顺序渐进地逐步升华，形成教育的性循环；是否按照教育对象的思想、行为形成、发展的特点和规律，按照教育的特点和规律，根据学生的不同思想层次，有重点、有步骤地教育，使教育效果呈现出一个螺旋式上升的发展趋势。大学生思想道德建设效果评估的指标具体反映在以下几个方面：

1. 是否提高了学生的政治理论水平和思想道德素养

具体可考查学生对党的路线、方针、政策的理解力，对各种思想、思潮的分析力，对是非问题的辨别力，对消极错误观点的抵制力等。

2. 是否促进了学生的社会主义思想道德的发展

具体是考查学生是否遵守公民基本道德规范，是否坚持集体主义原则，是否热爱国家与集体、关心同学、遵纪守法以及对中华民族传统美德和革命道德的理解认可程度如何等。

3. 是否形成了良好的社会舆论和风气

具体可考查学生是否能发扬良好的社会风尚，自觉遵守社会公德，具有优良的基础文明素养，坚决抵制和批评不良现象，勇于同歪风邪气和违纪违法现象做斗争，热心参加各项社会活动和公益劳动。

4. 是否建立了良好的文化氛围和人际环境

具体考察师生之间、同学之间是否和谐相处，互相尊重，共同进步；是否严于律己，宽以待人；是否相互信任，心情舒畅；是否积极参加社会文化体育娱乐活动，提高文化素养。

5. 是否减少了违纪率

具体可考查学生是否能够自觉遵守学校的各项规章制度，模范践行大学生行为准则，热情关心和帮助犯错误的学生改过自新，学生违纪率逐步下降。

6. 是否促进了教育教学等各项工作的开展

具体可考察是否通过思想道德建设调动了学生的积极性、主动性和创造性；增强了凝聚力和归属感，并将这种内在的动力转化为实际行动。

五、对大学生思想政治道德素质的评估

大学生思想道德建设的根本任务是提高大学生的思想道德素质和政治理论水平，塑造人的灵魂，净化人的思想，升华理想信念，是培养人才的重要工程。大学生思想道德建设评估通过对大学生全面素质的评价和衡量来检验大学生思想道德建设的实际效果。人的素质可分为思想政治素质、道德素质、科学文化素质和身心健康素质等，大学生思想道德建设要注重提高大学生的思想、政治、道德素质，并以此促进学生科学文化素质和身心健康素质的锻炼、提高。因此，考查学生的思想、政治、道德素质变化、发展情况，是大学生思想道德建设评估的重要内容，具体可设计以下指标内容：

（一）思想素质

主要看其世界观、人生观、价值观的表现。是否树立了远大的共产主义理想，是否树立了坚定的社会主义信念，具有辩证唯物主义和历史唯物主义的观点；是否树立了全心全意为人民服务的集体主义价值观念，选择与实践相结合、与人民群众相结合的人生道路；坚持集体主义的价值导向，艰苦奋

斗的优良作风以及与时俱进，开拓创新、改革开放的思想意识等。

（二）政治素质

主要看其对重大政治问题所持的观点、立场和态度。是否坚持社会主义方向，热爱社会主义事业，坚持四项基本原则，坚持改革开放，坚持党的领导，坚持党在社会主义初级阶段的基本路线和基本纲领；是否具有建设有中国特色社会主义的共同理想、信念以及政治敏感性、洞察力、鉴别力等。

（三）道德素质

主要看其是否具有高尚的道德品质。是否待人诚恳、为人正直，谦虚谨慎，脚踏实地，坚持真理，修正错误，热爱劳动，勤俭节约；是否具有较强的遵纪守法观念，能以社会主义道德、社会公德、职业道德、家庭美德约束和规范自己的行为等。

（四）智能素质

主要看其是否具有强烈的求知欲；追求新知、了解掌握指知识经济和信息技术的紧迫感和责任感；以及积极主动学习、刻苦钻研、独立思考的精神；分析和解决问题的能力，辨别是非的能力等。

（五）身心素质

主要是看其是否积极参加体育锻炼，增强体质，具有强健体魄；是否注重养成良好的心理习惯，不断提高自身的心理调适能力，防止心理疾病。

总之，大学生思想道德建设评估指标的内容是多方面的，我们应该根据评估工作的需要，明确目标要求，建立相应的指标体系，努力促使评估工作全面、科学、准确、客观、真实。

第五章 以人为本与当代大学生
思想道德建设

第一节 "以人为本"思想对高校思想道德工作
具有重大指导意义

一、高校思想道德建设坚持"以人为本"的必要性

（一）实现高等教育目标的需要

我国高等学校的教育目标是培养社会主义现代化事业的合格的建设者和接班人。在人才的素质要求中，必需把较高的思想道德素质放在首位。高校思想政治工作者只有高度重视并切实抓好大学生思想道德素质教育和培养，才能确保我国高等学校教育目标的有效实现。

（二）促进学生全面发展的需要

当前高校存在着较为重视大学生的科学文化知识教育和技术技能培养，而相对忽视人学生思想道德素质教育和培养的倾向，大学生的思想观念发展和行为规范表现呈现出滞后于大学生知识能力技能发展的倾向，大学生素质得不到全面发展，不能顺应社会科技进步和时代客观要求。坚持以人为本，加强思想道德建设，有利于大学生自觉主动地去认识自我、寻求真理、完善人格，把自己塑造成为具有优秀个性特征和良好素质的社会主体，有效地面对生活，适应社会，实现自己的人生价值。

（三）适应时代发展的需要

现代社会科学技术突飞猛进，知识经济已日趋呈现，经济全球化趋势日益明显，国际竞争越演越烈。这种竞争，说到底就是人才素质的竞争。谁在知识和科技上占优势，谁就在发展上占主导地位。同时，随着我国社会主义

市场经济体制的日臻完善，特别是随着我国加入 WTO 和全面建设小康社会步伐的加快，经济社会发展不断完善，社会分工越来越细，职业竞争、职务竞争、岗位竞争等都比以往任何年代表现得更为激烈。新形势和新时代的发展，对人才素质的标准提出了越来越高的要求。发展问题不仅是摆在国家和社会面前的头等大事，更是每一个社会个体都必需首先考虑的关键问题。以人为本加强和改进高校思想道德建设，才能跟上时代步伐，适应社会、国家和个体的需要。

二、马克思主义"以人为本"思想

（一）马克思主义"以人为本"思想观

历史上的思想家提出许多值得借鉴的"以人为本"的思想观念，但是由于历史和阶级的局限，他们都没有真正科学地揭示人的本质，认识到人的历史作用。只有马克思主义创始人对以往的历史进行了全面深入研究基础上才提出了科学的"以人为本"的思想观。

1. 马克思关于"以人为本"的科学认识

马克思针对费尔巴哈，把人看成是自然人、抽象人、一般人、抽象地谈论人的"理性""意志""感情""需要"。提出了，人的本质是人的自然属性与社会属性的统一，人的共性与个性的统一。马克思明确指出："人直接地是自然的存在物、个人是社会存在物"，人的本质"不是人的胡子，血液，抽象的肉体性，而是人的社会特质"，"人的本质并不是单个人所固有的抽象物，在现实性上，它是一切社会关系的总和"。马克思指出研究人的本性"首先要研究人的一般本性，然后要研究在每个时代历史地发生与变化的人的本性"。在《1844年经济学哲学手稿》中马克思还明确指出："一个种的全部特征，种的类特性就在于生命活动的性质，而人的类特性恰恰就是自由自觉的活动。在这个意义上说明了人有实践性，人是"自由的有意识活动"的存在物。这是人与一般动物相互区别的根本的地方。

马克思关于人的发展基本含义是人的能力的发展，人的社会关系的全面丰富，人的个性的充分发展，即人的全面的、自由的和谐的发展。马克思在《共产党宣言》中展望未来共产主义时写道："代替那存在阶级和阶级对立的资产阶级旧社会的，将是这样一个联合体，在那里，每个人的自由发展是一切人的自由发展的条件。在这里是马克思阐发了社会发展最终是为了人的自由而全面发展的人本观。马克思创立的唯物史观，本质上就是"以人为本"的历史观和发展观。首先，在唯物史观的科学体系中，人的发展是其理论的核心。在马克思主义看来，历史进步是社会发展和人的发展相统一的过程，"整个历史也无非是人类本性的不断改变而已"。唯物史观明确主张"从现实的、有生命的个人本身出发"，亦即把"从事实际活动的人，当作其理论的出发点。马克思认为，"人们的社会历史始终只是他们的个体发展的历史"未来理想社会"以每个人的全面而自由的发展为基本原则"。只有从现实的人及其自主活动、实践出发，才能把握马克思主义的真谛。其次，在唯物史观科学体系中，人的自由和全面发展是历史发展进步的标志。以人的发展为尺度考察社会的发展，是马克思主义的基本观点之一。马克思从人的发展角度把社会进步概括为三个历史阶段：一是人的依赖关系占统治地位的阶段。在这一阶段，个人没有独立性直接依附于一定的社会共同体。人与人之间的联系只限于共同体内部，只是在孤立的地点上和狭窄的范围内发生的地方性联系。在这种原始的社会关系下，无论个人还是社会，都不能想象会有自由而充分的发展。二是以物的依赖关系为基础的人的独立性阶段。在这一阶段，形成了普遍的社会物质交换、全面的关系、多方面的需求以及全面的能力体系。但由于社会关系以异己的物的关系的形式同个人相对立，人的发展依然受到社会关系的束缚和压抑。三是建立在个人全面发展和他们共同的社会生产能力成为社会财富这一基础之上的自由个性阶段。在这一阶段，社会关系不再作为异己的力量支配人，而是置于人们的共同控制之下。人们将从自觉、丰富、全面的社会关系中获得自由、全面的发展。在这里，马克思把人的全面发展作为人的发展的最高阶段，并认为这一阶段人的发展与社会关系的全面性相联系。只有当社会关系的发展达到某种全面性的时候，人才能获得全面的发展。马克思明确指出，社会发展的动力来源于人自身，社会发展的目的是为了实现人的全面而自由的发展。共产主义是以"每个人的全面而自由的发展为基本原则的社会形式"。由此可以看出，人的全面发展是马克思主义者为之奋斗的崇高理想，以人为本正是马克思主义理论的本质要求。马克思继承了以往哲学关于人的思想的积极成果，科学地揭示了人的本质，为"以人为本"思想的确立奠定了科学的基础。

2. 马克思主义者创新和丰富了马克思主义"以人为本"的思想

俄国革命和社会主义的伟大实践者——列宁，非常重视人、重视人的能动作用的发挥。"全部历史正是由那些无疑是活动家的个人的行动构成的。"要研究人，要发现有才干的工作人员。现在的关键就在这里；不然的话，一切命令和决定不过是些肮脏的废纸而已。列宁强调，无产阶级政党始终是人民群众根本利益的代表，密切联系群众是党不可战胜的力量源泉：必需重视人民群众的利益，关心群众的生活，提高劳动人民的科学文化水平。1922 年

3月，他指出："只有当我们正确的表现人民所意识到的东西时，我们才能管理。否则共产党员就不能引导无产阶级，而无产阶级就不能引导群众，整个机器就要毁坏。"列宁十分注重吸纳人才，培养人才，他指出："应该具有出色的吸收人才的能力。"

中国共产党第一代领导集体的核心——毛泽东，对人的问题的关注主要体现在以人民为本位的思想。毛泽东在长期的革命战争环境中，多次讲过决定战争胜负的是人而不是物；人是天下第一可贵的，只要有了人，什么人间奇迹都可以造得出来。毛泽东指出："我们共产党人区别于其他任何政党的又一个显著的标志，就是和最广大人民群众取得最密切的联系。全心全意为人民服务，一刻也不脱离群众；一切从人民的利益出发而不是从个人或小集体的利益出发；向人民负责和向党的领导机关负责的一致性；这就是我们的出发点。共产党人的一切言论行动，必需以合乎最广大人民的最大利益，为广大人民群众所拥护为最高标准。依靠人民，相信人民，全心全意为人民服务是毛泽东反复强调的思想，也是毛泽东在经济社会发展问题上对人重视的突出表现。

中国改革开放和现代化事业的总设计师邓小平，对人才和人民群众问题给予极大的关注，考虑问题、制定政策的出发点和归宿都是人民群众，看"人民拥护不拥护""人民高兴不高兴""人民答应不答应"。他领导的思想解放运动，说到底是解放人的运动，为了冲破禁锢人的精神枷锁，解放人的聪明才智和创造力。他把是否有利于提高人民的生活水平作为判断改革开放和一切工作是非得失的标准。他的"三步走"的战略构想，每一步都有相应的人民生活水平标准，即"温饱型""小康型"和中等发达国家的"比较富裕型"。他还响亮的提出了"尊重知识，尊重人才的口号，把精神文明的建设落实到人的建设上，落实到全面提高人的素质上。

中国共产党第三代领导集体的核心——江泽民同志指出："我们建设有中国特色社会主义的各项事业，我们进行的一切工作，既要着眼于人民物质文明生活的需要，又要着眼于促进人民素质的提高。我们要在发展社会主义物质文明和精神文明的基础上，不断推进人的全面发展。""三个代表"的重要思想，自始至终也是贯彻了"以人为本"的发展原则和人的全面发展的理念，他以人的全面发展为出发点和落脚点，把历史唯物主义的"以人为本"思想和中国共产党执政为民的宗旨、把党性和人民性有机的统一起来。人的全面发展和社会全面进步是一种互动的过程。江泽民同志指出："推动人的全面发展，同推进经济、文化的发展和改善人民物质文化生活，是互为前提和基础的。人越全面发展，人民的生活就越能得到改善，物质文化条件越充分，就越能推进人的全面发展"。

胡锦涛同志进一步升华了当代共产党人执政为民的宗旨，提出了科学发展观，把"以人为本"作为该发展观的根本要求。并对"以人为本"作了具体阐释，"坚持以人为本，就是要以实现人的全面发展为本，从人民群众的根本利益出发谋发展、促发展，不断满足人民群众日益增长的物质文化需要，切实保障人民群众的经济、政治和文化权益，让发展的成果惠及全体人民。"

2015年1月19日至21日，中共中央总书记、国家主席、中央军委主席习近平来到云南昭通、大理、昆明等地，看望鲁甸地震灾区干部群众，深入企业、工地、乡村考察，就灾后恢复重建和经济社会发展情况进行调研。

民生问题已成为当今中国乃至世界各国所面临的、不可回避的重要课题。近日，《民生论》一书由人民出版社出版。本书共分八章，分别介绍了中国古代、旧民主主义革命时期、新民主主义革命时期、新中国成立初期和改革开放后等历史时期的民生思想与实践，并一并梳理了港澳台地区与世界主要国家的民生思想与实践，是首部介绍古今中外民生思想与实践之著作。

（1）以始终把人民放在心中最高的位置，牢记为人民服务的宗旨，立党为公、执政为民为核心思想和精髓

中国共产党的根本宗旨是全心全意为人民服务，为人民服务是党的一切理论和行动的根本指导方针。习近平同志在领导中国特色社会主义民生建设过程中，始终实践和履行着党的为人民服务的根本宗旨，全心全意为人民服务是其民生观的核心和灵魂。主要体现在以下几个方面：

第一，习近平把人民对美好生活的向往，作为自己的奋斗目标。2012年11月15日，习近平在十八届一中全会后举行的媒体见面会上，发表了重要讲话。在讲话中习近平详细阐述了人民对民生问题的愿望和要求，把人民对美好生活的向往，确立为自己为代表的新一届领导集体的奋斗目标。习近平指出，我们的人民热爱生活，期盼有更好的教育、更稳定的工作、更满意的收入、更可靠的社会保障、更高水平的医疗卫生服务、更舒适的居住条件、更优美的环境，期盼着孩子们能成长得更好、工作得更好、生活得更好。人民对美好生活的向往，就是我们的奋斗目标。

第二，习近平把团结带领全党全国各族人民，坚持改革开放，不断解放和发展社会生产力，努力解决群众的生产生活困难，坚定不移走共同富裕的道路，作为新一届领导集体的重要责任。习近平强调，新一届领导集体要始终与人民心心相印、与人民同甘共苦、与人民团结奋斗。

第三，2013年3月17日，第十二届全国人民代表大会第一次会议在北京人民大会堂举行闭幕会。中华人民共和国主席习近平发表重要讲话。习近

平表示他将忠于人民，恪尽职守，夙夜在公，为民服务。"我深知，担任国家主席这一崇高职务，使命光荣，责任重大。我将忠实履行宪法赋予的职责，忠于祖国，忠于人民，恪尽职守，夙夜在公，为民服务，为国尽力，自觉接受人民监督，决不辜负各位代表和全国各族人民的信任和重托。"

第四，习近平认为，党的各级领导干部，都是人民的公仆，必需牢记党的全心全意为人民服务的宗旨，把群众的安危冷暖放在心上，以高度负责的态度，真心诚意地为人民群众办实事、做好事、解难事。要切实做好和人民群众切身利益息息相关的每一项工作，使中国共产党赢得广大人民群众的拥护和支持。

（2）以坚持植根于人民，坚持群众路线，树立群众观点，保持党同人民群众的血肉联系，始终与人民心连心、同呼吸、共命运为根本政治立场

习近平同志从历史的维度出发，论证了坚持植根于人民，坚持群众路线，树立群众观点，保持党同人民群众的血肉联系的重要性。习近平总结了政党执政的规律和政权兴亡的重要规律，认识到人心向背最终决定着一个政党或一个政权的前途和命运。习近平认为密切联系群众，保持与人民群众的血肉联系，是中国共产党立于不败之地的根基。党如果脱离了群众、失去了人民拥护和支持，最终注定走向失败，丧失执政资格和执政党地位。习近平从党的地位和党所肩负使命的维度出发，论述了植根于人民，坚持群众路线，树立群众观点的必要性。他指出，中国共产党是中国特色社会主义事业的坚强领导核心，担负着团结带领人民全面建成小康社会、推进社会主义现代化、实现中华民族伟大复兴的使命。如果党的领导坚强有力，党同人民保持血肉联系，那么国家就会保持繁荣稳定，人民就会安居乐业。

习近平同志强调党要适应和把握新形势下群众工作新特点新要求，做好对群众的组织、宣传、教育和服务工作。习近平同志指出，党要注意从人民伟大实践中汲取智慧和力量，对人民群众在实践中创造的新鲜经验进行及时的总结。要虚心向群众学习，诚心接受群众监督，始终植根于人民、造福人民，始终保持党同人民群众的血肉联系，始终与人民心连心、同呼吸、共命运。他还要求各级党员和干部要办好顺民意、解民忧、惠民生的实事，纠正损害群众利益的行为，要着力解决人民群众反映强烈的突出问题，把群众工作做实、做深、做细，确保群众安居乐业，确保社会和谐稳定。

习近平要求全体党员尤其是党的各级领导干部要弘扬党的密切联系群众和一切为了群众、一切依靠群众的光荣传统和优良作风，坚持不懈地把群众观点和群众路线落实到实践中，认真把握新形势下群众工作的特点和规律，努力为群众办实事、解难事、做好事，把工作做到群众的心坎上。

十八大后，习近平号召在中国共产党内开展群众路线教育实践活动。习近平强调开展党的群众路线教育实践活动，以为民、务实、清廉为主要内容，加强全体党员马克思主义群众观点教育，着力解决人民群众反映强烈的突出问题，提高做好新形势下群众工作的能力，保持党同人民群众的血肉联系，发挥党密切联系群众的优势。

习近平同志始终坚持植根于人民，坚持党的群众路线，牢固树立群众观点，一直保持党同人民群众的血肉联系，始终与人民心连心、同呼吸、共命运，充分体现了其民生观的丰富内容。

（3）以坚持以人为本，树立科学的政绩观和科学的发展观为解决民生问题的原则和实现路径

习近平同志对解决民生问题的原则和途径进行了有益的探索。他说，解决民生问题必需坚持以人为本的原则。以人为本，就是以最广大人民的根本利益为本。坚持以人为本，就是要把人民群众的利益放在第一位，始终把实现好、维护好、发展好最广大人民群众的根本利益作为党和国家一切工作的根本的出发点和落脚点。尊重人民主体地位，发挥人民首创精神，保障人民各项权益，走共同富裕道路，促进人的全面发展。做到发展为了人民，发展依靠人民，发展成果由人民共享。

2012年11月15日，习近平在十八届一中全会后举行的媒体见面会上，发表了重要讲话。讲话中，习近平系统阐述了共产党人的政绩观。他说要教育广大党员树立科学的政绩观和科学的发展观，不要弄虚作假，劳民伤财，一味搞"形象工程"和"政绩工程"。习近平强调，党的各级领导干部要做得人心、暖人心、稳人心的事，领导干部要解决群众最关心、最迫切需要解决的问题，全面建设小康社会，促进人的全面发展。

习近平提出衡量领导干部的政绩观、发展观的标准是能否坚持求真务实，为人民群众真心诚意办实事，坚持不懈做好事，尽心竭力解难事。习近平指出了领导干部树政绩的根本途径和根本目的。习近平强调领导干部树政绩的根本途径是将人民群众的眼前利益和长远利益结合起来，尊重客观规律，按客观规律办事，脚踏实地地工作；领导干部树政绩的根本目的是为人民谋利益。

习近平强调，一定要坚持以人为本，树立科学的发展观、正确的政绩观和群众观，努力在为民动真情、谋利出实招中，把"立党为公、执政为民"的本质要求落到实处。习近平强调，要把中央各项惠民政策落到实处，各级领导干部要更多关爱生产、生活、工作和学习等方面有困难的群众，让人民群众切实感受到党和政府的关怀和温暖。

（4）以实现共同富裕和社会的公平正义，使人人共享人生出彩的机会、共享梦想成真的机会为价值理念和追求

2012 年 11 月 17 日，习近平在十八届中共中央政治局第一次集体学习时发表讲话。习近平强调建设中国特色社会主义，必需发挥人民主人翁精神，保证人民当家做主。解放和发展社会生产力是中国特色社会主义的根本任务，必需坚持以经济建设为中心，以科学发展为主题，实现以人为本、全面协调可持续的科学发展。改革开放是坚持和发展中国特色社会主义的必由之路，公平正义是中国特色社会主义的内在要求，加紧建设对保障社会公平正义具有重大作用的制度，逐步建立社会公平保障体系。共同富裕是中国特色社会主义的根本原则，所以必需使发展成果更多更公平地惠及全体人民，朝着共同富裕的方向稳步前进。

2012 年 12 月 13 日下午十八届中共中央政治局就《坚定不移推进改革开放》进行第二次集体学习。中共中央总书记习近平在主持学习时强调，改革开放是亿万人民自己的事业，必需坚持尊重人民首创精神，加强和改善党的领导，保持党同人民群众的血肉联系，使改革发展成果更多更公平地惠及全体人民，不断为深化改革开放夯实群众基础。

2013 年 3 月 17 日，习近平发表讲话，把人民幸福作为中国梦实现的一个重要标志。习近平指出，实现全面建成小康社会、建成富强民主文明和谐的社会主义现代化国家的奋斗目标，实现中华民族伟大复兴的中国梦，就是要实现国家富强、民族振兴、人民幸福。他还说，实现中国梦必需坚持中国道路、凝聚中国力量和弘扬中国精神。习近平强调中国梦归根到底是人民的梦，实现中国梦必需紧紧依靠广大人民群众。习近平号召全国各族人民牢记使命，团结起来，万众一心，为实现共同梦想而奋斗。

习近平揭示了实现共同富裕和社会的公平正义，使人人共享人生出彩的机会，共享梦想成真的机会，离不开相应的制度保障。实现共同富裕和社会的公平正义必需坚持党的领导、人民当家做主与依法治国三者的有机统一，坚持人民主体地位，扩大人民民主，推进依法治国的进程。

习近平强调，中国共产党要时刻注意倾听人民心声，顺应民意，保障人民权利，维护社会公平正义，解决好民生问题，使学有所教、劳有所得、病有所医、老有所养、住有所居，不断实现好、维护好、发展好最广大人民根本利益，使发展成果更多更公平地惠及全体人民，在经济社会不断发展的基础上，朝着共同富裕方向稳步前进。

（二）马克思的"以人为本"的思想为高校思想道德建设提供了理论基石

马克思主义最深层的内容是关于人的存在方式和人的发展的基本观点，包括人的解放，人的自由，全面发展和"自由人的联合体"的思想等。在国内这个领域研究较深的尤以黄楠森教授为代表，他主编的《人学原理》一书，从人的本质、人的需要、人的存在、人的价值、人的主体性、人的发展及规律等，具体阐述了马克思的以人为本的思想。思想道德教育是做人的工作，马克思的以人为本的思想为高校思想道德教育提供了理论基础。

第二节 高校在"以人为本"的思想道德建设中存在的问题及原因分析

一、存在的问题

（一）高校学生思想道德教育存在的问题

1.忽视学生的主体性

高校学生思想道德工作以人为本要求尊重学生、爱护学生，充分发挥学生的积极性和创造性。而传统的思想道德教育却过分突出教师的主导作用，即重视教师"教"的主导作用，忽视学生"学"的主体作用。其实，教师和学生是思想道德教育活动中最基本的因素，两者的关系也是思想道德教育活动中最核心的关系。但长期以来我们往往不把这一教育过程看作是师生双边活动的整体，而认为思想道德教育工作的主体——教师是主动者的角色，是教育活动的推动者、主导者，而思想道德教育工作的客体——学生是被动者的角色。在这种指导思想下，思想道德教育工作中教师和学生的关系就在人们心目中形成了一种心理定式，即认为教师就是思想道德素质方面的完善者、优秀者，是权威，学生在思想道德素质方面则是相对地不足，是较差者。因此，在思想道德教育中教师和学生处于一种不平等关系，表现为在教育过程中过分突出教师的主导作用，片面强调教师权威，不尊重学生，将本应为引导性的说服教育变为命令的传达与执行，忽视了大学生受教育的能动性和主动性，必然导致思想道德教育中的命令主义、强制压服和单向注入，受教育者成为没有独立、没有自主、缺乏创造性的教育客体，违背了以人为本的原则。

2. 教育教学工作方法简单化，过分强调硬性灌输

灌输的方法是传统思想道德教育的主要方法。它是列宁在 1902 年《怎么办》一书中提出来的。这种方法已经使用了一百多年，在思想道德教育中发挥了重大的积极作用，到如今，灌输的教育效果已经越来越小了。过多采用硬性灌输方式是违背以人为本原则的，会影响思想道德教育的效果，不利于以人为本作用的发挥。

如果将灌输视为唯一有效的方法，一味地强调灌输与说教，就会导致教育方法简单化。并且传统思想道德教育的任务被仅仅归结为"传道"，即向大学生灌输社会的政治观念、思想和道德规范，大学生只是既定的道德取向与道德规范的无条件认同者和遵从者，他们就像口袋一样，被当作容器，被要求装下老师教给他们的各种美德。这一过程，忽视了大学生受教育的主动性、能动性和差异性，忽视了大学生在思想道德教育中的积极判断、筛选、理解和内化的重要作用。整个教育过程忽略了学生的主体需要，忽视培养他们的能力和个性，忽略了人与人心灵之间的交流，把人视为填充各种美德品格的袋子，忘记了人有思想、有感情、有精神世界，使部分学生形成"知而不信""言而不行""知行不一"的双重人格，结果导致了思想道德教育工作功能的削弱。

3. 忽视大学生自身发展需要

以人为本的高校学生思想道德工作要求着眼于大学生的发展需要，服务于大学生的成长成才。但是，在相当长的一段时间里，由于"左"的影响和高度集中的计划经济体制的要求，在思想道德教育活动中，把个人的社会价值和个人的自我价值对立起来，片面强调社会价值，忽视甚至否定个人的自我价值。不能充分理解人、尊重人的正当需要，过多强调以牺牲个人价值为代价去满足社会的需要。为了社会发展牺牲个人利益是必要的，但是忽视了人的自然基础，一味强调个人服从社会就过分了。这种思想道德教育往往导致人的思想与人的行动不一致，形式主义严重，扼杀学生的创造能力。

4. 对个性的培养重视不够

长期以来，在思想道德教育过程中轻视、压抑学生个性发展的现象并不少见。如教学计划齐步走，培养目标统一化，教学过程满堂灌，认为把学生管理得服服帖帖就是好，把学生教导得循规蹈矩就是好，束缚学生的个性发展，致使不少学生唯唯诺诺，墨守成规。这样培养出来的学生，缺乏坚强的意志，缺少个性，又缺乏创新能力，是不受社会欢迎的。

5. 在教育环节上轻视学生的自主实践

教学是高等教育阶段学生成才的重要环节。但是"成才"的概念必需是

根据"人的全面发展"的教育本质，以学生的品德结构、智能结构、身心结构的合理形成为标志的，而不能只看成绩单上各学科的分数。学生在校学习期间不单单要学习书本知识，还需要不断培养和提高其他各种综合性的能力以适应将来社会对他们的要求。但是高校中不少教师和教育管理者还存在重书本学习轻实践锻炼的趋向，忽视第二课堂教育，认为组织学生开展各种活动是"不务正业"，会"把学生的心玩散"，会"影响学生的专业学习"，使得学生的能力培养受到限制。作为高校，应该非常明确"成才"的概念，围绕"素质教育"与全面发展的目标，为学生提供施展才华、展示个性、发挥特长的条件和环境，以支持学生在学习书本知识的同时培养综合素质能力。这样的教育理念才是符合以人为本要求的新理念。由于忽视第二课堂和时间锻炼，削弱了思想道德教育效果。

（二）高校学生管理工作存在的问题

高校学生思想道德工作分为两大方面：学生思想道德教育和学生管理工作。学生管理工作与思想道德教育是相互联系、相辅相成的。学生管理是学生思想道德教育的一种特殊形式。管理还可直接产生教育的效果，主要是学生惯的养成教育。因此，在分析了学生思想道德教育存在的问题时，有必要剖析学生管理存在的不足。

1. 管理理念上没有认识到以人为本的重要性

一是在思想和行动上将管理与服务对立起来。把学生只当成管理对象，忽视服务学生。片面强调管理者的权威，没有看到大学生作为教育消费者，高权利要求接受高质量的教育，学校也有义务为大学生提供优质教育服务的现实。忽视学生的正当利益和需要的满足，没有把管理作为一种服务于人的手段。

二是在管理中没有把学生看成是一个活生生的人。不少管理工作者将学生视为被管制的客体，被修剪的个体。认为把学生管得服服帖帖就是成功，力求通过各种规章制度来"管住"学生，强调一个声音，一个步调，追求一种风格，一种色彩。

三是缺乏依法管理理念。在行使学生管理职权的过程当中，侵犯学生权利的现象时有发生。如将学生考试成绩公之于众，对学生的处分决定公开张贴，侵犯了学生的名誉权；没收学生私人财产，侵犯学生财产权；剥夺学生在完成相应的学业后获得相应的学业证书、学位证书的权利，侵犯学生公正评价权；侵犯学生隐私权，如偷拍学生的某些行为。此类侵权现象在具体学生管理工作中"司空见惯"，往往被披上"合情""合法"的外衣。

2. 管理方式上侧重于以 "管" 为主

管理思想上以管理者为中心。高校学生管理应该围绕学生来展开，但实际并非如此。许多管理部门包括教学管理部门、学生工作部门等，往往没有从学生的实际需要出发，而是各自为政，按照自己的想法去制定管理目标，并加以施行。这种以管理者为中心的学生管理思想，不但会使工作只局限于形式，此且由于各部门各自为政，使得作用于学生的力量不能够拧成为一股绳，出现推诿、扯皮等现象，有时使得学生不知所措。

管理模式上以事后处理为主。即学生管理侧重于对问题事发后的处理，却往往放松了、忽略了对问题的预测、预防。这样，学生管理者就像 "消防员"，哪里突发 "火情"，就急忙扑向哪里。这种方式使管理人员分身乏术，应付不过来，同时增加了学生管理工作的难度。

各高校都很重视管理机构的设置、管理规章制度的建立，但实际情况常常是管理机构设置得越多、规章制度越严厉，学生出现的问题和学生管理本身出现的漏洞反而越多。同时，管理者为了完成任务，往往喜欢采取容易操作的行政管理手段，通过 "压" "控" 等方式对待学生，至于工作是否到位，管理效果是否明显，学生是否有进步，管理者反而没有去关注。大学生作为同龄人中的佼佼者，一般具有较高的素养和能力，具有强烈的自尊心和自立自强的自主意识，对违反以人为本原则的，没有人情味的硬性管理方式很容易产生逆反心理。他们渴望较宽松的环境，希望有机会发挥自己的主动性和创造性。

（三）对特殊群体学生的关心和支持力度不够

高校学生思想道德工作有一个不容忽视，也不能回避的问题，就是如何正确认识、对待和教育大学生中的特殊群体。在大学生中，第一个突出的群体就是家庭经济困难学生。自扩招以来，在高等教育迅速发展的过程中，高校经济困难学生的数量也增加较快。目前，在全国普通高校中，经济困难学生约占在校生总数的 20%，特别困难学生占 5 ～ 10%。如何解决好经济困难学生的学习和生活问题，是思想道德工作面临的一大挑战，也是思想道德工作坚持以人为本不可回避的课题之一。在党和政府的关心下，各有关部门先后制订出台了一系列资助高校经济困难学生的政策与措施，取得了一定的成效，但还远远不够。同时，家庭经济困难学生精神压力沉重，心理健康状况差，自卑自弃的问题突出，需要思想道德工作者给予特殊的以人为本的关照。这些，我们都还做得很不够。

此外，在高校学生中还有大量的学习困难生、思想困惑生、心理障碍生等；由于学习基础参差不齐、经济条件悬殊、就业压力大等因素导致的思想多元化及学习态度偏差、学习动力不足等问题。如何调动这部分学生的学习热情，解决这些问题，提高他们的综合素质，使每一个大学生都能成为受社会欢迎的合格人才，还有很多工作要做。

二、原因分析

高校学生思想道德工作以人为本存在问题的原因固然是多方面的。但是，以下原因不能不引起我们的重视：

（一）传统教育观的影响

由于长期的封建传统，我国的教育深受封建等级制度的影响。在中国古代教育中，师被放在至尊的地位，天地君亲师。老师讲的，就是真理，学生要言听计从，不容置疑。这样，真正有学问的老师还可以教学生些东西，如果遇到一个糊涂老师，那就只有误人子弟了。新中国成立后，特别是十一届三中全会以来，中国教育事业取得了长足进步，在很大程度上改变了旧教育的思想和观念。然而，受封建等级制度根深蒂固的影响，并没有转变中国古代教育中"师为徒纲"这一传统观念。在传统教育中，师生关系以"师道尊严"为本质特征，主要体现在以下两个方面：在知识传承上，教师是知识的化身，是知识的传授者，学生是知识的接受者，师生关系是一种单向性的"我主你客""我说你听"式的服从关系。在伦理道德上，教师处于"传道、授业、解惑"的绝对尊严的地位，教师是无可置疑的"长者"，学生是理所当然的"弟子"，师生关系成了单一性的"老对幼""长辈对晚辈"的说教关系。几千年来的文化积淀与教育观念的封闭，造成以人为本观念淡漠。

（二）高校学生思想道德工作者基本素质相对欠缺

思想道德工作的任务最终要靠人——思想道德工作者去完成。思想道德工作者是否具备以人为本教育理念，其自身素质是否具备实施以人为本的条件是思想道德工作能否做到以人为本的关键。当前，许多思想道德工作者在这方面的素质还相对欠缺，思维方式还习惯于用传统的办法解决问题，能力上只会说教。因工作岗位性质的缘故，不少高校都存在学生思想道德教育工作人员流动性较大的现象，致使学生思想道德工作人员在岗时间短，工作缺乏稳定性和连续性，不利于其思想道德工作素质的培养，业务知识和工作经验的积累，以致在他们的工作中时常会出现一些不符合以人为本要求的现象，如：一些思想道德工作者由于自身理论素养欠缺，阅历较浅，经验不足，对学生提出的很多问题很难做出令学生满意的解答，不能适应指导学生全面发展的需要；一些思想道德工作者对在新形势下如何有针对性地开展思想道德教育缺乏思考、缺乏研究、缺少热情，工作方式简单，方法呆板陈旧，开拓创新不够，始终得不到学生的认可；一些学生思想道德工作者自身对以人为本思想就认识不深入，理解不到位，在实施以人为本的大学生思想道德教育过程中也就很难保证不产生错位。

（三）社会环境和学校资源缺失

迄今为止在相当一部分学校中，要求学生"师云亦云""不越雷池"仍被视为天经地义，而另辟蹊径，独树一帜则会被认为不合常规此加以"开导"或制止。受经济转型的影响，学术上、教育上也追求短期效应，不利于人的可持续发展。同时，目前有些高校由于招生规模连年翻番，本不富余的教学资源更加捉襟见肘，师资短缺加剧，师生比不断攀高，不少高校都已超过 1 :200，教师课时太多，只好只备教材不备学生，"以不变应万变"，没时间进行教学研究，用"精英教育"的老方法来教"大众化"的学生，不了解学科前沿的发展动向，讲课没有新内容，满足于低水平翻炒。不但使得学生把学习当成一种沉重的人生负担，而且也使"教书匠"们无法跟上快速发展的学科水平。同样的，在政工队伍的配备上，一些高校特别是低层次的高校和一些新升本的院校政工人员配备严重不足，他们的师生比例往往都突破了 1 :200。这样，一面是扩招以后学生素质相对降低，需要更多的学生思想道德工作者去作学生的思想道德工作；而另一面则是学生思想道德工作者人手的严重不足。此外教学设施短缺，实践环节薄弱，更使学生利益进一步"缩水"。这些都严重影响了思想道德工作以人为本的实施。

（四）缺乏经验和具体理论指导

我国高校学生思想道德工作以人为本理念刚刚被提，时间短，缺经验、缺具体理论指导。与以人为本相背离的种种错误观念师道尊严等依然存在观念仍然常驻，错误理解以人为本，认为以人为本就是一切都要按照学生的要求去做，包括学生提出的错误的要求，对学生不敢进行大胆的教育管理，不敢进行正面引导；三是还没有形成系统、科学的以人为本的思想道德工作方式方法等等。

第三节 "以人为本"加强高校学生思想道德建设的对策

一、确立"以人为本"的教育理念

（一）高校领导要将"以人为本"作为思想道德建设工作的指导思想

思想观念的转变是做好工作的先导。学校领导应将以人为本作为加强和改进大学生思想道德教育的指导思想贯穿到思想道德工作中去，保证以人为本在学校思想道德教育工作中的指导地位。

高校党组织要加强领导，发挥好领导、组织、督促、检查大学生思想道德教育的职能和作用，树立并强化以人为本的教育新观念，真正确立以人为本在大学生思想道德教育中的指导地位，将其列入议事日程，做出专门部署；要建立党委统一领导、党政齐抓共管的领导体制；加大宣传教育和落实力度，通过校园传媒宣传、专题讲座、理论研讨会等各种形式，使师生进一步明确以人为本思想的发展历史、理论内涵和基本要求，明确以人为本加强和改进人学生思想道德教育的必要性迫切性，按照以人为本的原则，从观念、内容、方法等方面全面改进大学生思想道德教育，改进学校的教育、管理和服务，真正使以人为本思想化为行动、落到实处、发挥实效。在实际工作中坚持以人为本，学生为先，一切从学生的根本利益出发，把服务学生当作第一需要，把学生的情绪当作第一信号，把能否让学生满意作为检验学校工作的重要标准。检讨在过去的工作中是否把学生放到了主体地位，维护了学生的人格尊严，研究如何改变以往在学生管理上的强制性和行政色彩，通过多因素合作、沟通协调等方式，增强学生教育管理的民主性，突出学生管理的自主性，提高学生自我教育、自我管理的能力。

（二）思想道德建设工作者要在工作的各个领域各个环节全面贯彻"以人为本"教育理念

首先，从师道尊严到师生平等的转变。老师和学生都是平等的公民，做学生思想道德工作时，要尊重学生独立人格，进行平等交流，允许学生有不同的看法，特别在批评犯错误学生时更要注意平等相待。老师要求学生做到，自己首先要做到。

其次，从单一纪律教育向重法制教育转变。纪律是学习工作的保证，是维护学校正常教学秩序所必需的。但由于所有的纪律都必需在法律的前提下制定，所有的法律都必需在法制的环境中运行，加强法制教育、培养学生的法制观念、才能从根本上解决遵纪守法问题，所以，应从单一的纪律教育转到重法制教育轨道上来，纪律教育会更有效果。

最后，从家长式命令型向公仆服务型转变。思想道德工作者常从本身工作方便出发，以命令行事，不利于学生的学习和成长。其实老师和学生存在互相依托关系，学生表现好了，做起工作来得心应手，就不会出现脚痛医脚、头痛医头问题。工作的关键在于沟通服务。要树立公仆思想和服务意识，改变工作方法和管理方法，切忌命令式思想工作方法。

（三）高校要实施"以人为本"思想道德建设的全员安排

大学生思想道德教育工作不是单单依靠思想道德教育队伍主体的作用就可以完成的。相反，只有通过广大教职员工的共同努力，真正形成教书育人、管理育人、服务育人的良好氛围和工作格局，才能促进大学生思想道德教育工作上新台阶。中共中央、国务院《关于进一步加强和改进大学生思想道德教育的意见》规定广大教职员工都负有对大学生进行思想道德教育的重要责任。特别是广大教师是思想道德教育工作队伍的重要组成部分，他们的师德修养和业务水平直接影响着学生思想道德的形成，要做到爱岗敬业、教书育人、为人师表，以良好的思想道德素质和道德风范影响和教育学生。树立以人为本的全员思想道德教育的新理念，当前特别要树立两个问题：一是尊重学生。全体教职员工都必需尊重学生的主体地位，认真倾听学生的诉求，牢固确立以学生为本的思想道德教育中心的地位。只有这样，才能准确把握大学生的思想和要求，找到教育引导的切入点；二是服务学生。就是服务于学生的成才与发展，想学生之所想，急学生之所急，办学生之所盼。着力构建师生互动的沟通机制、职业发展的指导机制、创新创业的激励机制、帮困助学的育人机制、人格发展的导引机制等五个机制，创新高校学生思想道德教育。

二、明确"以人为本"的工作任务

（一）重视和加强对学生的理想信念教育

中共中央、国务院发布的《关于进一步加强和改进大学生思想政治教育的意见》，把理想信念教育看作对大学生进行思想政治教育的核心，其主要目的就在于通过理想信念教育，在大学生这个重要的青年人群体之中，弘扬以爱国主义为主要内容的民族精神和以改革创新为重点的时代精神，发扬集体主义精神，坚定社会主义信念，使全体大学生始终保持积极进取的人生态度、昂扬向上的精神状态和不屈不挠的坚强意志。

就总体而言，应该说，当代大学生理想信念状况的主流是积极、健康、向上的。他们对祖国的前途十分关心，认识到个人的命运与国家的发展是紧密相连的。在思想政治方面，他们热爱党，热爱社会主义，坚决拥护党的路线方针政策，对坚持走中国特色社会主义道路、实现全面建设小康社会的宏伟目标充满信心。在生活和学为中，他们思想活跃，自尊意识突出，成才愿望强烈。但是，我们也应该清醒地认识到，伴随着经济全球化进程的日益深入，潮水般涌入的各种文化思潮和价值观念冲击着大学生的思想，某些腐朽落后的生活方式也侵蚀着大学生的心灵。某些大学生不同程度地存在政治信仰迷茫、理想信念模糊、价值取向扭曲、诚信意识淡薄、社会责任感缺乏、艰苦奋斗精神淡化、团结协作观念较差、心理素质欠佳等问题。对于大学生理想信念方面出现的这些问题，我们既不能忽视，更不能回避。回应挑战，解决问题，需要多方面、多角度的综合努力。除了适应变化了的形势，完善理想信念教育的形式、内容、方法和途径之外，我们还应该全面认识哲学社会科学在理想信念教育方面的学科优势，充分发挥哲学社会科学在理想信念教育方面的特殊功能。帮助他们树立正确的世界观、人生观和价值观。更好地发挥人文社会科学的育人功能，吸收人类文明的一切优秀成果，拓展大学生们的眼界，开阔其胸怀，培育他们的改革精神和创新能力。

（二）了解和关心学生的需要、要求和呼声

思想道德工作的对象是人。要关心学生，了解他们想什么，喜欢什么、厌恶什么，最关心和最需要的又是什么，并有针对性地去引导和满足他们的需要和要求。人的行为源于需要的满足，当他们的需要和要求得到了满足，思想道德教育的效果也就容易达到了。因此，高校学生思想道德工作的重要任务，就是要关心并了解学生的需要、要求和呼声。

要关心学生，必需关心学生的需求。如获得知识和技能的需要、发展自身潜能和实现自我价值的需要、做一个既有知识又讲社会公德的"成人"的需要等。必需关心学生的利益，包括物质利益和精神利益。如家庭的经济困难、学习成绩的优劣、任课教师的教学状况、奖学金的评定和学生违纪处理以及人际关系与情感生活等。必需关心学生的困难，关心学生在学习、生活和情感方面遇到的困难，如学习吃力、经济拮据、恋爱纠纷、家庭变故等。

学生在遇到这些问题时思想波动最大，思想道德工作坚持以人为本，在这个时候必需及时到位。

要了解学生。掌握信息是从事思想道德工作的前提和条件。因此，学生思想道德工作坚持以人为本，就必需全面了解学生。要切实了解学生对当前社会新思想、新问题的认识和看法，以及遇到突发事件和困难时的情绪变化，并针对不同的情况及时加以解决或疏导；要了解学生的性格、脾气、情感特征、学习基础、家庭状况，以及对外部事物刺激的心理反应；要了解学生的物质需求、精神需求和自我发展需求，并针对不同情况予以引导、限制或规劝。大学生的需要系统中，物质需要是基础。物质需要对当代大学生的整个需要系统乃至整个身心发展都是极为重要的，是不可忽视的。总之，要利用各种方式，建立渠道畅通、反应灵敏快速的信息网络，及时把握学生的思想动态及思想信息，真正做到了解学生。

（三）主动帮助学生解决成长中的实际困难和问题

关心大学生，就要切实解决大学生面临的实际困难和问题。当前重在做好对高校贫困生、特困生的关心、关注、关爱工作，使他们真正感受到国家、社会和学校的温暖。随着高校实行收费上学，学费、住宿费使许多家庭不堪重负，高校贫困生问题日益突出，据统计，目前我国高校贫困生人数约占在校大学生人数的20%，师范类、农业类、建筑类院校的贫困生比例高达30%。所谓贫困生是指那些在大学期间支付学杂费和生活费比较困难或基本生活费得不到保障的学生，当前月生活费不足150元的大学生可视为贫困生；特困大学生是指那些在校期间家庭经济贫困而无力支付学杂费和维持最低生活水准的学生，当前月生活费不足100元的为特困生；贫困生、特困生的构成主要有：老少边穷地区的生源，农村和城市低收入家庭以及家庭遭遇重大变故的生源。完善奖、贷、助、补、减和绿色通道组成的助学体系，不断增加投入资金的额度和资助对象，拓宽资助渠道，将勤工助学由校内扩展到校外、由公益岗位扩展到经营性岗位，向有偿智力服务型方向发展。坚持物质助困和精神助困相结合，着力培养贫困生自立自强、自助助人的品格，要充分考虑到贫困生的思想、心理特点，安排适合学生的勤工助学岗位，反对有些学校安排贫困生打扫学生宿舍和厕所、为全班学生洗衣服等带有歧视性的工作。

（四）尊重并维护学生的合法权益

是否尊重学生的合法权益，能否有效地维护学生的合法权益，是贯彻"以人为本"理念的重要内容和标准，也是推进高校学生教育管理走向法治化的重要环节。学生思想道德工作"以人为本"的基本要求就是要尊重学生。尊重学生，自然体现为维护学生的合法权益。

为此，要求高校领导和各级思想道德工作者：一是要更新观念，树立新的学生观。把学生视为具有同等人格的人，以学生为本，提倡学生参与学校的管理，参与制定有关规章制度，参与评价学校教育质量和教师教学水平的民主管理观；二是要在学校规章制度建设中兼顾实现和保护学生权益的目标。规章制度的制定和执行不能与国家有关部门制定的法律、法规有冲突，不能忽视学生入校后仍然享有的各项公民权利，不能侵犯学生的合法权益。同时，学校的严格管理要有度，从教育学角度分析，学生还是发展中的人，因违纪受到的处分可能会影响其一生的发展。所以，要将对学生产生影响的处理限制在最小的限度内；三是要建立完善的学生申诉裁决机制。这样既可以保护学生和学校的合法权益，又能促进学校依法治校。做到学生对学校处理不服时申诉有部门管、辩护有人听，权利受到伤害时，通过权利救济得到补偿。四是要提高教育管理者的法律意识，不滥用权力。高校领导和其他政工人员损害学生合法权益，主要都是法律意识不强，按照传统经验办事，不知不觉，自己的行为就已经违法了。因此，要求高校领导和政工队伍要学法知法懂法，增强法律意识，自觉维护学生的合法权益。

（五）充分发挥学生的主动性和创造性

依靠学生，充分调动学生的主动性和创造性，是以人为本的应有之意，是思想道德工作的目标。为此，要建立合理的学生评价奖励机制，激发学生的主动性、创造性。当代大学生思想活跃、兴趣广泛、自尊心强，迫切希望得到老师和他人的尊重、肯定。当他们的行为受到称赞时，就感到自己的努力得到了人们的承认，自我价值得以实现，从而受到鼓舞，产生更大的学习、工作热情，更能激发学生的积极性、创造性、主动性。而建立合理的学生评价奖励机制，就能够达到激发学生的主动性、创造性的目的。在实际工作中，应当抓主流，看长处，学生做了某件有益的事情，取得了某项成绩，发生了某种转变，都应给予表扬鼓励，不要求全责备。这样可以强化学生的内在驱动力，保持积极进取状态，充分发挥学生的主动性和创造性，促进其健康成长。同时，还要创造一个有利于充分发挥学生主动性和创造性的外部环境。要创造良好的校园文化环境，有效地解决学生的思想问题，开展读书学习、文化体育等竞赛活动；要发挥好团总支、学生会和学生群团组织的功能，为学生创设充分发挥主动性和创造性的场所。

三、健全"以人为本"的高校学生思想道德教育和管理制度

（一）检查原有的规章制度是否与以人为本相违背

要逐一检查原有的规章制度条例，看是否与以人为本相违背，如果有，就要改正，使之做到以人为本。主要从以下四个方面进行检查：

一要检查学校规章制度的合法性。普通高校是根据教育法的授权或行政机关的委托行使国家公民权利的授权组织。根据《教育法》和《高等教育法》规定，学校享有办学自主权，有权"按照章程自主管理"，"组织实施教育教学活动"，"对受教育者进行学籍管理，实施奖励或者处分"等，即学校有权制定相应的规章制度。但是，同时法制社会又要保障公民的权利，这二者往往产生矛盾。学生状告母校的案件中往往质疑学校规章制度的合法性，已出现有法院宣判学校的规章制度"无效"的事实。目前一般学校各项管理制度都是依照有关教育法律法规、参照院校之间"惯例"和结合本校实际制定的，没有专人和专门部门审查过是否合法、是否依法维护了学校和学生双方的利益。

二要检查学校规章制度的合理性。学校的自主管理权，实际上是法律赋予学校为保证其组织目标的实现而对于其内部事务进行处理的"自由裁量权"，即学校对很多事务享有自由判断并做出决定的权利。因为教育教学活动的特殊性，很多教育教学问题不能完全定量化，而是需要一定的定性判断，如德育标准、综合素质等，这就给学校留下一个较大的自由裁量空间。学校规章制度的合理性除要遵循教育规律外，主要是如何适度使用自由裁量权。这往往是社会、学生和家长对学校质疑和起诉的主要问题之一，认为学校处理过重。而且，如何既能维护学生的正当权益，又能保证学校正常的教育教学秩序，也是困扰学校管理者和教师的难题。

三要检查学校规章制度的全面性。目前学校制定的各项规章制度在规定学生的责任方面应该是比较系统、具体的但是在发挥学生的主体性、保障学生的权益方面还不够完善。我国的学生申诉制度仅在《教育法》中规定，受教育者有权"对学校给予的处分不服，向有关部门提出申诉，对学校、教师侵犯其人身权、财产权等合法权益提出申诉或者依法提出诉讼"。但是一般高校缺乏学生申诉的规章制度，没有专门负责受理学生申诉的机构和人员。

四要检查学校规章制度的一致性。高校直接与学生教育教学、生活等方面有关的教学、学生、后勤、财务、图书馆和安全保卫等部门，要规范部门的管理，提高管理水平和管理效率，同时应结合本校实际，依照有关法律法

规和文件精神制定相关的规章制度，这是依法治校的体现，也是加强管理所必需的。但是这些规章制度往往不能做到内部一致。有的是部门之间规章制度有矛盾，有的是部门和单位之间规章制度有矛盾，有的是部门上下层之间规章有矛盾，使学生无法遵循。

（二）积极创设鼓励冒尖的奖励制度

思想道德工作应承认学生与学生的差别，鼓励个性发展，鼓励突出、冒尖，以充分调动学生的积极性和创造性，而不是"千人一面、万人一模"。奖励或表扬有很大的牵动效应。虽然是对个别学生或少数学生进行表扬，但其作用却是巨大的。被表扬者和其他学生均可能受到教育。前者由于受到赞许，从而更能激发向上拼搏的行为反应，并且有一定的稳定性和持久作用，后者则学习有榜样，努力有方向。

为此，要积极创设鼓励冒尖的奖励制度。本着以人为本的原则，根据学生的实际情况，从学生成长规律出发，创设一整套鼓励学生冒尖的奖励制度，并认真贯彻实施。学校应充分利用表扬的特点，抓典型、带一般、促后进。要定期开表彰大会，对先进个人、先进集体大张旗鼓地宣传、表扬，给予精神上、物质上的奖励，宣传报道他们的事迹，制造一种争当先进的气氛，以便达到广大同学共同提高、共同进步的目的。构建各种激励方式有机结合的机制，必定能最大限度地激发人的积极性和创造性，这已被工作实践所证实。

（三）创新体现学生成长规律的人性化的教育管理制度

一方面是要全面清理、重新修订现有规章制度。删除其中与人才成长规律相悖的成分，增加有利于学生健康成长、全面发展、早日成才的条款。在传统思想道德教育中，由于教育主客体不平等，思想道德教育以管理为主的，以自己制定的规章制度为最终裁决标准，合乎制度就允许，不合乎制度就禁止，在思想道德教育达不到效果时，学校往往依靠制度处分学生。随着实行缴费上学、自主择业以及我国法律法规的逐步完善、广大学生法律意识的增强，这种管理暴露的问题越来越多，学生将学校告上法庭的事例时有发生。学校的规章制度只有充分体现以人为本，充分尊重大学生的法律地位，依法教育，依法管理，才能使思想道德教育，变被动为主动，真正为学生信服，发挥切实的作用。

另一方面，还要努力创设新制度。按照以人为本的要求，从有利于学生健康成长的角度出发，制定一些的新制度，使其与原有的、经过修订的制度一起，形成一整套符合人才成长规律的制度体系。当前，特别要建立学生意见反映、申诉的机制，以体现学生的意志和愿望，维护学生的正当权益。设立学生事务仲裁机构，对学生反映的"不公正待遇"重新给予仲裁，维护学生的正当权益，必要时也允许通过法院依法判决，保证学生的法律主体资格。建立并落实学生动态上报制度，设立学生信息员队伍，覆盖教室、食堂、宿舍等学生学习生活的各个场所，针对学生中存在的热点、难点、疑点和深层次的矛盾问题，做好信息的采集工作，定期上报，作为各级领导决策的依据。

（四）建立体现学生为本的教师教学评估制度

坚持高校学生思想道德教育以人为本，要求改革作为学生思想道德教育主渠道的思想道德教育课程对学生的评价方式和评估制度，使其更好的体现对学生全面发展的要求，有力促进学生的成长成材。

首先，要关注对教师的教学水平和教学效果的评价。由于学校的教务部门直接管理和规范教师的教学行为，因此对思想道德理论教师的教学评估标准，将直接影响教师的教学行为并产生极大的导向作用。鉴于这一评估将关系到对教师教学工作水平的总评价，评估标准和评价体系的公正和合理就显得尤为重要。其中，特别要处理好学生对思想道德理论课教师的评价在考核评估体系中的地位和作用问题。

其次，对学生学习状况的考核和评价。毋庸置疑，进行知识和能力的考核是学校教学过程中的一项重要工作，它可以使教师检查自己的教学效果，总结教学经验，改进教学方法，也可以使学生发现自己在掌握知识和能力方面的情况。但是，目前思想道德课的考核方式大部分采用的是闭卷考试，这种考核方式只能了解学生对政治理论课基础知识的掌握程度，并不能衡量学生的思想道德觉悟程度和道德水准的高低。在传统的认知心理的影响下，考核评估完全走入了为考试而考试的应试教育的误区，过分强调理论知识，而忽略了对学生思想的提高、创新精神和实践能力的培养和检验。因此，在思想道德理论课的课程考核中要注意改变以往单纯考概念、考论题、考学生死记硬背的做法，逐步采用多样化的考试试题和考试形式。引导学生逐步改变背概念，记概念以及在试卷上答概念的旧学习方式。开卷考试应着重考核学生运用基本理论知识，解决社会实际问题的能力，思考社会问题的能力。思想道德理论课的考核和成绩的评定，应该不同于其他学科的评定考核。必需加大学生平时学习成绩的比率，多采用课堂讨论、调查报告、小论文、演讲辩论、社会实践等形式。引导大学生对学科教学积极参与，并把参与的情况作为思想道德理论课考核评价的基本内容，一并记入学生的思想道德理论课的总评成绩。

最后，大学生政治思想觉悟程度和道德状况标准之间的评价和考察。高校的传统一直是由学生工作部门负责对学生思想道德表现的考评，政治课教师和其他专业课教师几乎无权、也无法对学生的思想道德表现做出评价。这种对大学生思想道德表现评判的管理体制，极易养成学生的两面派作风，在学科老师面前一套，在辅导员面前另一套，造成学生双重人格的产生。为此，要建立由政治课、专业课和学生工作部门教师共同参与的大学生考评制度，以对学生做出公正、客观的评价。

四、营造"以人为本"的大学生思想道德教育的良好环境

2004 年 10 月 14 日，中共中央国务院《关于进一步加强和促进大学生思想政治教育的意见》提出了加强和促进大学生思想政治教育的指导思想、核心、重点、基础和目标，并提出了"一个坚持"（坚持以人为本）为现阶段大学生思想政治教育提出了明确的纲领，明确了努力的方向。坚持"以人为本"要求为大学生思想政治教育营造良好社会环境，特别是文化环境、舆论环境、校园周边环境。思想道德教育环境是指："思想道德按照一定的教育因的，计划的选择、加工和创造的对人们发生感染、熏陶、激励、鼓舞、同化、约束和教育作用的环境"。

其一，现实社会中思想道德教育环境的一切要素。在宣传、理论、新闻、文艺等方面要坚持弘扬主旋律，为大学生思想道德教育营造社会舆论氛围，提供丰富精神食粮；传媒要坚持团结稳定、鼓励、正确宣传为主，反映高校先进典卖和优秀大学生先进事迹；各类展览馆，纪念馆更要对大学生集体参观免票；依法加强对校园周边环境管理，坚决取缔干扰学校正常教学生活的经营性娱乐场所，及时处理分割学生合法权益和影响学校稳定的事端。

其二，区别于现实思想道德教育环境的"网络虚拟环境"。各类网站更要把握导向，充分发挥网络的作用，开展形式多样的网络教育活动，增强以人为本的大学生思想政治教育效果。思想政治教育者要充分运用信息网络技术开展思想政治教育工作，如通建立"网上"马克思主义阵地，开设网上党校、网上团校，设立理论学习、时事政策、"两课"辅导与答疑、法制教育、道德教育、心理咨询、学生生活服务等网站，在网上形成正面声音，增强大学生上网法制意识、责任意识、政治意识、自律意识和安全意识，增加大学生的政治敏锐力和政治鉴别力，提高抵御错误思潮和腐朽生活方式影响的能力，努力增加新形势下大学生思想政治教育的针对性和实效性。

五、创新"以人为本"的思想道德教育的方法和渠道

方法，是人们在认识世界和改造世界时所采取的手段。在大学生思想道德教育中必需科学创新和运用各种以人为本的工作方法，做到晓之以理、动之以情、导之以行，只有出自真心才能走进内心；必需尽可能的关注大学生的内心世界，真正用朋友的友情、用家长的热情来与他们相处、相交、相知，才能了解到大学生的真情实感，才能有的放矢地做好思想道德教育工作。以人为本的大学生思想道德教育方法，要实现四个转变，第一，由声势型向实效型转变，新时期大学生思想道德教育不能只停留在依靠行政手段搞活动、做报告、造舆论上，要从大学生最关心的问题入手，把解放思想问题与解决实际问题结合起来，解其疑惑，解其所难，解其所需，注重实效；第二，由被动性向主动性转变，思想道德教育在方法上要实现从学生被动接受教育向自我教育、自我管理、自我提高的"自主型"转变，通过种种转变，使大学生增强主人翁意识，使思想道德教育贴近学生思想、学习、生活实际，达到入情、入理、入境；第三，由灌输型向渗透型转变，传播马克思主义是需要灌输的，但不能一味地教条式的不顾一切地硬性压入，思想道德教育要改变单纯硬性灌输的方式，讲求宣传艺术，提高引导水平，变灌输为渗透，变显性教育为隐性教育，通过潜移默化、润物细无声的方式进行；第四，由单一型向复合型转变，单靠思想道德教育不可能解决所有问题，大学生思想道德教育必需立足于教育，同时辅助以管理等多种手段，将教育和管理、自律和他律有机结合，形成整体合力，发挥综合作用。

另外还必需进一步拓宽大学生思想道德教育渠道。要深入开展社会实践，通过组织大学生参加各种社会实践活动，引导他们深入社会、了解社会、服务社会，并在实践中经受锻炼、培养能力、磨炼意志；要建设具有社会主义特点、时代特征和学校特色的校园文化，塑造个性鲜明的校园精神、打造各具特色的人文景观、营造绿化美化的校园环境、开展丰富多彩的文化活动，提升高校整体育人功能；要建设融思想性、知识性、趣味性、服务性于一体的校园网络，传播先进文化，有效引导网上舆论，使高校网络成为思想政治教育工作的新渠道。

大学生是祖国的未来，民族的希望。他们的思想道德素质如何，直接关系到党和国家的未来，关系到中国特色社会主义事业的兴衰成败，关系到全面建设小康社会和中华民族伟大复兴目标的实现。用以人为本的情怀，开展大学生思想道德教育工作，让大学生领悟到青春只有在为祖国和人民的真诚奉献中才更有价值，人生只有融入国家和民族的伟大事业才更有意义，从而

成为出色的社会主义事业建设者和接班人。让我们深入贯彻落实中共中央、国务院《关于进一步加强和改进大学生思想政治教育意见》，坚持以人为本，积极探索新形势下大学生思想道德教育的新途径、新办法、新机制，更好地体现时代性、把握规律性、富于创造性，增强实效性，努力开创大学生思想道德教育新局面。

第六章 大学语文与当代大学生思想道德建设

第一节 大学语文对当代大学生思想道德建设的作用

一、大学语文教育的重要性和必要性

母语和传统文化教育不仅是一门学科的教育，而且是凝聚着民族情结，蕴含着文化积淀，是民族文化的根，是一个国家和民族的灵魂。消灭一个国家的最好办法，就是消灭该国的语言文字和文化传统。对此，世界上的一些国家和组织都有深刻的认识，各国政府都把保护和纯洁本民族语言作为一项重要职责。当年日本人在中国东北地区实行"不准学汉字，不准说汉话"的愚民政策。侵略者头目昭田龟二曾说，"派 100 名教师去教中国人学日语，效果可能比派 100 个师团去镇压更管用"。以色列建国时，希伯莱文字濒临灭绝，国内 90% 的人已不会用希伯莱文写作。建国初，以色列上下形成共识，没有本国文字和文化的民族，不能立足于世界。通过努力，希伯莱语言后来成为受人尊重的官方语言。印度人在建国后，花大气力复活梵文这个早已死去的古代文字。法国文化部则宣布禁令，为了保护国语，阻止英语的入侵，禁止法国人使用电子邮件的英文单词"E-mail"而必需使用法语版的"Courriel"。为了促进语言和文化的多样性，以及多语种化，1999 年 11 月，联合国教科文组织的一般性大会规定，从 2000 年起，每年的 2 月 21 日为国际母语日。

对于母语和传统文化教育的重要性，国内外的一些专家学者也有很多精辟的论述。神经生理学家、科学院院士杨雄里说："在我看来，科学上的造诣和语言文字功底有某种必然的联系，因为科学研究需要严密的逻辑思维，而思维是通过语言文字来进行的。语言文字修养的高低，直接影响到人的思维能力强弱；文学修养又能影响到人的语言表达能力。科研成果需要运用准确

生动的语言表达出来，一个连语言都不能很好运用的人是很难写好科学论文的。"哈佛大学前任校长查尔斯·艾略特说："我认为有教养的青年男女唯一应该具有的必备素养，就是精确而优雅的使用本国的语言"。我国著名数学家、教育家苏步青在他担任复旦大学校长时说过："如果允许复旦大学单独招生的话，我的意见是第一堂先考语文，考后就判卷子。不合格的，以下的功课就不要考了。语文你都不行，别的国外一些大学也十分重视大学生语文和写作能力的培养。美国哈佛大学为本科生设置了 11 个课组的通识课，包括外国文化、历史研究、文学艺术等，相关课程约占总课时的 1、4，甚至更高。麻省理工学院要求本科生 4 年修完 32 门课，其中人文社科占 8 门，包括文学与原著研读、语言、文化研究与社会研究、历史研究等，每年还要求学生必修一门写作课。日本东京工大理工学院开展了比较文学、语言学的方法等 10 余个专题教学研究。

在我国现阶段，通过大学语文对大学生进行母语和中国传统文化教育迫在眉睫，具有极其重要的现实意义。

在"现代文盲"（不会电脑、不会上网、不会英语）越来越少的情况下，"传统文盲"（不能正确读写、不懂中外文化、缺乏人文素质）正重返大学校园，且人数逐渐增多。就实际状况而言，当前大学生的实际语文能力较低，严重阻碍了大学生成才和今后事业的发展。特别是一些理工科大学生，语文能力、人文素质普遍较低，缺乏创新意识与实践能力，集中表现为普通话不规范，缺乏表达技巧和口才，文章不通顺，不能简洁明了地表明自己的观点，等等。一位大学语文教师曾做过这样的实验：他要求班上的每个学生写一篇千字文章，要求不得出现错别字或语句不通顺的情况。结果，有 95% 的学生完成不了。另据《人民日报》报道，一名大三学生写一份不足百字的申请书，竟然写出了 28 个错别字！上海师范大学对外汉语学院副院长陈昌来教授曾让40 位同学听写 20 个常用成语，结果竟有一半的同学成绩为零。从笔者的编辑工作实践来看，在收到的稿件中存在语言文字问题的非常普遍，相当部分的稿件，文不从字不顺，有的甚至无从改起。其作者中不乏在校或刚毕业的大学生，有的是硕士生、博士生。

《新读写》杂志先后在一些高校对大学生进行随机抽样调查，发现传统文化目前只是以"成语""引语"一类的破碎形式，残存于人们的话语里，或以"戏说"的方式展现在历史小说之中。有的青年人连起码的常识都缺乏，不少人不知道元宵节在正月，也不知道端午吃粽子是为了纪念爱国诗人屈原。传统节日春节、元宵节、端午节、中秋节不敌国外的情人节、圣诞节；传统食品汤团、粽子、水饺不如肯德基、麦当劳。

对于当代大学生热衷于英语学习，背弃汉语和中国传统文化的现象，一些专家学者忧心忡忡，痛心疾首。

重庆师范大学教授张育仁说："现在的大学生，三分之二以上的精力用在学英语上，剩下的一点时间用来敷衍专业课。结果，绝大多数人不但汉语没学好，就连说的英语，中国人和外国人都听不懂。"他认为，英语霸权割裂了中国传统的纽带，产生了一大批母语写作能力低下、对母语和国家无情感的一代人。

诗人余光中也对中文还没弄通顺，却抱着英文日读夜啃的本末倒置现象极为痛心。他说："英文充其量是我们了解世界的一种工具而已，而汉语才是我们真正的根。"

美籍华人陈香梅女士说，一些外国人认为"大红灯笼高高挂"就是中华传统文化还情有可原，一些中国孩子也这样认为就很可悲了。

因此，鉴于母语和传统文化对于国家和个人发展的重要性，当代大学生汉语应用能力的下滑和对中国传统文化的疏离，以及大学生思想道德方面出现的一些问题，大学语文在高校中不但不能被冷落和削减，相反应该得到加强。

二、大学语文的德育功能

中华民族拥有五千年悠久的历史，创造了灿烂辉煌的文化，文学是其中极其厚重的组成部分。它凝聚了我们祖先对自然、社会和人生的深刻感悟与宝贵体验，表达了他们的思想感情、人格品德、审美情趣，积淀为深厚的民族精神，深深地影响着后世的炎黄子孙，是前贤留给我们取之不竭、用之不尽的精神宝库。

大学语文是高等教育的文化素质教育必修课，是对优秀文学作品进行阅读、鉴赏的课程。大学语文课通过文学、史学、哲学的交汇，折射出中国文化史的璀璨光华，让学生领略到其中的恢弘。它担负着传承民族文化、张扬人文精神、陶冶审美情操等多项重任，它既可为学生今后走向社会，参与竞争打下安身立命的精神基础，也可作为传承中华民族优秀文化的载体和延续民族精神文化的桥梁，有利于全面提高学生综合素质，提高学生的想象能力、思辨能力以及感悟能力，促进大学生们"精神成人"，铸造"中国人为人的道德"（鲁迅语）。

具体而言，大学语文对于大学生思想道德建设的作用主要表现在以下几个方面：

1. 壮美的祖国山河有助于陶冶学生的思想情操

大学语文教材中描写祖国山川景色的课文占有相当大的比例。通过此类课文的学习，学生不仅能够领略到祖国河山的壮美，还能陶冶其思想情操，培养其热爱祖国的真挚情感。

2. 生动感人的人物形象有助于净化学生的心灵

在中华民族浩如烟海的历史长河中，孕育和培养了一大批杰出的思想家、政治家、科学家、艺术家、军事家以及英雄豪杰、仁人志士。在这一系列人物的身上，无不闪烁着我们民族最耀眼、最动人、可以世代相传的人文精神和思想光辉。通过分析描写这些人物的作品，学生能够感受到这些人物伟大的精神力量和人格魅力所在，使学生产生巨大的心灵震撼和心理共鸣。久而久之，就可以使学生辨明是非曲直、真善美丑，树立正确的人生观、价值观、审美观。

3. 历史成就有助于培养学生的民族自尊心、自信心、自豪感和责任感

中华民族自古以来就以勤劳、智慧闻名于世，在中华民族五千多年的文明史中，我们的祖先不仅创造了灿烂的科学文化，还创造了不朽的文学艺术，为人类的文明发展和进步做出了不可磨灭的贡献。通过这些内容的学习，有利于对学生进行爱国主义教育、优秀传统文化教育，培养学生的民族自尊心、自信心、自豪感和责任感。

4. 正确的观点道理有助于对学生进行正面的道德教育

语文教材中收录了许多古今中外优秀的说理文章，他们或辨析做人道理，或阐发做事原则，论辩严谨，说理精辟透彻。学生从文章中可以领会到深刻的哲理，并最终转化为学生自己的认识和信念，从而不断提高大学生的思想道德素质。

需要指出的是，大学语文教师在授课过程中要讲究方式方法，避免片面的"德化"倾向，而要根据教育规律、学科特点及学生实际，自然而贴切地渗透德育因素。除了一些必需进行直接的道德评价的内容之外，最好是在讲课过程中采取不经意的方式影响学生，以最大限度地发挥大学语文间接德育的优势。

三、大学语文的德育内容

大学语文选编了古今中外的优秀文学作品，大多是文质兼美、历久不衰的佳作，融文、史、哲、自然科学等诸多学科内容为一体。其中，中国传统文化占有绝对的比例。深入挖掘中国传统文化中蕴含的德育资源，对于大学生思想道德建设具有很强的现实意义。当然，中国现当代文学和外国文学中蕴含的自由、平等、民主、博爱、自我意识、权利意识和法的精神等思想对于大学生思想道德建设同样具有十分重要的促进作用。限于篇幅，本研究对

此不详加论述。笔者认为，当代大学生在思想道德方面的缺失需要从中国传统文化中的以下几个方面的思想加以弥补。

1. 公忠爱国

中国传统文化蕴含着丰富深刻的爱国主义思想。中国传统道德的核心及其一贯思想，就是强调为社会、为民族、为国家、为人民的整体主义思想。所谓整体，在中国长期的封建社会中，主要指的是整个社会、民族和国家。可以说，一切传统美德都是围绕着这一整体精神而展开的。

2. 自强不息

自强不息，改革进取，是中国传统道德的重要规范，也是中华民族精神贯彻古今的优良传统。这种自强不息的精神，凝聚、增强了民族的向心力，孕育了自信、自尊、自立的民族精神。自强不息可使一个民族、一个国家以及每一个实践主体充分发挥主观能动性、自觉性，积极向上，勇往直前，奋发图强。

3. 诚实守信

诚信是一切道德的基础和根本，是中华民族的传统美德，在中国传统文化中，"诚信"二字具有极其重要的分量。在长期的社会实践中，中华民族形成了"重然诺，守信义"的道德传统，留下了不少"千金一诺""一言既出，驷马难追"之类的美谈佳话。

4. 仁爱思想

仁爱思想是中国古代儒家基本的道德思想，也是中国传统美德中极为重要的一部分内容，是"中国固有的精神"。它提倡人与人相爱，尊重人的价值，同情人，帮助人，体现了古代的人道主义精神。

5. 礼让思想

中华民族是一个礼仪之邦和文明古国，礼让是中国传统道德的一个基本要求，在个人修身成人及人和人的交往中，有着重要的意义。

6. 勤俭思想

在中国传统道德中，勤俭可以说是普及最广、传播最久的美德之一。它要求人们热爱劳动，勤奋努力，不怕苦累，节制生活欲望，约束消费行为，俭约生活，节约财用。

7. 慎独思想

早期儒家经典《大学》和《中庸》中都曾提出"君子慎其独"的思想，慎独是指一个人独自居处的时候也要谨慎地注意自己的内心和行为，防止有违背道德的思想或不符合道德要求的行为。

8. 自省思想

自省的修养方法，是儒学家们所倡导的一个十分重要的修养方法。它要求人们要经常反省自己的思想和行为，辨察自我意识和言行中的善恶是非，严于自我批评，及时改正自己的过错。

四、大学语文德育内容的批判和继承

任何时代、任何民族的文化创造，都要受到历史条件的局限，因而不可避免地存在着弱点和不足。中国独特的社会历史条件使中国传统文化同样具有鲜明的双重性格，是一个精华与糟粕、积极因素同消极因素并存的两面体。其积极因素在维持社会秩序、改善社会风尚、协调人际关系、增强国家凝聚力的同时，其封建性、宗法性、专制性和保守性的因素也会给我们的生活带来一定的消极影响。

中国传统文化中"唯古是法""唯古是崇"的认知价值取向、因循保守的心理、"守一""忌讳"的惯性会阻碍学生创新意识、进取精神的形成。崇尚中庸的信条又会直接影响学生竞争观念的形成。"别尊卑，明贵贱"的等级观念、忠孝文化及封建纲常等伦理道德会阻碍学生民主意识、民主作风的形成。传统文化中的"官本位"文化，把官僚作为整个社会的核心阶层，这必然会导致推崇"人治"，忽略"法治"，排斥民主的后果，这当然会影响现在的许多学生，影响人们去对体制、制度作根本的改革，从而很容易使改革流于空话。

中国传统文化中的积极、消极因素并不是泾渭分明的。它们往往浑然一体、相互交织，而且往往从一个方面看是精华，从另一方面看又是糟粕，这种复杂情况就要求我们必需审慎地对待传统文化的影响。对于大学语文中中国传统文化的精华与糟粕，我们要以历史唯物主义为指导，坚持批判继承、弃糟取精、综合创新和古为今用的方针，依据是否符合反映我国现阶段经济政治状况以及其发展要求，是否有利于改革开放和发展社会生产力、是否符合全民族的根本利益的意愿、是否符合有利于人类文明生产的方向和潮流、是否有利于提升人的素质和促进人的全面发展等标准，对传统文化进行仔细、审慎地区分，不能用感情代替理性、以个人偏好代替客观标准。

如：在分析"公忠"思想时，必需剥离其忠君、愚忠内容。一方面要讲清在这一思想中，有"天下兴亡，匹夫有责"的国家民族意识，有"杀身成仁"的气节操守；另一方面也须分析清楚在国、家同构的封建社会，皇权至高无上，爱国与忠君往往浑成一体。

又如：在讲述"修身"精神时，一方面要强调这一思想十分重视修身和做人之道。在个人修养方面，讲孝、悌、忠、信、礼、义、廉、耻，主张修身养性，"独善其身"，这一传统美德在今天对个体完美人格的养成具有重大意义；另一方面，必需指出仁、义、礼、忠、孝、义等道德范畴是构成传统中国社会的基本秩序，它们是礼治秩序的灵魂和核心，构建了等级森严的人际关系制度，扼杀了人性。

第二节 大学语文对当代大学生思想道德建设作用的实现

大学语文的德育功能无疑只有通过大学语文教育才能最终实现，而目前大学语文在我国大部分高校处于边缘化和被削弱地位，受到师生的普遍冷落，课时一减再减，甚至沦落到停开的地步。要切实发挥大学语文在大学生思想道德建设中的作用，就必需深入分析导致大学语文尴尬境遇的原因，制订出相应的教育改革措施。

一、大学语文尴尬境遇原因分析

（一）学校方面

大学语文在高校遭到冷遇，折射出当前高校教育存在的功利主义和浮躁心态。如果说中小学是"应试教育"，一些高校表现出来的则是另外一种"应市教育"。在市场经济浪潮冲击下，不少大学把眼光盯在就业率上，什么专业吃香就设立什么专业，什么课程实用就开设什么课程。为了增加学生就业按码，学校迎合用人单位的需求，在教学中大量增加理工类应用学科的比重；为了体现与国际接轨，学校提升英语的教学地位，纷纷出台"英语四级不过不能毕业"的土政策。再加上自1978年全国高校设立大学语文课以来，大多数高校选用的语文教材与中学语文教材编写思路雷同，普遍老化，跟不上时代的发展，对学生缺乏吸引力。在其他学科的挤压和竞争下，大学语文课时不断减少，学分权重不断降低，日益被边缘化。

（二）师资方面

在实用主义、技术至上的今天，从事专业课程教学意味着将会受到更大的重视，教师评硕导、博导比较名正言顺。而大学语文不是独立学科，教学和科研不能很好地结合，从事大学语文教学的老师被认为是"万金油"、没有专业深度，在晋升职称、科研经费投入等方面处于边缘化的状态。就连申报"精品课程"，也无法同专业课在同一起跑线上，"基本没有申报的希望"。一方面，有水平的老师不安心本课程教学，都想拼命挤向专业课教学，许多学校只好指派刚刚参加工作的年轻教师或课时不够的教师去教大学语文，有些学校甚至安排研究生授课；另一方面，年轻教师又没有太多驾驭大学语文课堂的经验，他们中也很少有人愿意长期从事大学语文教学，大多只是把大学语文教学作为过渡，教学效果可想而知。

（三）学生方面

很多大学生认为汉语是母语，在小学和中学已经学习了十几年，没有必要再花费精力去学习大学语文。因此，在当前严峻的就业形势下，在实用主义和急功近利心态的驱使下，大学生们把绝大多数时间用在了专业课和外语学习上。大学语文课往往到课率很低，就是到课的同学中，也有一部分人"身在曹营心在汉"——在大学语文课上学习英语或专业课。

二、大学语文教育改革思路

（一）转变教育观念

大学语文在高校境遇的根本改观有赖于教育管理部门、学校领导者教育观念的改变。只有提高了对大学语文重要性的认识，从政策、制度、课时、师资、教改、学分权重等方面对大学语文加以支持，才能充分调动教师和学生的积极性，使大学语文教育逐步走出低谷。

可喜的是，目前国家教育部和一些学校日益认识到大学语文课的重要性和必要性，纷纷采取措施改变大学语文课在高校中的尴尬境遇。

2006年9月，《国家"十一五"时期文化发展规划纲要》指出，高等学校要创造条件，面向全体大学生开设中国语文课；2006年年底，教育部高教司在湖南召开"高等学校大学语文教学改革研讨会"，建议全国各高校面向全体大学生开设语文课，以强化母语意识，深化大学语文教学改革。

虽然因高校课程设置问题涉及高校办学自主权范畴，教育部未对高校大学语文课程开设作硬性规定，该课程如何设置由学校自行决定。但这一建议还是得到了与会各高校以及语言专家的大力支持，北京大学、清华大学、北京航空航天大学、南开大学等多家高校把语文课列为必修必选课。此外，华中科技大学也已决定面向所有本科生开设"中国语文"必修课程。江西理工大学则规定，全校理工科学生都须选修"大学语文"课程才能获准毕业。

（二）积极进行教材改革

近些年来，各地高校纷纷组织人员自编大学语文教材，教材的出版和使用处于一种无序状态。据了解，从 20 世纪 80 年代以来，我国馆藏大学语文教材达到 1402 种，用于现在大学语文教育的教材在 100 种以上。在某些地区和单位存在着"劣币驱逐良币"的现象。一些教师出于职称评定等因素的考虑，自编教材给学生使用，还有少数学校关起门来使用自编教材，这些教材普遍水平较低，有的甚至"照搬"别人的材料。

总体来看，大多数大学语文教材在编写体例上遵循文学史或者文体模式：以文学为主要内容，或按文学体裁组成教学单元，或按文学发展史线索组织教学。教材内容与中学语文并无根本区别，过于偏重知识性、工具性，无法适应当前时代的发展，也无法适应当前大学语文教育改革的需要，被戏称为"高四语文"。

在舆论的重压下，一些大学语文教材纷纷改版。华师大新版《大学语文》在编写过程中，曾向 60 多所高校作过调研，广泛听取了要求与意见，大量渗透进近些年呼吁比较强烈的人文精神与审美能力的培养。从体例上看，不再采取按文学史或文体排列的方式，而是根据实际内容或特色分组排列，分以民为本、心怀天下、和而不同、品格修养、社会人生、人情世态、乡思亲情等 12 章。在内容方面，删掉了与中学《语文》教材篇目重复的若干篇，新选篇目约占全书的 30%。北京大学出版社的《大学新语文》、高等教育出版社的新版《大学语文》等，在编写体例、选本范围等方面均做了重大调整。《大学新语文》按 16 个主题词立章，依次是：青春、大学、仁爱、情恋、自由、良知、敬畏、乡愁、记忆、英雄、坚忍、希望、自我审视、反讽、诗意、自然，每个主题词都从一个特殊的角度指向有利于大学生"精神成人"的维度。它力图打破以文学阅读为中心的老套路，将大学语文教育定位在人文教育的高度，通过引导学生感受、领悟语言文字的巨大魅力，激发其追问生存的意义和存在的真相，培养学生的独立精神和自由思想，铸造其健全的人格与人文关怀意识。

另外，传统大学语文教材课后的"思考与练习"过于呆板、僵化，很难调动起学生们的学习积极性。他山之石，可以攻玉。《美国语文》中设置的"问题指南"，可以带给我们一些思考和借鉴。

2004 年 8 月，同心出版社新出三册一套"中英文对照"的《美国语文——美国著名中学课文精选》。《美国语文》最见功夫的地方，在于范文之后"问题指南"里的"文学和生活""阅读理解""思考""文学聚焦"，以及它的"点子库""微型写作课"等，那是紧贴现代生活的、创意非凡的，着眼于启发、培养、提升学生在面对高度现代化的实际生活时，所需的各种应变、应用能力。希望学生多多利用图书馆、因特网等现代文明成果，把研究与实际生活、环境条件紧密结合起来，不断提高学生自身的能力水平。

另外，《大学新语文》对此也做出了有益的尝试。该书每章结束后设有"编者点击""圆桌议题"和"阅读链接"。"编者点击"是将编者对选文独特的理解和不俗的思想融于其中，与选文相映生辉。"圆桌议题"根据本章选文内容给出相应的思考题，深化学生对该章主题的进一步理解。"阅读链接"是编者根据自身多年的阅读经验，根据本章主题开列的进一步阅读书目，目的是深化学生对该章主题的进一步理解，拓展学生的阅读空间。

（三）教学方法改革

目前，全国大多数高校大学语文课时都比较少，教师多沿用中学语文的逐篇分析字词句段篇章结构的串讲之法。这种逐篇细讲的一言堂方式，一是耗时多，教材利用率极低；二是在整体上缺乏宏观思维与逻辑性，教学呈现一种无序状态，知识紊乱不成体系；三是教师漠视学生作为鲜活的生命与个体的存在，把学生当成录音机与抄写机，学生不可能有学习积极性；四是语文的审美性与人文性的特质很难体现。

要想调动大学生对大学语文学习的积极性，必需在教学方法上进行改革。众多的专家学者在教学实践的基础上，对大学语文教学方法进行了有益的研究和尝试。如：彭书雄提出了"文本中心内容发散教学法"，以文本内容为中心，向四面八方发散，把与文本相关的内容、知识收集起来，形成小课题，集小课题为专题，实行课题式的专题化教学。运用"文本中心内容发散教学法"，有利于扩大课堂知识信息量，拓宽大学生的知识平台，实现人文素质教育的目的。此外，可将课题交给学生，分组查找资料和讨论，然后小组代表班上交流。这有利于双向互动，调动学生学习的主动性；也有利于学生学术水平和创新能力的提高，并进一步加深对文本主题的理解。杨建波提出了"以一带十、牵三挂四、以约反博"的教学方法。所谓以一带十、牵三挂四，就是以1到2篇有代表性的作品带动一批即一单元的作品。这里关键是要抓好"一"或"三"，教师以基本理论、规律为指导，着重引导学生阅读赏析好1或2篇，其余的篇目可放手让学生自己去阅读、领悟、探讨。

经济全球化带来了全球网络化的时代，大学语文教师要努力研究资讯时代科技在教学上的应用，在教学中增添科技元素，尽可能多地介绍语文知识网站、文学媒体，使互联网成为大学语文教育的辅助，使学生尽可能多地接触到大量的文学、文字材料。教学中尽可能使用多媒体，做到图文并茂；视听结合，如临其境。

南开大学将知识性的课程内容放在网上，让学生们自己写作、看材料，课堂上则采用灵活的手段对硬性的知识点进行补充。江汉大学实验师范学院中文系《大学语文》教学研究室在校园网上开辟了"大语教室"，为每个老师开设"办公室"、学生作业区。老师将自己备课的内容用教学步骤全部放在"办公室"里，对学生作业可以在网上浏览批阅留言。学生还可以及时跟帖、反馈信息。有的大学语文教师抓住青年学生喜欢写博客的特点，用博客激活语文教育，对学生进行语言训练。实践证明，这样的教与学得到了学生及大学语文任课教师的欢迎。

此外，要形成课堂内外结合、互动的学习氛围，这在将大学语文列为选修的理工科大学尤为重要。采取吟诵、讲演、辩论、模拟求职面试、答辩、读书会、论文赛等多种形式，激发和调动起学生学习语文的兴趣和积极性。这些活动既可与文学社等学生社团配合，也可以校园网、校刊、校报、专栏为平台。

（四）加强师资队伍建设

要切实提高大学语文的教育效果，最为重要的是不断加强师资队伍建设。要通过制定政策，千方百计吸引学有专长的专家教授投身到大学语文教育中来。要不断提高大学语文教师的待遇和地位，为他们的教学工作和个人成长积极创造有利条件，营造一个拴心留人的环境和氛围。例如，吉林大学成立了20多人的大学语文教研室，有博导2人，硕导5人领导和参与，投资8万元用于大学语文优质课程建设；华中科技大学、上海交大、西安交大分别投入数百万元建设文化素质教育基地，在全校实行语文水平测试制度。东南大学的大学语文课首次被教育部评为"精品课程"，同时又获得了国家级优秀教学成果奖。南开大学还在全国首先设置了"语文高等教育"博士学位授权点，以供想继续深造的大学语文教师攻读博士学位。

大学语文课能否开得好，开得生动活泼，还取决于大学语文教师的自身素质、师德风范、敬业精神。大学语文涉及古今中外的文学作品，附带要讲的还有古汉语知识、文艺理论、哲学、艺术以及宗教，等等。这就要求大学语文教师要刻苦钻研相关学科知识，不断加强自身的知识储备。大学语文教师要认识到大学语文对于大学生思想道德建设的重要作用，树立起德育是每位教师的"必修专业"的职业意识。深入挖掘大学语文篇目中的德育资源，充分利用大学语文情感育人功能，不断陶冶学生的情操，潜移默化地提高大学生的汉语应用能力和思想道德水平。此外，大学语文教师还必需加强自身的政治思想修养和道德品质修养，树立献身教育、敬业爱岗的师德风范，以身作则、为人师表，以高尚的师德和人格感染学生。

（五）考核方式改革

评价体系在教学活动中的地位不亚于教学过程本身，而且发挥着风向标的作用，直接影响着教学活动的方向和教学目标能否实现。传统的语文教育长期以来受应试教育的影响，学生的学习效果，仅仅通过一次考试、一张试卷来决定。这不符合当今素质教育的要求，也培养不出创新型的人才。因此，必需改变传统的考核评价体系，建立起能全方位考核学生综合素质能力的开放式与灵活性相结合的全息化评价体系。其具体做法是强调学在平时、考在平时，把过程与结果放在同等地位。不仅要理解学生的学习结果，还要了解得出结果的过程，以掌握学生学习的全部信息。与此同时，也要把基础知识的考察和创新能力的考察放在同等地位，强调超越前人、挑战权威的意识和做法，将学生的创新能力纳入评价体系之中，以最终实现素质教育的目标。

另外，也可借鉴一些院校实行的语文水平测试制度。在课内只做练习，不考查。一学年后在全校统一进行读写水平测验。未过关的可参加下次测试。如毕业时尚未通过，允许以后返校补考及格再发给学位文凭。

改革开放和市场经济的建立，给人们的生活和思想带来了巨大的变化。在社会上一些不良思潮和西方文化的侵蚀下，一些大学生的世界观、人生观、价值观发生了扭曲和变异，表现出一些思想道德问题。

本研究在分析当代大学生思想道德状况的基础上，从间接德育的视角出发，对中国传统文化和传统道德进行了研究，对高校中国传统文化教育主要载体之一的大学语文课程现状、原因、对策及改革思路进行了探讨，以期更好地发挥大学语文的情感育人功能，在"不经意间"对大学生进行潜移默化的思想道德教育。

毋庸置疑，"两课"等直接德育在大学生思想道德教育中起着主渠道、主阵地作用，中国近现代文学和外国文学对大学生的思想道德建设同样具有重要的意义，值得另文深入探讨和研究。

由于个人水平和时间、篇幅的限制，在搜集资料的过程中难免有所遗漏，对中国传统文化的理解难免有所偏颇。大学语文在高校中边缘化地位的根本改观是一个长期的过程，涉及教育观念转变、教学方法改革、教材改革、师资队伍建设、考核方式改革等多个方面，需要广大高校语文教育工作者在教育理论和教学实践中长期摸索和不懈努力。

第七章 体育教学与当代大学生思想道德建设

第一节 体育教学内涵

一、体育教学的概念

经历漫长的社会发展，人类的本能活动（走、跑、跳、攀、爬、投等）形式不断进步，其功用也由原初的生存技能扩展到身心并需的一种文化形式，人们赋予它丰富的精神意义及社会意义，后来人们称这种文化形式为体育。

体育教学是教育的下位概念，是整个教学的一个有机组成部分，同时又是一个具有鲜明特征的过程。体育教学是教与学的统一活动，是学生在教师有目的、有计划的指导下，积极主动地学习与掌握体育、卫生保健基础知识和基本技术、技能、锻炼身体，增强体质，促进健康，发展运动能力，培养思想品德教育的一种有组织的教育过程，是实现学校体育目标的基本途径之一。

同时，我国学者对于体育教学的界定有以下几种观点。

一是强调体育教学的双边性。如陶景阳指出，"体育教学是指实现体育教学目的和任务的基本途径，是以体育课内容为中介的师生双方在教与学两个方面的双边活动。毛振明指出："体育教学是以体育教学内容为中介，以学生身体参与为特征的师生双边活动。"

二是强调体育教学的教育性。如于长镇指出，"体育教学是在教师的指导和学生的参加上，按照教育方针和体育教学大纲的要求，锻炼身体，增强体质，学习和掌握一定的体育卫生保健知识与技术、技能，培养思想道德品质的有目的有组织的教育过程。"

三是强调体育教学的技能练习。如张洪潭指出："体育教学是在体育教师和普通学生之间开展的运动技术传活动。"

从以上各种体育教学的不同界定中可以看出，体育教学具有传授知识、增强体质、培养良好的道德品质等多项功能，属于复合型教育，体育教学是一种身心发展的综合教学，这是对体育教学对学生道德品质的培养与塑造作用是积极的确切表达，也是对体育教学在学校教育中的地位的更为恰当的肯定。可见，培养学生良好的思想品德，塑造完美人格、具备竞争意识和协作精神是体育教学的基本目的和任务之一，体育教学承载着对学生进行道德教育的任务。

二、体育教学的特征

"动"是体育教学的主要特征，生命的意义、生命的价值、生命的智慧在"动"中得以张扬。体育教学的特征可以从区别于其他教学的主要特征中去发掘，一般说来，其主要特征应当是其他教学所不具备，为体育教学所特有。什么特征是体育教学特有而其他教学不具备的呢？

（一）身体练习

身体练习是体育教学所特有的，只有体育教学中才存在身体练习，而其他教学中不存在身体练习。传统的体育理论揭示了体育教学的这一主要特征，并进一步指出承受一定的运动负荷也是体育教学的主要特征之一，这种结论是正确的。但是在具体论述的逻辑层次上不够清晰，还缺少另一个方面。实际上，把身体练习和承受运动负荷并列起来并不合适，因为身体练习中本身就存在着运动技能和承受负荷两个方面的表现形式。可以这样理解，承受负荷是隶属于身体练习的一部分，而身体练习包含着承受一定负荷，身体练习这一特征不能只有一个表现形式，它还有一个更重要的表现形式，这就是技能学习，它也是体育教学所特有的。于是，我们可以从学习内容上进一步理解体育教学的特征，身体练习是体育教学的重要特征，该特征可以引申出两个主要的表现形式，其一是技能学习，其二是承受一定的运动负荷。

（二）创新性特征

现代体育具有更为强大的创造和更新文化的特点。其一，现代体育为高校校园教学的不断更新发展，提供促进身心健康、具有创造活力的内容形式；其二，现代体育与校园文化紧密结合，成为促使校园文化发展的一个重要渠道。体育运动是与外界联系的一个重要的窗口，通过相互之间的交流，不仅对体育运动本身的交流，也是双方友谊、意识、精神面貌、文化底蕴等方面的学习交流；在体育运动中所提出的新概念、新观念和新模式，潜移默化地影响了大学生的精神生活。以往的体育教学与运动训练，不管其对象的兴趣和未来的需求，只重视眼前利益——"达标"。而如今更侧重于"健身育人"和"夺标育人"的思想，即在体育运动的过程中既要管对象"一阵子"，也要管其"一辈子"。健身和夺标是近期目标，育人则是终极关怀。此外还有体育运动方式层次上的创新和体育运动操作层次上的创新。随着信息社会的到来，高校校园信息来源渠道的增加，国外及校外的各种社会体育形态，管理方式开始进入大学校园，大学生的体育倾向开始流向外界，从而结合本校特征的新型体育方式走向大学校园。"更高、更快、更强"的奥林匹克精神，已成为大学生在学习、生活中的指向，而这种进取精神不仅仅是为了个人，更多地表现为了集体、社会和民族。

三、体育教学的功能

体育教学的功能具体表现在以下几个方面：

（一）身心俱健功能

1948 年世界卫生组织在宪章中指出："健康不仅是免于疾病和衰弱，而是保持身体上、精神上和社会适应方面的完善状态。"《大不列颠百科全书》也将健康定义为"是个体长期适应环境的身体、情绪、精神以及社会方面的能力。"这两个权威概念改变了以往健康仅指无生理功能异常、免于疾病的单一概念，阐明了人的健康应该包括身体、精神和社会三个方面的健康，可以说"身心俱健"是师生们追求的最高境界。体育教学是通过多种多样的形式体现出来的，师生们主要通过参加体育活动来促进身心健康。众所周知，体育运动能改善和提高中枢神经系统的功能，使人头脑清醒、思维敏捷；通过体育运动能促进内脏器官的生长发育，塑造健美的体形，有效地提高人的劳动效能和运动能力；经常参加体育运动能使人朝气蓬勃、积极向上、充满活力、生活愉快、消除意志消沉和情绪沮丧等不良情绪，调解人的心理状态，使人性格豁达，从而提高适应自然环境和社会环境的能力、提高对疾病的抵抗能力。因此，丰富的校园体育教学能积极促进全校师生员工身心的健康发展。

（二）育人功能

马克思关于教育的经典论述从来都把体育作为学校教育所不可缺少的组成部分，始终重视它在这个特定领域里对培养全面发展的人才所起的重要作用。学校是一个相对独立的教学环境，而校园体育教学是一种相对独立的教学体系，它以一种无形的力量对处于该环境中的每个人产生潜在的教育作用，并将他们逐渐同化为群体中的一分子。校园体育教学的育人功能主要表现在它的潜移默化性、暗示性和渗透性，这种暗示性与其他课堂教学的课程对学生的单项灌输为主的教育所不同的是：通过在体育活动中统一的规则、规范的行为和严密的组织，使参加者和观赏者自觉或不自觉地接受体育文化的教育，培养学生将来担任社会角色所应具备的修养和素质，以适应未来社会生活和工作的需要。

（三）娱乐功能

大学校园的生活紧张而单调。对于学生而言，紧张的学习、考试的压力、就业的迷茫使他们在周而复始的教室、宿舍、食堂三点一线的生活轨迹中感到焦虑和疲劳。在繁忙的教学、科研中，教师们逐渐将工作占据了生活的大部分时间。在这种情形下，校园体育教学通过休闲项目、竞技项目、宣传媒体等形式，发挥了其独有的娱乐功能，能使师生们暂时忘记现实的烦恼和焦虑，在感受体育文化熏陶的过程中松弛情绪、消除疲劳、解除压力、保持乐观的情绪，达到陶冶情操、净化心灵、享受生活乐趣的目的，更加有利于保持清醒的头脑、旺盛的精力和无限的创造力。正如贝弗里奇在《科学研究艺术》一书中写道："娱乐和度假主要是一个个人需要的问题，但科学家如果连续工作的时间太长，就会丧失头脑的清晰和独创性。我们大多数人都需要娱乐和变换兴趣，以防止变得迟钝、呆滞和智力上的闭塞。"

（四）沟通功能

由于传统的教学方式以及现代通信技术的发展，人与人的交流沟通存在着明显的障碍，而这种障碍所显现出的弊端也越来越突出。体育教学可以通过丰富多彩的体育活动创造学生与老师、老师与老师、不同专业、不同年级、不同性别之间的个体的交流，增进彼此的情感，改善不和谐的人际关系，打开许多封闭的"壁垒"，从而使学校获得空前的凝聚力和向心力。体育教学还是加强校际合作、提高学校声誉的重要因素。随着教育改革的不断深入，校际交流的不断频繁，校园体育文化作为校际间交流的独特手段其桥梁作用不容忽视。

（五）社会功能

社会化是每个人都要经历的。所谓社会化是指个体通过学习知识、技能和社会规范，取得社会生活和正式社会成员的资格，形成和完善个性的过程。发展体育教学的意义在于通过体育的影响力促进转型社会中人的自身全面现代化。社会生活的现代化加速了人们的工作和生活节奏，脑力劳动不断增加，体力劳动逐渐下降，致使整个社会人口出现以脑力劳动者为典型的"肌肉饥饿""运动不足"等现象，文明的发展以人的本能退化为代价。随着我国市场经济的快速发展，高校学生面临的将是一个竞争日益激烈的社会环境，学生们在入学中除了要获取各种专业知识技能之外，还要为自己的社会化转变做好准备。高校是大学生的社会化转变过程中的重要场所，对促进和培养青年学生做合格的社会化人有着不可替代的作用。校园体育教学中遵循的优胜劣汰原则、公平竞争意识、顽强拼搏精神、开拓创新的精神都使生活在校园中的个体有意无意间实现精神、心灵、性格等方面的塑造，从而使个体与社会环境和要求之间相适应，实现相互的协调和平衡，适应社会的发展方向，把大学生塑造成为敬业守职的社会成员，从而达到社会化的目的。

（六）传播功能

高校是培养高层次、应用性、创新性人才的重要基地。通过校园体育教学可以广泛传播体育思想，提高师生员丁的体育意识，创造积极向上的氛围，指导正确的体育行为。同时，各个学校的体育运动队通过参与校际间的体育比赛这一对外窗口，不仅展示了运动队的竞技水平和精神面貌，也可以间接地反映学校的综合实力和办学水准，无形中为学校树立了良好的社会形象。

四、体育教学的价值

体育作为一种教学形态存在于校园中，它的作用是其他任何教学形态所不能取代的，体育已经成为校园的重要组成部分，它的存在和发展，有助于完善和健全校园的文化，也有利于师生自身的协调和发展。首先，体育教学的价值在于它在不断改造和创造着环境。体育教学作为一种形态和现象的伟大意义和价值在于，同人类通过劳动改造和创造环境一样，体育也改造和创造着环境，只是这一环境并非外在的自然环境，而是人类自我的个性生理环境，乃至社会群体的生理、心理环境。其次，体育教学的价值在于它是师生向自身、向社会人的"复归过程"。从体育活动的行为和方式来考察体育，可以认为体育运动只不过是一种强健自身使潜在能力开发的过程；但从文化的角度来看，体育的价值绝非仅仅如此。就是说，体育不仅仅是人类生物能量的开发和释放，从根本上说，体育是通过人和为了人而对人的本质真正占有的过程，是人向自身、向社会的（即人的）复归过程（马克思语）。最后，体育运动作为校园一种实践活动的价值是在于人自身的价值。马克思曾经说过任何一种解放都是把人的世界和人的关系还给人自己。体育运动作为校园一种实践活动的价值是在于人自身的价值，即师生的全面、自由、和谐的发展，是师生的身心的完美展开和全面实现，是个体人格和社会人格的和谐与统一。

第二节 体育教学是加强当代大学生
思想道德的重要途径

　　思想道德教育是学校教育的重要组成部分，国家的有关文件已经明确指出，学校是进行思想道德教育的主渠道，必需按照党的教育方针，把思想道德教育工作摆在素质教育的首要位置，贯穿于教育教学的各个环节。要把弘扬和培育民族精神作为思想道德建设极为重要的任务，纳入学校教育的全过程。《公民道德建设实施纲要》也提出了加强基层公民道德教育的要求："要紧紧抓住影响人们道德观念形成和发展的重要环节，通过家庭、学校、机关、企事业单位和社会各方面，坚持不懈地在全体公民进行道德教育，把建设有中国特色社会主义的思想观念和道德要求，不断灌输到全体党员和干部群众的头脑之中，使人们懂得什么是对的，什么是错的，什么是可以做的，什么是不可以做的，什么是必需做提倡的，什么是坚决反对的。"2004 年 8 月，中共中央，国务院颁发了《关于进一步加强和改进大学生思想政治教育的意见》，进一步强调了道德教育的重要性，并对学校道德教育提出了新要求。

　　"德"在各类辞书中广有解说，《大不列颠百科全书》中的解释为"中国古代哲学术语，指人间以至宇宙一切事物的特殊属性"，"又指德行，道家认为德是道的表现形式，即是'道'的内涵本质。"《哲学大词典》对"德"这样表述，"中国哲学史和中国伦理思想史用语。①指道德，品质""②指事物从道所得的特殊规律或特性"。《中国大百科全书》基于道家哲学来解释"德"的概念，"道教义理中凡学道、求道而得道的，是谓有德"，"凡是符合道的规则，即可视为有德行"，"有德之身为道的显体"。《辞海》对"德"的解释是："①道德，品德；②事物的属性；③中国哲学术语，认为具体事物从'道'所得的特殊规律或特殊性质。"《语言大典》对"德"的释义比较完备，①道德品行的特征；②优良的道德品质的总体，常指道德上的坚定和卓越，加上果断、律己严谨、高尚的伦理观念、有魄力和善判断；③坚定的按照政治原则办事，非常笃实、诚挚和正直，不搞欺骗、权术、虚伪和各种肤浅的手法；④好心的行为和事实；⑤一个人的思想、倾向或愿望的集中的固定的方向。

一、现阶段大学生思想道德存在的问题

随着市场经济的建立和发展，体育道德也随之不断丰富和发展，其内容和形式也在不断变化。这必然会对学生、运动员和体育工作者的思想产生深刻的影响，使他们产生道德困惑、价值冲突。今天的学校已经不再是与世隔绝的世外桃源，学校越来越成为社会的缩影。大学生走入校园，给学校的校园文化生活增添了不少活力，但大学生的总体思想品德状况还是令教育工作者担忧。这主要表现在以下几个方面：

（一）缺乏社会责任感

责任感是指个体对自身在人类社会和自我发展中所承担的责任的一种意识，是对自己在道德活动中完成道德任务的情况是否满足其道德需要而产生的情感体验。与以往对那种"无我""忘我"的社会责任感的强调不同，今天的大学生越来越认识到自身的"独一无二"，时时处处不曾忘却"我"的存在和价值，对自己的身份和责任的认识比较偏激，往往重自己而轻集体、轻国家，他们关心自我，追逐名利，只讲权利，不尽义务，极少考虑社会责任感和社会价值。

（二）个人利益高于集体利益

在市场经济的冲击下，传统的"个人利益无条件地服从集体利益"的原则受到了质疑。现阶段大学生在处理个人利益与集体利益时，个人利益成了压倒一切的重中之重。与之相伴随的拜金主义、享乐主义、自私自利和损人利己的思想和行为也滋生蔓延开来。如在比赛中，队员只求突出个人表现，不顾集体配合，在场上相互埋怨，随意闹情绪。尤其是在训练过程中，有时需要其他队员进行陪练时，很少有人自愿出来做"绿叶"。他们在参加训练比赛中，很少认识到个人与集体的密切联系，不顾全大局，认为作"红花"才有出息，想到的只是自己参赛。有时因教练的战术因素，换人或要求其他队员顶替，也会引起他们的不满。因为一点小事就大闹情绪，总是想表现、突出个人，同时表现出保守狭隘、妒贤嫉能和不顾全大局的不良品质，个人主义膨胀、集体意识淡薄的思想意识和行为在中学特长生当中相当普遍。

（三）满足现状，缺乏自信心和进取心

自信心是体育竞赛胜利的根本保证，也是对体育事业探索追求的动力。自信心是进取心的基础，丧失自信心的人很难积极进取，缺乏进取心则难以突破自我，挑战成功。对于一些大学生来说，他们在给自己定位时，不能正

确对待自己的水平和潜力。比如水平较好的就与成绩持中的相比，成绩持中的就和成绩偏下的相比，总之，每个人都能找到比自己差的"参照系"，通过这种"比下有余"的比较，找到自己的心理平衡点。他们易于满足现有的水平状况，缺乏自觉思想。在他们看来，能够维持现有的成绩和名次就可以了，不必那么努力、刻苦地学习。有的体育生在参加比赛的时候，经常会与一些"老手"相遇，在经常失败的阴影下，没有信心战胜对手，便不思如何刻苦训练、提升自己，而是采用消极的战术，心甘情愿的输掉比赛；有些特长生在比赛中比分落后的情况下，不奋起直追，而是抱有"输了就输了"的无所谓的态度。

（四）自控能力差，易冲动，不讲文明礼貌

现代大学生经常在学校、同学之间发生打骂、斗殴现象。在走访调查20多所有学校中的统计表明学校中出现的打骂斗殴现象很多。这种打骂斗殴的起因往往是芝麻绿豆般的小事，有的事情小得简直可笑。在某大学教导处调查时，发现学校发生过一件通报批评七名体育特长生殴打一名普通中学生的事件，起因是在拔河比赛中，一班输给了二班，二班一名同学赛后说了一句"一班的同学没种"这句话，被一班一名特长生听见并告之其他队友，他们就为这样一句不中听的话殴打那个学生，致使他住进了医院。即使是发生了打架、斗殴的事件，他们也不会过多地反省自己的过错，反而经常以各种理由狡辩，认为同学对他说脏话，侮辱和侵犯了他们，他们才采用武力进行正当的报复行为。部分大学生的自控力差、易冲动，不懂文明礼貌，对学校的管理造成了一定的不良影响。

（五）作风懒散，纪律涣散

现在的大学生大多是独生子女，在家从不做家务，娇气十足。在学习上，他们以各种理由，经常不按教师的要求按时、按量完成课后家庭作业。在生活中，他们的作风也比较松散，纪律性不强，不遵守学校的规章制度，不按班级规章打扫卫生。经调查了几所大学学校的学生宿舍，发现一些寝室内近是乱糟糟的，杂物与生活用品乱扔乱放的现象随处可见。

二、体育教学对大学生思想道德建设的积极作用

体育作为素质教育的有机组成部分，是学校德育工作的重要阵地，肩负着提高学生思想道德素质的重任。学校体育中的体育教学是实现学校体育目的、任务的主要途径，对学生进行道德教育是体育教学的一项重要任务。体

育教学具有鲜明的开放性、直观性、动态性、实践性、交往性、社会性、突发性、即时性，这些独特的、有别于其他教学的显著特点，是体育教学中进行道德教育的优势所在。可见，学校体育教学是道德教育的一种良好途径和方式，是对学校德育工作的有力补充和加强。需要明确的是，思想道德教育是体育教学的目标之一，要正确摆正它的位置，处理好二者之间的关系，这是研究过程中必需正视的前提。学校的任何一门课程都有德育的任务，在体育教学中进行思想道德教育有区别于其他教学的独特性，应根据体育教学的特性和学生学习的特点，有选择有意识地进行道德教育。但不能过分夸大体育教学的德育功能，不能为了道德教育的任务而忽视了体育教学自身的任务。

（一）体育教学能够在哪些方面促进大学生的思想道德建设

体育是人才培养的重要环节，体育教学能有效地培养大学生的爱国主义和集体主义精神、竞争意识、自强自立、坚忍不拔的个性，养成良好的卫生习惯和生活方式，同时促进大学生的社会化。

1.爱国主义精神

爱国主义是学校教育的核心内容之一，是学校教育永恒的德育主旋律。在体育教学中应教育学生热爱党、热爱祖国、热爱集体，加强爱国主义精神。我国体育健儿在国际比赛中取得的光辉成就，极大地激发了亿万人民，特别是激发青少年学生的爱国热情，成为一种巨大的精神力量和民族凝聚力。事实证明，在社会主义市场经济条件下加强体育道德教育必需围绕爱国主义这一核心。因为国家是代表一定阶级利益的政治实体，一般讲社会主义国家的国家利益代表广大人民群众的最高集体利益，个人或团体在竞争中奋力拼搏和积极参与的首要动力就是一种国家的荣誉感和自豪感。一个运动员的竞技水平、精神风貌常常代表一个国家的民族精神，运动员在赛场上的胜利，无疑代表了一个国家的胜利。在当今世界体坛，一个运动员的竞技水平已逼近人的生理极限，要想获得骄人的战绩，除了具备强健的体魄和完美的技术动作，就要看一个运动员能否将自己的事业同祖国、民族的利益和荣誉联系在一起。1997年，放弃日本舒适生活回到祖国执教的男排主帅汪嘉伟，接手中国男排第一课就是在北京天安门广场观看升国旗仪式。在以后的训练中，他抓住每一机会向队员进行爱国教育，"为国争光""为国拼搏"成为中国男排奋发向上的精神动力。1997年9月在亚洲男子锦标赛上，中国男排众志成城，获得了久违18年的亚洲冠军，五星红旗高高飘扬在赛场上空。类似的例子还有中国女排、中国乒乓球队、中国羽毛球队等，无数事实表明，只有加强爱国主义教育，才能将体育道德转化为良好的体育竞赛意识，从而取得优异的成绩。

2. 集体主义精神

体育教学具有严格的组织形式和活动规则，要求参加者自觉遵守，尤其是集体运动项目，每位参加者都是整体中不可缺少的环节，要认识到自己的特点、长处和集体的部署安排，随时观察，注意环境的变化，并清楚了解同伴的情况、状态和战术设计。通过参与者之间的联系、合作，围绕共同的目标最大限度地发挥个人水平，才能培养学生强烈的责任感、义务感、组织纪律性和团结互助、爱护集体的意识。一般说来，个体应为集体的巩固和发展，自觉地做出自我牺牲。个人利益的正当性，不能离开它与社会的关系去孤立地理解，个人对自身利益的追求，也不会没有任何的社会约束。体育运动中所出现的拜金主义、个人主义等诸多不道德现象，根源不在于人们对自身利益的关注，而在于割裂了个人与集体的联系，把个人利益的实现与整个体育事业对立起来。因此，从思想上来说，要克服体育运动中的各种不良现象，就必需继续坚定不移地坚持集体主义的价值导向。

3. 促进身心健康发展

体育运动对人进行生物学改造，能改善和提高人体各器官系统的形态和机能的作用。其一，体育运动促进人脑清醒，思维敏捷。在体育运动的过程中，参加者大脑处于一定的紧张状态，促使大脑皮层细胞兴奋与抑制的过程的活动加强，从而改善神经系统的均衡性，提高大脑的综合分析能力。其二，体育运动促进骨骼、肌肉的生长，并提高他们的质量，骨骼变得更坚韧，提高了抗折、抗压、抗弯的能力，运动使肌纤维增粗，使肌肉逐渐变得结实、有力。其三，体育运动改善呼吸系统功能：肺是呼吸系统的重要器官，具有气体交换的功能，体育锻炼能使呼吸肌更加发达，胸围扩大，呼吸肌加强，呼吸加深，透气量和肺活量加大，运动能使人体中更多的肺胞参与工作，从而使肺胞富有弹性，增加肺活量。其四，体育运动促进心血管功能。体育活动加速血液循环，以适应肌肉活动的需要，在结构上改善了心血管系统。体育锻炼使心率增加，心脏血流量加大，增强了心肌的代谢，从而提高了心脏的机能。

4. 培养意志，发扬顽强拼搏精神

意志品质是指一个人的果断性、坚韧性、自制能力以及勇敢顽强和主动独立等精神；它是在意志行动的各个阶段所表现出来的稳定性的行为特征。意志品质既是在克服困难的过程中表现出来的，有时又是在克服困难的过程中培养出来的。在意志品质方面，大学生的独立意识和自觉性明显增强，对自己的行动的目的性和社会意义有较清晰地认识。但果断性、自制力和坚毅性存在着较大的个体差异，意志品质方面表现出极大的不稳定性。

自体育从社会生产劳动中剥离出来后，人们不断的利用它向自身极限挑战。每个人在任何一次的冲击极限的过程中，面临的不仅仅是非凡的体力和能力的考验，更重要的是与极限的抗争中所表现出来的顽强的意志品质和拼搏精神。竞技体育在广大青少年学生中的影响力与日俱增，从培养大学生社会化的角度看，利用竞技体育的发展，注重树立健康向上的社会形象，倡导拼搏进取的社会价值观念和奋发图强、精益求精的进取精神。

充分发挥体育运动竞技特点，培养大学生的顽强的意志品质和拼搏精神。如北京大学"山鹰社"之所以有如此大的感召力吸引许多青年学子的参与，他们在参与训练和征服大自然的过程中获得意志的磨炼，他们在不畏艰险的奋斗过程中自觉弘扬顽强的拼搏精神，以养成对真理执着的追求和对人生目标的坚定信念。

"更快、更高、更强"的奥林匹克格言向人们昭示着一种顽强纷争、尽力拼搏的体育精神，同时也是一种不断超越，奋力拼搏的人生信念，大学生就是在不断追求中，锻炼自己的意志，培养积极进取，奋力拼搏的精神品质。

5. 关怀他人，团结协作

现实中，很多体育运动侧重于耐力、速度、柔初、力量，以及肌肉、骨骼性能的提高。实际上，不仅要提高人的所有能力、器官、系统的发展，更要从整体上融合，发挥人作为有思考、有情感、有创造力的角色作用。体育活动更应侧重于游戏，而游戏本身就意味着自由和快乐，在欢声笑语中，在积极地参与中，在共同的乐趣中成就人的心理学层面和社会学层面。目前部分大学相继推出学生自主选择体育课的方式，传统的田径课程受到严峻的挑战，相反，趣味性和实用性的篮球、排球、足球、乒乓球、羽毛球、网球、健美操等项目深受学生的喜爱。

体育的核心层面即体育精神，其中的相互了解、友谊、团结协作的精神，在促进人们的交流，建立和谐的文化氛围，走出各自狭小的个人利益，体育运动的很多项目都是在集体协作的情况下完成的。社会化大生产使人们真正意识到"合作"的重要性，人们无时无刻不是处在一个又一个的"群体"之中，而大学生的学习、生活和开展的各项活动中需要有分工明确的团队，在一种博爱包容中共同完成所需任务，汲取别人的优点，不断丰富自己，达到一种共赢的目的。

（二）为什么体育教学能促进大学生的思想道德建设

体育教学内容的分类方法多种多样，这是由于对体育教学内容的理解和采取不同的分类标准而形成的，归纳起来包括以下五种：根据人体基本活动能力分类、根据身体素质分类、根据运动项目分类、根据教学目的分类、综合分类。教学内容中多数都含有明显的积极因素，作为体育教师要善于挖掘其深刻的内涵，对学生进行道德教育。体育教学的内容很广泛，每项教材都有其鲜明的独特的教育性，教师要善于挖掘其深刻内涵，结合不同的教材特点以及学生的实际情况，有目的有计划地实施道德教育。田径项目应着重锻炼学生的意志品质，培养学生不怕吃苦、不怕困难、坚忍不拔的精神；体操课教学可以培养学生勇敢顽强、机智、果断等品质；球类课教学可以培养学生团结协作、认真负责的精神。体育教师在体育教学中，应当深入钻研教材，充分发掘教材的思想性，结合学生特点确定道德教育的具体任务，制定相应措施，以确保道德教育任务的完成。

1. 田径

田径包括的内容是生活、生产中具有实用价值的人体基本活动，其划分为跑、跳跃、投掷三个部分，各部分对学生的教育价值是不同的。障碍跑具有征服障碍的勇气，培养勇敢和克服困难的意志品质；接力跑以控制好情绪，增强自信心，具有良好的团队合作精神和体育道德；耐久跑可以培养坚强的意志，勇于克服困难的精神，锻炼中不断克服"极点"，以及追求目标的坚定信念和持久努力；快速跑可以培养珍惜和节约时间的观念和习惯；跳跃与投掷可以培养勇敢、冷静、果断、自信、勇于进取和克服困难的意志品质，折射出人类超越空间的努力和对拼搏进取的崇尚。田径项目中耐久跑"极点"的出现，以及投掷项目中安全意识的教育，都是道德教育的良好时机，其学习目标要着重强调培养学生坚强的意志，不怕苦、不怕累，坚持到底和团结合作的精神，并能忍受枯燥、单调的学习方式。

2. 体操

体操包括基本体操（队列队形、徒手操、轻器械体操）、技巧、支撑跳跃（山羊、跳箱、跳马）、单杠和双杠，各个项目可以培养不同的道德品质。基本体操培养耐心、遵守纪律、团队合作的品质；单双杠培养沉着、冷静、坚毅、顽强、勇于克服困难的品质；支撑跳跃体操运动中特别要求学生相互保护与帮助，可以增强学生强烈的责任感和安全防范意识。该项目可以塑造学生健美、协调的身体形态，增强组织纪律性（自制、他律），提高注意力、自控力、自信心、进取心，培养果敢、沉着自信的品质和刻苦、克服困难的精神；培养同学间团结协作、互相帮助的品质；提高安全意识以及社会适应能力。

3. 球类运动

球类运动包括足球、篮球、排球、乒乓球、羽毛球等，足球可以提高交往与合作能力，调控心理状态，培养勇敢顽强的意志品质；篮球对培养机智灵活、勇敢顽强、团队精神具有重要价值；排球可以改善人际关系，培养合作意识，学会尊重对手；乒乓球、羽毛球可以培养沉着机智、乐观向上的品质。球类项目集体性、竞争性强，综合效果好，学习目标要求相互配合、勇于竞争、机智果断，具有群体意识，充分利用集体的智慧，不突出个人主义。要求裁判公平、公正，要防止侵人犯规，如阻挡、撞人、拉人、非法用手等，如运动中的抢截、封堵、挤过、穿过、绕过、关门、夹击、绊人等都潜藏着道德教育的时机。

4. 健美运动

健美运动包括韵律活动和舞蹈，融音乐、表情、动作为一体，具有韵律感，具有活泼愉快、节奏鲜明、灵活自由、舒展大方的特点。健美运动能塑造优美的身体姿态，陶冶活泼开朗的性格，发展健康、活泼、自我表现等心理素质，树立文明大方的行为举止，培养正确的审美观和美的情操，建立良好的人际关系，发展想象力、表现力和创造精神。

5. 民族传统体育

武术融手、眼、身、法、步浑然一体，强调精、气、神的统一，强调内外兼修。体育教学中要加强武德教育，让学生在学练中磨炼意志品质、陶冶情操，培养民族自尊意识、自豪感，增强民族自信心。武术礼节是中华武术精神文明的具体体现。"未曾学艺先学礼"，抱拳礼、持器械礼表示对老师的尊重和求学的真诚，比赛和表演时表示对裁判员、观众和对手的尊重。注目礼要身体直立，因视老师或对自己帮助的同学，要心怀敬意。"习武先习德"是习武者的传统美德，绝不能以强欺弱，防卫时也只能点到为止，严禁用武术打闹或打斗。游泳可以培养学生自制力、忍耐力及生命意识，培养勇敢顽强、吃苦耐劳、磨炼意志的精神，以及勇于挑战自我的勇气及稳定的心理素质，体育教学中可以通过水上救护的学习培养学生尊重生命、关爱他人。

（三）怎样在体育教学中促进大学生的思想道德建设

体育教学中的道德教育与技能教学和锻炼身体、增强体质是统一的、相互作用的，道德教育为完成体育技能教学，增强体质提供了保证；反过来，通过传授体育知识、体育技能，在增强体质的过程中，也对学生进行了道德教育。从教学目的看，体育教学与道德教育是一种手段与目的的关系，即体育教学是进行道德教育的手段，道德教育是体育教学的目的之一；从教学内容看，体育教学与道德教育是一种载体关系，即体育教学的内容是进行道德教育的载体之一；从教学过程看，体育教学与道德教育是一种途径关系，即体育教学是进行道德教育的主要途径之一，可见，道德教育存在于体育教学的各个方面。

1.体育课堂常规与道德教育相结合。

课堂常规是把体育教学中必需遵守的要求和措施加以规范化和制度化，建立和执行课堂常规的过程是培养学生的良好作风，对学生进行组织纪律教育的一条十分重要的渠道。教师要根据不同时期、不同班级的具体特点，有重点地把课堂常规内容和懂规则、守纪律等结合起来，使学生逐步形成遵守规章制度和热爱集体的优秀品质。

2.体育教学内容和任务与大学生思想道德教育相结合

掌握体育知识技能和促进身体、心理健康之间，和培养优秀品格之间是相互依存、相互促进的。体育教材的内容很广泛，每项教材都有其鲜明的独特的教育性，教师要善于挖掘其深刻内涵，结合不同的教材特点以及学生的实际情况，有目的有计划地实施道德教育。田径项目应着重锻炼学生的意志品质，培养学生不怕吃苦、不怕困难、坚忍不拔的精神；体操课教学可以培养学生勇敢顽强、机智、果断等品质；球类课教学可以培养学生团结协作、认真负责的精神。体育教师在体育教学中，应当深入钻研教材，充分发掘教材的思想性，结合学生特点确定道德教育的具体任务，制定相应措施，以确保道德教育任务的完成。

3.体育教学组织和方法与大学生思想道德教育相结合

严密的组织教学对学生有一定的教育意义，选择合理、科学的教学方法也是对学生进行道德教育的有效途径。如队列、队形的合理调动、变换、队列练习，组织学生分配、收还器材，练习过程中对同学之间的相互保护与帮助等都具有具体的要求，这些在组织过程中都蕴含着生动的德育教育因素。这些都有助于培养学生迅速、整齐、遵守纪律、吃苦耐劳等良好品质，对培养学生遵守日常生活的各种准则起到很好的导向作用，从而加强其组织性和纪律性，使之潜移默化地养成遵纪守法的优秀品德。

道德教育与体育教学，两者都具有实践性、社会性、主体性的特性，如能把二者紧密地结合在一起，就会达到既育体又育人的双重效果。并且，体育教学除了在道德教育上区别于其他教学的独特性之外，还有竞争性、集体性等本质特性，这也为体育教学中进行道德教育奠定了基础。

三、体育教学促进大学生思想道德建设的优势

1986年出版的《体育理论》教科书指出体育教学和其他教学相比较，其不同点是体育教学过程中，学生在教师启发指导下，主要是从事各种身体练

习，并在反复练习过程中，通过思维活动和体力活动的密切结合，来掌握体育的知识、技术和技能。由于学生在活动过程中，身体要承受一定的运动负荷，闪而能收到发展身体，增强体质的实效。在传统的体育教学与教学理论中，在阐明体育教学的特点时，都分明的提出"从事身体练习"是主要特征，同时，还提出"学生在上体育课时，身体都要承担一定的运动负荷"。这种观点受到了人们的普遍认可，成了体育教师上课的重要依据。身体练习是体育教学所特有的，只有体育教学中才存在身体练习，在其他教学中不存在身体练习。传统的体育理论揭示了体育教学的这一主要特征，并进一步指出承受一定的运动负荷也是体育教学的主要特征之一，这种结论是正确的。但是在具体论述的逻辑层次上不够清晰，还缺少另一个方面。实际上，把身体练和承受运动负荷并列起来并不合适，因为身体练习中本身就存在着运动技能和承受负荷两个方面的表现形式。可以这样理解，承受负荷是隶属于身体练习的一部分，而身体练习包含着承受一定负荷，身体练习这一特征不能只有一个表现形式，它还有一个更重要的表现形式，这就是技能学习，它也是体育教学所特有的。

（一）开放性与直观性

与其他教学相比较，体育教学具有开放的活动空间。体育教学一般在室外或体育场馆中进行，活动范围较大，学生学习活动的自由度大大增加，学生容易受到诸多外在因素（如天气、场地、噪音）的干扰和影响，这将对学生的视觉、听觉和触觉产生了全面刺激，容易分散学生的注意力。在这种开放性的行为教育活动中，人的情绪、情感和在此支配下的行为，比在教室里的学习中更容易表现出来。

体育教学有不同于其他学科教学的、生动活泼的教学气氛，体育教学是一种快乐的教学，重过程的主动参与，重情绪的积极体验，重个性的独立解放，使人际关系宽松和谐，使学生在轻松明快的环境中，在欢快愉悦的心境下，自由自在，无忧无虑。那时学生最容易表露出自己的天性，学生在运动中的情感流露最真实、最充分，最洒脱、最自如，学生的学习态度、动机、注意力、情绪、意志、自觉性、纪律性等心理活动和思想道德问题，都非常容易显露出来。体育教师要善于观察学生的表现，从学生的语言、态度、行动中发现问题，要针对不同的情况抓紧点滴教育，其效果比其他教学更直观、更迅速。

（二）动态性与实践性

体育教学过程中的道德教育是伴随着学生的身体练习，在动态的活动过程中进行的，它不同于其他文化课上的静态的说教。体育教学以身体活动为基本特征，学生的运动技能是通过身体练习形成的，体质的增强是在刻苦锻炼的基础上获得的，思想品德的形成也要经过运动过程的磨炼。学生在直接参与运动的过程时，会产生很多生理反应，如疲劳感、酸痛感、疼痛感等，会引起一系列的心理反应，如怕苦、怕累、怕伤等，学生的各种行为、各种思想随时都可以暴露出来。在中长跑课上，学生怕苦、怕累；上投掷课时，怕脏、怕伤；上跳跃课时，害羞、胆怯等，"露得真、才能抓得准"，体育教师要根据学生的实际表现及时并有针对性地进行道德教育，其效果会更真实、更有效。在一般情况下，学生的各种思想意识和道德观念不是表现在口头上，此是从他们的实际行动中表露出来。体育教学区别其他教学最显著的区别之一，就是体育教学中学生身体要承受一定量的生理和心理负荷。在身体参与体育活动时，学生的大脑处于异常兴奋状态，思维活动极为活跃，既要动员运动器官参加活动，又要运用思维活动掌握知识、技能，应用战略战术，在极短的时间内抉择自己的心理活动和行为，为取胜而竭尽全力。学生在运动中枢神经系统处于高度兴奋时，就会"忘乎所以"，无所顾忌地发挥、表现，他们平时在其他课堂上所掩饰、保留的许多东西就会自然而然、淋漓尽致地表露出来。

例如，在篮球比赛时，比赛者的注意力完全集中在球场上，对己方和对方的布局，对对方运用的攻防战术都要全面考虑，并且通过观察寻找突破点；还要考虑运用什么技术进行突破，如何掩护同伴，如何引诱对方来为己方创造投篮得分的机会等等。在大脑活动中心转移的情况下，人们思考其他问题的意识活动时间就必然会减少，因而平时被意识控制或掩盖着的心理活动，思想品质的真实性，内心世界的状态等极易表现出来，如活跃、稳健、沉着、急躁、信心坚定、胆小懦弱、自尊心极强、勇敢顽强、知难而退、不求上进、个人主义、敷衍了事、礼貌文明和蛮不讲理等等，这些都会失去掩盖，不自觉地表现出来。

（三）突发性与即时性

在体育教学中，学生人数多，场地大，分散活动多，教学形式和活动内容多变，整个教学大都是在动态中进行的，再加上学生精力旺盛、生性好动等特点，如不注意严格要求，就会出现自由散漫、纪律松懈、秩序混乱等现象，这都是一些偶发事件产生的根源。特别是在集体游戏或比赛中，如果教师不注意对学生进行体育道德的引导和教育，有的学生就会为争"荣誉"和"胜利"而破坏规则制度，或投机取巧搞小动作，损害对方，甚至为了出风头，出现一些过激的行为，这会使学生滋生个人英雄主义、锦标主义和其他不良思想行为。因此，教师要善于在这些活动中准确判断学生的心理，及时抓住不良苗头，因势利导地进行道德教育。特别强调的是，在体育教学中的一些突发性的事件转瞬即逝，体育教师一旦发现问题，就应该针对出现的问题，立即采取措施，及时处理，及时教育，贻误时机则会失去教育的针对性，降低思想道德教育的效果。除了以上特征之外，体育教学还有游戏性、竞争性、娱乐性等特点，这都是体育教学中进行道德教育的优势所在。

第三节 加强和完善体育教育和当代大学生思想道德教育的对策与思考

青年大学生是国家未来的建设者和社会主义事业的接班人，他们是祖国和民族的未来，是我们社会主义事业兴旺发达的希望。他们的思想政治状况如何，直接关系着我们党的事业的成败，关系着我国社会主义建设的兴旺、关系着我们民族未来的前途。

一、现阶段体育教育中德育的不足

体育教学传统的第三大目标（任务）是：通过体育教学培养学生的道德品质，这个教学目标是很神圣和光荣的，但也是很苍白和无奈的。体育教学中存在的问题有：对道德教育的认识重视程度不够；道德教育的目的重规约人，目标较为泛化；道德教育的内容抽象、空洞，没有具体的实施重点；在道德教育方法上，多为单向说教、渠道单一，其具体分析如下。

（一）重视程度不够

学校领导、体育教师对体育教学中的道德教育目标认识不足、理解不够，甚至认为道德教育是个"软任务"。学校没有制定一个全面的、有效的教师工作考核制度和体系，于是，体育教师的教学检查指标中没有将"对学生进行道德教育"作为指标之一，在教师考核指标中也没有对师德修养提出具体要求，这样，体育教师便忽视和放松了对学生进行道德教育。并且，学生都是以玩一玩的心态来对待体育课，认为体育课不是政治课，体育课只要开心就行，完全没有意识到，在体育课的学习中可以锤炼意志、培养良好的性格。由于多方面的原因，长期以来，体育教学中的道德教育任务未能得到应有的重视，没有真正当作一项必要任务来完成。

（二）目标较为泛化

受"社会本位"教育目的观的影响，体育教学中的道德教育目标的确立往往忽视对学生个体道德品质的关注，以社会价值为本位的道德教育目的和以此衍生出来的道德教育目标体系在体育教学实践中变成一种空洞、抽象的口号。长期以来学校只注重高格调的教育，爱国主义教育、社会主义教育、集体主义教育，轻视了低层次的"底线"教育。从2000年大学体育教学大纲中可以看到，培养良好的社会公德；发展学生的个性和创造性，培养学生的主体意识和活泼愉快、积极向上、勇于探索以及克服困难的精神；培养学生对游戏和体育活动的兴趣，初步养成锻炼身体的习惯。如此混乱、宽泛的道德教育目标显得很难理解，很难把握和具体操作，有的还脱离了体育教学的培养范围，这难免导致道德教育目标的虚无。同时，体育教学目标中道德教育目标抽象，意识形态化，与体育教学的内容和实践联系不紧密，对现实的指导性差。

（三）内容相对空洞

长期以来，学校存在着用政治思想教育来代替道德教育的倾向，过于强调政治立场而忽视道德修养，将道德教育与社会制度和社会政治力量紧密地联系在一起，形成道德教育的"政治化"。在内容安排上，混淆了政治思想教育和道德教育的界线。政治思想教育固然重要，但不能代替道德教育。有人指出，小学讲共产主义，中学讲社会主义，到了大学才讲如何做人。体育可以陶冶参加者的情操，可以培养团队精神，是振奋国家精神的有效手段，于是，爱国主义、集体主义、社会主义教育等目标也就很自然地被列入了体育的教学目标之中，这些都是无可争议的。但问题是，这个目标一直没有得到很好的细化和分化，当然，也不可能得到很好的落实，更不能因此而替代或忽视道德教育。

（四）方法比较简单

在道德教育方法上，只重"教"而不重"育"，只重道德而不重情感，有"唯理主义"倾向。长期以来，道德教育以单纯说教为主，即以教师为主体，实行"满堂灌"。在体育课上，同样存在"我讲你听"的单一道德灌输模式，并且，体育教学中的道德教育方法过于简单化、陈旧、缺乏新意，一味强调教育者单方面的灌输，忽视了学生的主体性作用。外在灌输与学生的主体性作用，在教育过程中表现为一对矛盾的统一体，在实践中表现为此消彼长的关系。当外在灌输得到过分的强化时，学生的主体性就受到了压抑，德育的任务、目标就难以落到实处。另外，学生的来源复杂，道德素质参差不齐，但对学生的道德教育没有区分层次，缺乏针对性。同时，还存在着道德教育与体育教学二者分离的问题，体育教师没有结合体育教学的特点，将道德教育很好的与体育教学融合起来，而成了"贴标签"式的空洞"说教"，从而致使道德教育的低效。如体育教学中的道德教育方法，仍然是说服法、榜样法、评比法、奖惩法等一些道德教育的常见方法。

二、强化体育教学中的德育功能的对策及建议

当代大学生的身心发育尚未成熟，他们未来的发展程度、发展方向一方面取决于他们自身的主观努力，另一方面则取决于学校、教师、家庭以及社会等方面对他们施加的教育与影响。

（一）进一步深化和提高体育教学中的德育建设

学校德育立体化就在于我们要打破学校德育工作长期以来奉行的专业教学与思想道德教育无涉的观念，实施德育工作与一切相关教育相结合的全面化、立体化的方法。学校体育的教育功能是体育最基本的派生功能，就学校教育体系而言，学校体育是学校教育不可缺少的重要组成部分，是学校培养全面发展人才的重要内容和手段。体育是培养学生共产主义理论和社会主义精神文明的重要的教育过程。大学生正处于世界观形成的关键时期，具有很大的可塑性，加强体育中的思想道德教育工作，这对培养有理想、有道德、有文化、有纪律的一代新人，具有重要意义，正因为如此，高校德育工作者就应该积极利用和创造条件将二者结合，把思想道德教育渗透到教学计划之中和充分发挥体育教学内容的思想道德教育功能。比如在讲述《乒乓球发展史》一课时，我们就可以结合现今中国乒乓球的现状，介绍许多中国体育健儿正在奋力拼搏，为祖国争光的事迹，对学生进行爱国主义教育，引导他们树立为振兴中华而努力学习和锻炼身体的思想，激发他们的爱国主义精神和强烈的责任感。将思想道德教育寓于体育活动之中，无疑也会使学生在参与活动的过程中受到潜移默化的教育，提高思想道德境界。如教育者可以利用体育比赛和评比的特点培养学生的竞争意识和进取精神。现代市场经济的一个重要特点就是激烈的竞争性，这正好与体育比赛和评比的特点相吻合。教育者可以通过组织各种小组、班级、运动会等比赛形式和考试评比，灵活运用各种方法，培养学生不甘落后、力争上游的竞争意识和进取精神，在竞争与协作的矛盾统一体中，使学生全身心地投入自我表现，有目的地消除满足现状，不思进取的不良品质，以使其好胜争强的心理特征升华为敢于拼搏、

努力向上的进取心。

（二）使体育教学中的德育目标更明确，方法更多样化

1. 树立整体德育观

要在德育目标建构上树立起整体德育观，实现从传统应试教育中"智育第一"德育中过分突出"政治教育"的思想向促进人的全面发展和德育各部分教育整体调发展的转变。长期以来，我国的教育方针十分明确提出要使受教育者德、智、体、美全面发展，并且德育处于主导地位，但是在教育实践中，德育的主导地位往难以贯彻落实。在应试教育体制下，智育第一的思想根深蒂固，不冲破智育的观念，人的全面发展只是一句空话，永远是一句空话。同时，在传统德育泛政治化倾向突出，这主要是由于我国历史上"左"的思想在新中国建设事业中影响长达 10 余年之久，德育曾一度被简化为政治教育。虽然党的十一届三中全会对"左"的思想进行了拨乱反正，但泛政治化倾向已成为一种集体无意识地被置入公意识中，目前还有相当部分教师和学生以政治课作为德育课。当然不否认政治教育是德育的核心，但是如果是不恰当地突出其地位和作用，时忽视德育其他部分的教育，势必会导致德育的畸形发展。

2. 建立现代德育观

要在德育思维上，建立起德育现代意识，实现从理性灌输向感性渗透的转变。育工作对象是人，是个感性的人，所以，我们在对学生的具体思想道教育过程中，往往寓德育于具有典型意义的形象，或寓德育内容于特定的情景中这样一种变抽象的德育说教为形象的感化的方式，常常会收到事半功倍的教育效果。同时，我们要改变传统的静态的、片面的、封闭的思维方式，转变为动的、系统的、开放的思维方式，创造性地运用寓德育于社会综合实践、甚至娱乐之中，真正实现德育思维的现代转变。

3. 确立终身德育观

在德育时效上，要确立终身德育的理念。现代社会是一个高度发展、知识爆的社会，知识传播和扩展的速度越来越快，知识更替的周期越来越短，仅仅靠校的教育是不能适应知识经济时代社会发展的需要的，与终身教育理念相适应，学校对学生应提倡终生德育理念。学校德育主题是对学生进行思想、道德、心理、法纪、政治和职业素质教育，而这一德育目标和德育过程是不可能一次就能完成的，而需要教育对象在德育认知的基础上，不断吸收、内化、升华、实践从而形成相对稳定的素质。在实效上，需要贯穿德育主体的人生全过程。所以，我们认为学校在德育工作上应该确立终身教育的理念。

4.开展学校家庭社会三位一体的德育模式

在德育实施方法，要善于运用学校、家庭、社会之间三位一体的关系，使德育工作广泛地包含或渗透在学校、家庭、社会其他活动之中。在传统德育观的影响下，往往把体育专业学生的思想道德教育局限在学生在校教育期间；把学校德育的实施局限在课堂上、书本上；把德育的教育任务局限在辅导员身上。实践证明，这是一种封闭、狭隘的德育观。真正开放的德育观应该是要加强德育内容向各专业课程渗透，培养学生探索真理的情感和毅力。同时，随着时代的发展，学校不再是封闭式的小社会，而是开放的，与大社会融为一体；德育对象，体育专业学生的活动范围不再是三点一线（宿—食堂—教室），而是家庭—学校—社会的大活动范围，大学生参与社会活动的机会和时间更多，了解、接受信息途径也是多渠道的，信息的内容也是多角度的。因此当代大学生学生从过去单一地接受学校知识教育到现在多渠道接受教育和主动参与社会。所以，要将德育寓于学校、家庭、社会"三位一体"之中，才能全面有效地做学生的思想道德教育工作。

（三）以特有的体育思想道德标准为载体，有效地开展德育工作

实践证明，体育思想道德标准是人们评价体育行为的根据或尺度，是评价体育行为善与恶、美与丑、正义与非正义、荣与辱的标准，它是体育实践的重要内容，不仅规范着体育发展的方向，还是衡量和评价体育发展的基本指标，因此，对高校体大学生进行体育思想道德标准教育是有切实意义的。我们认为，体育思想道德标准应建立在以下几个方面的内容上：爱国主义、集体主义、奉献精神、公平公正意识、参与拼搏精神、竞争意识、合作意识、规则意识。当代大学生是一个群体，他们不仅仅要具备应该具有的思想道德素质，更应当积极履行以上所规约的特殊的体育思想道德标准。因此，我们的德育工作者就应该有效地对大学生进行思想道德教育，要避免漫无目的、空洞的说教，只有将这种针对性的思想道德教育落实到学生的生活、学习的每一个角落，体育专业学生的思想道德素质的提高才能更有实效，德育工作也才体现出它应有的价值。

第八章 非物质文化遗产教育与当代大学生思想道德建设

第一节 非物质文化遗产与当代大学生思想道德建设概述

一、非物质文化遗产概述

（一）基本概念界定

1. 关于"文化"的概念界定：我国早在两千多年前，古人就在《易经·贲卦》之《象传》中提出了"观乎天文，以察时变，观乎人文，以化成天下"的文化观。"文化"一词则是到汉代才出现，在西汉刘向所著的《说苑·指武》中，有"圣人之治天下也，先文德而后武力。凡武之兴，为不服也，文化不改，然后加诛。"这里的"文化"是指文治为法，以礼乐典章制度为依据而教化臣民。已与当今"文化"之所指十分接近，这也是当今学界所掌握的"文化"一词最早出处。161 这一概念一直影响到明清。

西方对"文化"的论述则要比中国晚。在西方，"文化"一词来源于拉丁文"Cultura"，意思是居住、耕种、练、注意等；这个词在法文中，也有"栽培、种植"之意，并引申为对人品德的培养和性情的陶冶。英国文化人类学创始人泰勒在 1871 年给"文化"下了这样一个定义："包括知识、信仰、艺术、道德、法律、习俗和任何人作为一名社会成员而获得的能力和习惯在内的复杂整体。"这一观点影响巨大，在文化史研究方面具有开先河的作用，直到现在，仍可参考。

马克思主义的理论家对"文化"做了全新的解释，把"文化"分为广义与狭义两种：广义的文化是指"人类在社会历史实践过程中所创造的物质财富和精神财富的总和"；狭义的文化则专指精神文化："就是在历史上一定的物质资料生产方式的基础上发生和发展的社会精神生活形式的总和。"

我国在 1979 年出版的《辞海》中，对"文化"的概念界定基本上采用了这个解释："广义指人类社会历史实践过程中所创造的物质财富和精神财富的总和。""狭义指社会的意识形态，以及与之相适应的制度和组织机构，是一种历史现象，每一社会都有与其相适应的文化，并随着社会物质生产的发展而发展。"

总结以上观点，文化从广义上是指人类在社会生活中所创造的一切，包括物质生产和精神生产的全部内容。从狭义上看，文化是指文学艺术，是与社会经济、政治有别的全部精神生产的成果。文化与社会经济、政治相比较，具有特殊的、更为深远的影响力。因此任何国家、民族都十分重视发展文化事业。

2. 文化遗产、物质文化遗产和非物质文化遗产：目前，我国还没有发布正式的法律文献对文化遗产做一个准确的定义。现在所谓"文化遗产"是指具体留存在地面上或民俗中的古老文化信息传载事体，是文化中比较直观的狭义的部分。

联合国教科文组织 1972 年 11 月在法国巴黎举行的第十七次会议通过的《保护世界文化和自然遗产公约》（简称《世界遗产公约》）中，把文化遗产分为物质文化遗产和非物质文化遗产两大类。《世界遗产公约》对文化遗产的定义有文物、建筑群、遗址三条，这都是所谓物质文化遗产。

2003 年 10 月联合国教科文组织通过的《保护非物质文化遗产公约》对"非物质文化遗产"所下的定义指出："'非物质文化遗产'指被各社区群体，有时为个人视为其文化遗产组成部分的各种社会实践、观念表述、表现形式、知识、技能及相关的工具、实物、手工艺品和文化场所。这种非物质文化遗产世代相传，在各社区和群体适应周围环境以及与自然和历史的互动中，被不断地再创造，为这些社区和群体提供持续的认同感，从而增强对文化多样性和人类创造力的尊重。在本公约中，只考虑符合现有国际人权文件，各社区、群体和个人之间相互尊重的需要和顺应可持续发展的非物质文化遗产。"《公约》所列非物质文化遗产所包括的范围是："（1）口头传统和表现形式，包括作为非物质文化遗产媒介的语言；（2）表演艺术；（3）社会实践、礼仪、节庆活动；（4）有关自然界和宇宙的知识和实践；（5）传统手工艺。"

我国于 2010 年 8 月公布的《中华人民共和国非物质文化遗产法（草案）》第一章第二条规定："本法所称非物质文化遗产，是指各族人民世代相传并视为其文化遗产组成部分的各种传统文化表现形式，以及与传统文化表现形式相关的实物和场所。包括：（1）传统口头文学以及属于传统口头文学组成部分的语言；（2）传统美术、书法、音乐、舞蹈、戏剧和曲艺；（3）传统技艺、医药和历法；（4）传统礼仪、节庆等民俗；（5）传统体育、游艺和杂技；（6）其他非物质文化遗产。"

3. 非物质文化遗产保护：根据联合国教科文组织通过的《保护非物质文化遗产公约》第二条第三款，对非物质文化遗产的保护定义为"确保非物质文化遗产生命力的各种措施，仅包括这种遗产各个方面的确认、立档、研究、保存、保护、宣传、弘扬、传承（特别是通过正规和非正规教育）和振兴"。

4. 非物质文化遗产教育：根据联合国教科文组织通过的《保护非物质文化遗产公约》"第十四条：教育、宣传和能力培养"之要求："各缔约国应竭力采取种种必要的手段，以便：（1）使非物质文化遗产在社会中得到确认、尊重和弘扬，主要通过：①向公众，尤其是向青年进行宣传和传播信息的教育计划；②有关社区和群体的具体的教育和培训计划；③保护非物质文化遗产，尤其是管理和科研方面的能力培养活动；④非正规的知识传播手段。（2）不断向公众宣传对这种遗产造成的威胁以及根据本公约所开展的活动；（3）促进保护表现非物质文化遗产所需的自然场所和纪念地点的教育。"

（二）非物质文化遗产的基本特征

根据"非物质文化遗产"的定义可知，"非物质文化遗产"与其他文化遗产或文化形式有着明显区别。其基本特征表现为：

1. 民族性

是指任何"非物质文化遗产"都具有其产生民族的文化特征，并在特定的民族社会活动之中产生发展。也就是说，"非物质文化遗产"不脱离民族特殊的生活生产方式，是民族个性、民族审美习惯的"活"的显现。因此，保护"非物质文化遗产"就是保护各民族文化的多样性，维持各个不同民族文化的核心价值，进而增强民族文化的自觉与民族身份的自尊。

2. 民俗性

民俗，即民间风俗，指一个国家或民族中广大民众所创造、享用和传承的生活文化。"非物质文化遗产"就是包含在历史上创造并依然流传至今的民俗事项之中。他们可能是"被忽略的风俗习惯"，或者是"正在消失的传说"，也可能是"片断的歌谣"，或者是"民俗展演的场所"。"非物质文化遗产"的民俗性特征突出地表现在"非物质文化遗产"与人民群众的社会生活息息相关。"非物质文化遗产"是一定地区和民族的行为习惯与生活规范的集中表现，它凝结着当地人民群众的文化精神与生活观念。从某种意义上来说，保护"非物质文化遗产"就是保护各民族传统的生活习惯和价值观念。

3. 历史传承性

"非物质文化遗产"产生于古代，但是古代已经消失了的文化不能算是"非物质文化遗产"。所以，"非物质文化遗产"必需是流传至今的文化，并且都打上了一定时代一定历史阶段的文化烙印。"非物质文化遗产"的民俗性也决定了其具有历史传承性的特征。由于"非物质文化遗产"是民众生活中不可缺失的一部分，因此，任何一种"非物质文化遗产"都一定为生产这种文化形式的民众不断继承和发展。

4. 变迁性

文化从本质上来说是人与环境（包括自然环境和社会环境）相互作用的产物，人正是凭借着一定的文化与其所处的环境相协调的。美国文化进化论学者斯图尔德认为，每一种文化都处于一种恒常的变迁之中，"在所有社会和文化系统中，变迁是一个常数。"因此，作为文化的"非物质文化遗产"也必然处于不断的变迁之中。"非物质文化遗产"在历史传承过程中不是一成不变的，而是根据民众的生活需要不断发展、创新变化的。它既与历史相联系、又不断与历史发展的新环境、新现象相互调适、从而发生着文化的变迁。因此，"非物质文化遗产"只有不断地创新，才会与人民群众的生活实际相联系，才能得以流传至今，成为民众生活之所需。那种将"非物质文化遗产"保护看成是所谓原汁原味、封闭的保护态度显然是错误的。

5. 情境性

每一种文化的形成，都显示了特定民族认识自然、改造自然和适应自然的能力。因此，"非物质文化遗产"与其生存的环境休戚相关，属于情境中的文化，离开其原有的文化土壤，生存的具体情境，它将失去其固有的意义。从"非物质文化遗产"的情境性来看，保护"非物质文化遗产"，首先要保护其生存的环境，只有这样才能赋予"非物质文化遗产"以生存的价值，给它提供传承的载体，使"非物质文化遗产"获得无尽的养分。

（三）非物质文化遗产的道德教育功能

教育是人类社会文化传承的主要途径和手段，是培养人的社会活动；作为兴国之本的教育，同样也是传承民族非物质文化遗产最为有效的途径和方法。教育的本质就是文化传承，而学校是这种文化传递和延续的最主要场所和方式。学校是现代社会生活和教育的中心，相对于家庭、一般社会教育机构的教育行为而言，学校是社会有计划、有目的、有组织地培养人的专门机构和场所，集中了社会及民族文化主流的教育意识和教育方式，代表着主体文化的走向。尤其学校教育的培养目标、学风、学术气氛及管理机制对学生民族意识的形成及非物质文化遗产的保护和发展行为的培养具有重要的作用。

保护、继承和开发非物质文化遗产，加强非物质文化遗产教育，对培养和弘扬民族精神，展现中华民族的博大胸怀，构建社会主义核心价值体系，建立社会主义和谐社会，促进我国社会经济的全面、协调、可持续发展，发挥着无可替代的作用；同时，对新时期大学生思想道德建设，也发挥着积极作用。首先，通过对大学生进行非物质文化遗产教育，可以让大学生了解中华文明的源远流长，深入理解我国文化遗产的丰富内涵，认识中华民族传统文化的博大精深，从而进一步增强民族自尊心、自信心和民族认同感，激发大学生强烈的爱国主义情怀。泱泱中华，生生不息，灿烂文明，世代相传，是举世瞩目的四大文明古国之一，公认的文明鼻祖。每年清明节陕西都会举行规模浩大的公祭轩辕黄帝典礼活动，典礼上展现的"点燃人类文明的火文化""耒耜之利的农耕文化""神农遍尝百草的中医药文化"和"以物易物、互通有无的物物交换市场交易文化"，充分说明了华夏文明的源远流长，炎黄子孙的同根同源，拥有共同的史前文化。农历八月十五的中秋节，原本是秋夜祭月的日子，自唐代以来发展成为祭月、赏月、玩月的喜庆团圆节日，许多诗人的名篇中都有咏月的诗句，把中华民族几千年来对生活的感悟与大自然的月圆月缺紧密结合起来，构成了完美和谐的节日文化。人们把酒问月，庆贺美好的生活，或祝远方的亲人健康快乐，和家人"千里共婵娟"。始于中国的春秋战国时期的"端午节"，则为纪念爱国诗人屈原而设，显示了忠、义、仁、信的民族气节和传统价值观念，体现了华夏子孙忧国忧民的爱国情结。端午节赛龙舟不仅是一种体育娱乐活动，更体现出人们心中的爱国主义和集体主义精神。还有春节、元宵节等等，无不体现出中华文化的博大精深。看到越来越多的外国人来到中国，他们学武术、打太极、穿旗袍、唱京戏、学汉语，更在我们每个人的心中升腾着强烈的民族自豪感。其次，非物质文化遗产凝结了华夏祖先的睿智卓识、展现出中华民族的勤劳智慧，能激发大学生为祖国为人民勤奋学习、积极进取的热情，使他们树立正确的价值观、人生观、世界观，知荣明耻，积极传承中华民族的传统美德。

中华文明，蜚声世界。长江黄河，享誉五洲。扬名海外的中国精美瓷器，被西方用"CHINA"称谓，让世界各国叹为观止，扣手称妙；景泰蓝、蓝印花布、木版年画、蜡染、黑陶等五光十色、浩如烟海的中华传统手工艺制品，经过岁月的洗涤和润泽，依然光彩夺目，熠熠生辉。它们彰显着华夏祖先的勤劳与智慧。使中华儿女为先辈们的聪明才智倍感自豪和荣耀，并感悟出劳动的价值，树立了以"辛勤劳动为荣、以吃苦奉献为耀"的价值观。修建于二千多年前巴蜀地区的水利工程——都江堰，是全世界至今为止，年代最久、唯一留存、以无坝引水为特征的宏大水利工程。"都江堰放水节"祭祀活动，不仅展现了中国古代劳动人民顺应自然改造自然的聪明才智，更体现了华夏儿女"吃水不忘掘井人"的感恩情怀。从以诚实守信、治病救危、童叟无欺的中华老字号的高尚为人、为商之道，到以扶危济困、乐善好施、伸张正义、抑恶扬善的民间歌谣、西游传说等展现的人文情怀，无不为大学生辨别是非、知荣明耻，树立正确的荣辱观、价值观，注入了生机与活力，为大学生的思想道德建设赋予了传统文化的内涵。

二、大学生思想道德建设概述

（一）思想道德概念界定

思想道德是意识行为方面的，也是政治道德方面的。思想道德教育的实质是将一定社会的思想道德转化为受教育者个体的思想道德。思想道德的基本要素包含受教育者的道德认识、道德情感、道德意志和道德行为，简称知、情、意、行。

1. 道德认识是人们对是非善恶的认识和评价以及在此基础上形成的道德观念，包括品德知识和品德判断两个方面。

2. 道德情感是人们对客观事物做是非、善恶判断时引起的内心体验，表现为人们对客观事物的爱憎、好恶的态度。品德情感是学生产生品德行为的内在动力，是实现执行转化的催化剂。

3. 道德意志是人们为实现一定的品德行为同的所做出的自觉而顽强的努力。品德意志是调节学生品德行为的精神力量。

4. 道德行为是通过实践或练习形成的，是实现道德认识、情感以及由道德需要产生品德动机的行为定向及外部表现。道德行为是衡量道德水平的重要标志，是衡量大学生认识与修养水平高低的重要标志。

（二）大学生思想道德建设的内容及现状

1. 大学生思想道德建设的内容

大学生思想道德建设的内容，是以大学生思想道德建设的性质和任务，并根据青年大学生思想道德形成发展规律和《中共中央关于加强社会主义精神文明建设若干重要问题的决议》对大学生的基本要求及培养目标来确定的。

就目前的情况看来，大学生思想道德建设应研究下面一些基本内容。

（1）政治观

政治观是人对政治所拥有的一种态度，并对政治本身及其政治对于外界的价值的看法和评价。人生在世，离不开政治，大学生对社会、对国家、对政党的重大举措，应该有一个基本的正确的态度。对大学生来说，由于年轻，正处于政治上需要特别锻炼的年龄，尤其需加强政治鉴别力、敏锐性的锻炼，特别是对重人政治问题和他们的人生观相联系的地方的思考。要使大学生成长为社会主义事业的合格建设者和可靠接班人，不仅要大力提高他们的科学文化素质，更要大力提高他们的思想政治素质，树立正确的政治观。

（2）人生观、价值观

人生观是关于人生目的、态度、价值和理想的根本观点；价值观是指人们关于基本价值的信念、信仰、理想系统，是一种处理事情判断是非、做选择时取舍的标准。大学生对人生观、价值观的思考，较多地集中在人生态度、人生理想、人生道路、人生价值等问题上，他们经常在苦与乐、正与邪、名与利、生与死的矛盾交织中经历着痛苦的磨炼。经常反复，是大学生思考人生观、价值观问题的一个特征。一年级考虑较多是：人生理想高点还是平淡一点？对大学生中"混日子"的现象表示不满；二年级、三年级学生的心态则是在人生理想确立过程中的痛苦体验，即人生态度和人生价值观的问题，令他们最苦恼的是如何看待社会上的一些贪污腐败、请客送礼之类的消极现象，要不要去迎合这些现象；四年级大学生再思考这些问题时，则表现了探索失败后的茫然。

（3）人际关系

人际关系是人们在生产或生活活动过程中所建立的一种人与人之间的关系。人际关系对于每个人的生活、工作、学习都有很大的影响，甚至对集体活动、组织工作效率和个人与组织之间的沟通有着极大的影响。《红楼梦》中所谓"世事洞明皆学问，人情练达即文章"，既说明了一种处世哲学思想。为人处世是人生的必修课，尤其在当今交往频繁而又人际关系复杂的社会里更是如此，学会如何与人交往和相处是大学生人生道路上的必修课。

（4）学习任务

学习是大学生活的基本任务。大学生经过高考升入大学，学习生活由基础教育转变为高等教育，学习目标也由以升学为主向就业为主转变，部分大学生在学习方式、方法和学习策略等方面必然会面临新的问题，产生新的困惑。大学生只有解决好学习方式、方法等问题和由此产生的心理问题，才能提高学习效率，成为具有创新精神和实践能力的、适应社会要求的高素质人才。

（5）情感问题

面对经济飞速发展而人的情感却日益淡化，不少大学生对周围的人和事都漠不关心，对集体活动也提不起多大的兴趣。但对同学、老师、朋友间的关系却日益敏感，如何与他们友好相处，这是大学生必需要面对的问题。大学生恋爱问题更是成为许多学生面临的主要情感问题。"大学生该不该谈恋爱、应确立什么样的恋爱观、事业与爱情的关系是什么"等问题成了大学生考虑的重点。因此，引导大学生树立正确的人生观、爱情观，就显得尤为重要。

（6）审美能力

美是能够使人们感到愉悦的一切事物，而审美则是人们对事物的美丑做出的评判过程。很多大学生不知道什么是审美，对审美标准把握不准，存在着审美仅局限于感官需求、审美庸俗化的问题。现代社会需要大学生的能力全面、协调发展，审美能力不可或缺，因此大学生审美能力迫切需要提高。

（7）心理健康

当今时代竞争激烈，大学生人生经历简单，面对纷繁复杂的社会现象，心理问题在他们身上就会更突出显现。大学生最关心的心理问题有：性格问题、情绪问题、意志问题等，心理健康问题也应该引起注意。

2. 大学生思想道德建设的现状

大学阶段是学生政治信仰、道德品质和人生观价值观形成的关键时期。调查表明，大学生的思想道德主流是健康的，但还存在着不容忽视的问题，因此，为把学生培养成为优秀的有中国特色的社会主义建设者，学校应进一步抓好抓实大学生的思想政治工作，提高大学生的思想道德水平。

当代大学生热爱祖国，关心国家大事，思想健康，追求上进，对党和国家的大政方针高度认同，有着强烈的社会责任感，思想道德水平总体是好的。但随着市场经济的不断发展与改革开放的不断深入，部分大学生受各种消极因素的影响和冲击下，不同程度地存在政治信仰迷茫、理想信念模糊。在道德和观念上出现了偏差，使其思想出现了变化。

主要表现在以下几个方面：

（1）理想追求淡化，信念较为模糊

大学生树立崇高理想，是确立正确世界观、人生观、价值观的必然要求，也是他们健康成长的客观需要。但是，受各种文化思潮和消极价值观念的影响，部分学生重视物质利益，理想追求淡化，信念模糊，把"当官发财""金钱至上"作为自己人生追求的最大目标，不思进取、贪图享受、崇尚拜金主义，出现了信仰危机。这对他们树立正确的世界观、人生观和价值观极为不利。

（2）集体合作精神不够

大学生参加集体活动，是加强团结、合作、互助精神的主要手段。通过集体活动，可以看出一个集体的凝聚力，也可以看出个体的协调沟通能力。有的学生以自我价值的实现为核心，强调个人本位，社会、集体次之，在集体活动中事不关己高高挂起，主观意识强，不能积极听取同学意见，不能很好地与同学交流沟通，表现消极，导致自身人际关系紧张，以致无法融入集体中。

（3）以自我为中心，社会公德意识薄弱

社会公德是人类在长期社会实践中逐渐形成的、要求每个社会公民在履行社会义务或涉及社会公众利益的活动中应当遵循的道德准则，是社会公认的最基本的行为规范。社会公德水平的高低影响着社会风气、社会秩序和社会凝聚力。当代大学生作为国家的未来建设者和新生的社会主义道德践行者，其社会公德素质将影响着社会的面貌和状态。然而，大学生当中也存在社会公德意识不强的情况，个别学生以自我为中心，社会公德意识薄弱。如在公共场合大喊大叫、说脏话、男女交往不得体；公交汽车上乱抢乱占座位，不给老人、小孩让座；穿着随便、形象雷人等。

（4）诚信意识差

部分大学生的不讲诚信，主要体现在以下四个方面：学习不诚信、经济生活不诚信、荣誉和名利上不诚信、就业不诚信。学习不诚信主要表现在有的学生平时学习不努力，考试作弊；更有甚者，在考试时找"枪手"或自己充当"枪手"。这一现象严重影响了高校的考试认证秩序和相关证书的信用质量。大学生在经济生活的不诚信主要表现在不按时偿还助学贷款的。1999年国家为帮助家庭经济困难的大学生顺利完成学业，开始实行助学贷款制度，但是却遭遇大学生的"信用危机"。在实施过程中，个别学生毕业后不守承诺，故意不偿还贷款；个别家庭并不困难的学生看到助学贷款政策优惠、手续简单，于是伪造家庭困难证明骗取贷款作为他用。荣誉和名利上的不诚信表现在"入党"和评优等方面，一些学生不是靠自己真实的水平，而是用虚假材料编造事实，欺骗老师和同学，突出自己的成绩和优点，掩饰自己的问题和不足。就业上的不诚信表现在一些学生在就业自荐书中掺假造假，极力夸大自己的专长，有的甚至涂改成绩，伪造证书；还有的毕业生好高骛远，视就业协议书为儿戏，单方毁约，违背就业协议，失信于用人单位。

（5）意志品质薄弱，心理承受能力不强大学生意志品质薄弱，心理承受能力差，主要表现在学习、生活、工作上不能吃苦耐劳，不能持之以恒；面对失败和挫折时，不能很好地调整自己的心理状态。

对大学生道德领域中出现的这些问题，我们必需予以高度的重视。因此，我们对大学生的道德修养教育还应继续加强，采用多种手段和途径，敦促学生培养自律精神，养成良好的道德品格。

第二节 非物质文化遗产教育的内涵及对
当代大学生思想道德建设的作用

一、非物质文化遗产教育的内涵

（一）保护民族文化遗产，丰富人民文化生活

我国是历史悠久的文明古国。在漫长的岁月中，中华民族创造了丰富多彩、弥足珍贵的文化遗产。这些文化遗产蕴含着中华民族特有的精神价值、思维方式、想象力，体现着中华民族的生命力和创造力，是各民族智慧的结晶，也是全人类文明的瑰宝。保护文化遗产，保持民族文化的传承，是连结民族情感纽带、增进民族团结和维护国家统一及社会稳定的重要文化基础，也是维护世界文化多样性和创造性，促进人类共同发展的前提。

作为非物质文化遗产的无论是民歌、塑画，还是舞蹈、戏曲，都是源于古代劳动人民劳动之中或之余的自我娱乐。多数民歌的形成和发展，是在笨重的体力劳动之中，是劳动者协调动作、抒发心声、调剂精神、消除疲劳、提高效率的最好"工具"。民间舞蹈，同样是劳动者为了取乐，重复多种劳动、狩猎的动作，模仿各种动物的姿态而逐步形成的。民间戏曲也是伴随着劳动人民对文化生活要求日益提高而产生的一种综合性的艺术。保护非物质文化遗产对于保护民族文化的多样性、拓展民族文化形式的发展空间有着重要的意义。发掘、抢救、保护民族非物质文化遗产，对社会主义精神文明建设，丰富人民群众的文化生活，提高人民群众的素质，构建和谐社会，都将产生重要的促进作用。

（二）传承民族文化传统，提高民族人文素质

知识是素养形成和提高的基础，素养是知识内化和升华的结果。在知识海洋里汲取大量养分是大学生提高素养的必然之路，继承非物质文化遗产中的优秀成分是大学生全面发展的需要。

非物质文化遗产中虽有一些糟粕成分，但饱含民族学、民俗学、哲学、文学、艺术、地理学、化学、物理学、医学、天文学知识，也饱含织造、陶瓷、建筑、制茶、酿酒、煮盐、矿冶等科技知识，学习掌握这些知识技能可

以帮助大学生成为德智体美劳全面发展的高素质人才，无形中也提升了学生的人文素养。

此外，我国各民族的衣着打扮、饮食习惯、节日风俗各不相同，了解非物质文化遗产相关知识，参与和欣赏民间歌舞、民间游戏、民间竞技和杂艺等民俗活动，不仅可以增强体质，活跃生活，有助于各民族学生之间的相互理解和交流，而且可以感知先辈业绩，陶冶道德情操，提高审美能力，增加生活情趣，培育积极、健康、向上的人生观。

（三）发扬民族文化精髓，弘扬民族优秀精神

中华民族的民族精神是中华民族文化延续发展的主导思想与精华。作为中国文化遗产组成部分的非物质文化遗产，在培养大学生的创造力、增强其凝聚力以及培育大学生的民族精神方面有着重要的意义。

作为一个拥有数千年从未间断文明史的文化大国，我国拥有十分丰富的非物质文化遗产，这些活态的文化，不仅构成了中华民族深厚的文化底蕴，也承载着中华民族文化渊源的基因。中华民族光辉灿烂的文化业绩，为人类文明做出了卓越的贡献；只有传承发扬自己的民族文化精髓，炎黄子孙才能秀于世界之林。中华民族在五千年的发展中，历经磨难而信念愈坚，饱尝艰辛而斗志更强，开发建设了祖国的人好河山，创造了灿烂的中华文明，为人类文明进步做出了不可磨灭的贡献。基于此，对大学生进行非物质文化遗产教育，就应侧重发掘和展现民族文化中的精华，弘扬民族优秀文化中的那些自尊、自信、自强的民族精神。因为民族精神是民族文化的历史产物，是民族的灵魂和精髓，是一个民族先进文化的集中体现，是一个民族前进的不竭动力，它根植于民族文化的沃土之中，是深植于民族文化沃土中的精神之树。在当今世界，我们只有弘扬自己优秀的民族文化，振奋民族精神，才能抵制敌对势力进行文化渗透和"和平演变"的阴谋，才能使中华民族傲立于世界民族之林。

二、大学生思想道德建设的内涵

（一）培养大学生热爱祖国、理想远大的政治素养

培养大学生热爱祖国、树立"祖国的利益高于一切"的国家观念，关心国家大事，自觉的服从和维护国家利益；增强公民意识、自由平等、公平正义的理念；提高自身的政治素质，提高参与政治生活的能力，树立远大的政治抱负，是大学生思想道德建设的一个重要方面。因此，要首先加强对大学

生进行主流思想道德的宣传与教育，提高大学生的理论水平与思想认识水平。

（二）培养大学生诚实守信、团结友爱的人格素养

在学校教育中，人格教育就是有目的、有计划地对学生进行心灵改造和品德塑造，让学生具有朝气蓬勃、积极进取、谦虚谨慎、诚实守信、情绪稳定、百折不挠、团结友爱等优良的人格素养。

党的十六届四中全会根据对我国社会主义建设的历史方位的科学判断，提出了"构建社会主义和谐社会"的重大任务，社会主义和谐社会应该是民主法治、公平正义、诚信友爱、充满活力、安定有序、人与自然和谐相处的社会。构建和谐社会和大学生人格教育关系密切，我们应立志于加强和改进大学生人格教育，从而更好地为构建和谐社会做贡献。对社会而言，诚信是稳定的保障，文明的标志。在一个没有诚信的社会里，必然充斥着坑蒙拐骗、尔虞我诈，导致社会秩序混乱，社会组织乏力，人心涣散，也就失去了前进的动力。在社会交往中，人与人之间做到诚实守信，就会建立起一种相互信任的人际关系，这是社会和谐发展的必然要求。因此，从整个社会的角度来看，对学生加强诚实守信、团结友爱的人格素养教育显得尤为重要。

（三）培养大学生学识渊博、开拓创新的文化素养

高等教育的根本任务是培养和造就大批具有学识渊博、创新精神和实践能力的高级专门人才。对此，使大学生具有渊博学识和开拓创新精神的人文素养显得尤为重要。因此，可以对大学生加强优秀人文文化的教育和熏陶，在文化知识长河中使大学生汲取营养，思想水平不断提升，精神世界得到丰富，对世界、对民族、对社会、对人生的理性认识得到提高，从此大大增强新一代大学生的精神力量，发扬民族精神，推动民族向心力和凝聚力，对增强我国的综合国力必将起到积极作用。

三、非物质文化遗产教育对大学生思想道德建设的作用

（一）非物质文化遗产教育能提高大学生的政治素养

1.培养大学生爱国主义素养

爱国主义是指个人或集体对"祖国"的一种积极和支持的态度。表现为对祖国的成就和文化感到自豪；强烈希望保留祖国的特色和文化基础；对祖国其他同胞的认同感。

非物质文化遗产中蕴含的爱国主义传统，对培养大学生树立正确的人生观、世界观、价值观，培养爱国主义精神，具有十分重要的作用。以我国的

"端午节"为例,"端午节"是为纪念我国历史上著名的爱国主义诗人屈原所设,屈原是战国末期楚国大夫,为实现楚国的统一大业,他对内积极辅佐怀王变法图强,对外坚决主张联齐抗秦,使楚国一度出现了一个国富兵强、威震诸侯的局面。但是由于在内政外交上屈原与楚国腐朽贵族集团发生了尖锐的矛盾,遭到群小的诬陷和楚怀王的疏远而被流放,最终投汨罗江而死。屈原是中国文学史上第一位伟大的爱国诗人。是浪漫主义诗人的杰出代表。作为一位杰出的政治家和爱国志士,屈原爱祖国爱人民、坚持真理、宁死不屈的精神和他的人格,千百年来感召和哺育着无数中华儿女,尤其是当国家民族处于危难之际,这种精神的感召作用就更加明显。当中国网民听说韩国要抢先申报"端午节"为韩国文化遗产时,无不义愤填膺,他们查找资料,提供证据,最终使韩国只是申请了"江陵端午祭"。非物质文化遗产中所蕴含的爱国主义精神从中可见一斑。显然,学生学习非物质文化遗产发展史,可以增强他们的民族自豪感和自信心,激发爱国主义情怀,树立报效国家的宏伟志向,为形成正确的人生观提供了良好的保证。

2. 完善大学生民族精神素养

民族精神是反映在长期的历史进程和积淀中形成的民族意识、民族文化、民族习俗、民族性格、民族信仰、民族宗教,民族价值观念和价值追求等共同特质,是指民族传统文化中维系、协调、指导、推动民族生存和发展的精粹思想,是一个民族生命力、创造力和凝聚力的集中体现,是一个民族赖以生存、共同生活、共同发展的核心和灵魂。

"非物质文化遗产"的最大的特点是产生于民族特殊的生活生产方式中,其发展传承不脱离所产生的民族环境,是民族个性、民族文化、民族精神的具体显现。中华民族是一个勤劳勇敢的优秀民族,其民族精神深深蕴含在"非物质文化遗产"中。大学生作为年轻人中的佼佼者,有着较高的审美视角和浓厚的学习意识,对其进行非物质文化遗产教育,使其在接触先辈们遗留下来的历史文化的过程中,能真切地感受到先人们的勤劳、智慧。中华民族的优秀文化传统和民族精神会潜移默化,润物无声,使大学生产生强烈的民族自豪感和自信心。

3. 增强大学生远大理想素养

理想,是人们在实践中形成的具有实现可能性的对未来的向往和追求,是人们的政治立场和世界观在奋斗目标上的集中体现。理想作为一种社会意识,是人们对客观现实发展趋势的超前反映,即人们在认识客观规律基础上给自己构成的未来美好蓝图。树立远大的理想,对大学生的人生发展具有积极的作用。

应该说，我国当代大学生理想信念状况的主流是积极、健康、向上的。但是，我们也应该清醒地认识到，伴随着经济全球化进程的日益深入，各种文化思潮和价值观念冲击着大学生的思想，某些腐朽落后的生活方式也侵蚀着大学生的心灵。相当一部分大学生不同程度地存在政治信仰迷茫、理想信念模糊、价值取向扭曲、诚信意识淡薄、社会责任感缺乏、艰苦奋斗精神淡化、团结协作观念较差、心理素质欠佳等问题。因此，对学生进行非物质文化遗产教育，使学生从中汲取优秀的民族文化传统和民族精神食粮，有助于大学生树立远大、崇高的理想，并为之而奋斗。

（二）非物质文化遗产教育能健全大学生的人格素养

1. 促进大学生高尚的情感素养

《心理学大辞典》中认为："情感是人对客观事物是否满足自己的需要而产生的态度体验"。情感素养主要是指个人对自己情绪的把握和控制、对他人情绪的揣摩和驾驭，以及对人生的自我激励、面临挫折的承受能力和人际交往技能等，它反映的主要是人的心理素质的核心内容，或者说它主要是把对人的素质要求的某些方面更加具体化了。从某种意义上讲，情感素养对人的成功起着决定性的作用。而非物质文化遗产，尤其是其中的精华本身就是"情感的符号形式，艺术家掌握了创造艺术符号形式的本领，把无形的内在情感，变成了可供人感知、观赏的东西。"因此，通过加强非物质文化遗产教育，对促使大学生情感素养的提升意义重大。

2. 促进大学生优秀的理智素养

理智，亦作"理知"。指清醒、冷静、合乎实际的思维。一个人用以认识、理解、思考和决断的能力，或辨别是非、利害关系以及控制自己行为的能力。理智情感是与个人客观实际的探索以及对某种信念的辩护相联系着的各种情感。理智情感是与人的求知欲、认识兴趣、解决问题的需要等满足与否相联系的。人在认识过程中有新的发现时，会产生愉快或喜悦的情感；在突然遇到与某种规律相矛盾的事实时，就会产生疑惑或惊讶的情感；在不能做出判断犹豫不决时，会产生疑虑的情感，这些都属于理智情感。理智情感是在认识过程中产生和发展起来的，它又反过来推动着人的认识进一步深入，成为认识世界和改造世界的一种动力。

作为年轻人中的佼佼者，大学生有较浓厚的学习意识，在接触先辈们遗留下来的非物质文化遗产的过程中，他们能真切地体会到先人们的勤劳、智慧和当时的生活场景，受到各种情感体验，促进学习的兴趣和求知欲，并从中得到启迪，不断完善自己的道德修养，使自己得到道德理智的升华。

3.促进大学生良好的个性素养

学校教育既是一种特殊的环境，又是一种特殊的实际活动，这也就决定了它的特殊作用。与遗传因素和自发的环境影响相比，它在学生个性发展中起着主导作用。在科学技术高度发展的今天，学校教育更显现了它的重要性，这是因为大批科学技术人才的培养，离开了学校教育，是根本不可能的。因此，加强对大学生非物质文化遗产方面的教育，注重文化艺术对其的熏陶，重视加强大学生人格修养、道德升华，强调树立高尚情操和远大理想，对大学生个性发展、文化品位、审美情趣的提高有着举足轻重的作用。

（三）非物质文化遗产教育能完善大学生的文化素养

文化素养是一种用优势文化中的习语、隐喻和非正式内容流利交谈的能力。通俗的理解是指一个人在文化知识方面的素质和文学理论方面的修养。大学生所具有的文化素养，不是天生的，也不是在后天自发形成的，而是通过对社会生活的体验，特别是通过参与文化活动、接受知识文化教育而逐步培养出来的。文化素养的培养，离不开生活、实践和教育。

非物质文化遗产源远流长，博大精深，是劳动人民在长期生产生活实践中运用集体的智慧创造并传承发展下来的，是一笔宝贵的精神财富。这一财富可以使大学生获得除自己所学专业以外的文、史、哲等多学科知识，有助于大学生扩大知识面，开拓视野，激发创新意识，为大学生文化知识素质和文学理论方面修养的培养打下坚实的文化基础。

第三节 非物质文化遗产教育加强当代大学生思想道德建设的实施途径

高等院校应在统一思想、提高认识的基础上，结合学校自身实际情况，充分利用非物质文化遗产教育资源，结合先进的教育理念和教育手段，对大学生进行非物质文化遗产教育，以促进大学生思想道德建设。

一、将民风民俗、节庆礼仪教育与大学生思想道德建设相结合

民风民俗是特定社会文化区域内历代人们共同遵守的行为模式或规范。人们往往将由自然条件的不同而造成的行为规范差异，称之为"风"；而将由社会文化的差异所造成的行为规则之不同，称之为"俗"。礼仪就是律己、敬人的一种行为规范，是表现对他人尊重和理解的过程和手段。我国是个多民族的国家，有56个民族，各民族风俗习惯、节庆礼仪也各不相同。所谓"百

里不同风，千里不同俗"正恰当地反映了风俗礼仪因地而异的特点。民风民俗、节庆礼仪等非物质文化遗产中蕴含着丰富的中华传统美德和博大精深的民族文化，而作为其精髓的儒家伦理更是源远流长。

比如中国的古老传统节日——中秋节，2006 年 5 月经国务院批准列入第一批国家级非物质文化遗产，吃月饼和赏月是节日的特色，皎洁明亮的中秋圆月，寄寓了家人团圆美好的幸福生活。中秋节已成为世界各地华人华侨的传统节日，虽然各地习俗不同，但都寄托着人们对美好团圆生活的无限热爱和对幸福未来的憧憬。而这正是一个民族和国家赖以凝聚民心的精神资源，正是这种民族向心力共同维护了我国统一的多民族国家的发展。从中国第一个统一的多民族国家秦朝开始，至今已有两千多年，"崇尚统一，反对分裂"始终是中华民族的共同追求。中华民族发展的历史表明，国家统一和民族团结始终是历史的主旋律，分裂是暂时的，统一是长期的。在中华大家庭内部，各民族团结统一、和睦相处，共同创造了灿烂的中华文明，为世界文明做出了独特的贡献。

还有像我国传统重要节日春节、清明节、端午节、重阳节等，都是民族文化传承的重要载体，运用这些非物质文化遗产对大学生进行思想道德教育，使他们充分认识到在长期的历史进程和积淀中形成的民族风情、节庆礼仪，体现了一个民族的价值观念和价值追求，是维系和推动民族生存和发展的思想精粹，是保持一个民族生命力、凝聚力和创造力的集中体现。

二、将中国戏曲表演艺术欣赏与大学生思想道德建设相结合

戏曲是中国传统的戏剧形式，是包含文学、音乐、舞蹈、美术、武术、杂技以及各种表演艺术因素综合而成的。它的起源历史悠久，早在原始社会歌舞已有萌芽，在漫长发展的过程中，经过八百多年不断地丰富、更新与发展，逐渐形成了现代比较完整的戏曲艺术体系。我国各民族地区的戏曲剧种，约有三百六十多种，传统剧目数以万计。新中国成立后又出现了许多改编的传统剧目，新编历史剧和表现现代生活题材的现代戏，都受到广大青年学子的热烈欢迎。

中国的戏曲表演艺术，不仅展示了中国传统艺术独特的审美与艺术价值，而且还渗透着中国传统文化的多方面的内容。可以通过在大学中开设传统戏曲赏析课等形式，选择宣扬具有爱国主义和高尚道德品格的剧目来陶冶大学生的情操，感染他们的心灵，提高他们的认识水平，从而达到对其进行思想道德教育的目的。

就拿我国的国粹京剧来说吧。京剧是积淀了民族审美习惯和文化传统

的艺术瑰宝，中国人含蓄、稳健、精致、典雅的精神品格在京剧艺术里有着最丰富、最集中、最生动的体现。京剧成熟于清代中叶，作为继昆曲后兴起的一大剧种，它具有雅俗共赏的特点。在二百多年的演进过程中，京剧产生了一批优秀的剧目和演员，在一定程度上已经成为中华文化的一张名片。在2008年央视播出的《星光大道》节目里，一位来自塞拉利昂的外国朋友表演了《说唱脸谱》，引起了观众极大的反响。从她出色的演唱中，我们可以深切地感受到中华优秀传统文化的无穷魅力。让京剧表演艺术欣赏走进大学校园，既可以宣传爱国主义精神，更是弘扬中华传统文化的需要。

越剧、豫剧、黄梅戏、秦腔、川剧等同样是中华民族的宝贵文化遗产。高等院校可以结合自己的地域特点和专业特点，在课程中适当增加具有地方特色的戏剧欣赏课，这样不仅能提高大学生的知识水平和审美水平，而且能够促进地方戏曲的繁荣，更好地保护这些非物质文化遗产。

三、将民族传统体育活动与大学生思想道德建设相结合

民族传统体育是指某一民族或几个民族在一定范围所开发的具有浓郁民族文化色彩和特征的传统体育活动。在人类诸多的文化现象中，体育是一种最容易沟通人的思想、最容易被大众接受和喜爱以及促进相互认同的社会文化形式，而民族体育更具特色。在现代文明社会，体育是国家繁荣昌盛的象征，民族体育是国家民族强盛的重要标志。为此，弘扬民族文化，发展民族体育，是21世纪把我国建设成为世界体育强国的重要途径。

我国传统民族体育活动丰富多样，有太极拳、陀螺、蹴球、抛绣球、踢毽子、武术、滚铁环、绫球、珍珠球、摆手舞、肉连响（莲湘）、傩戏、大象拔河、赛马、射箭、摔跤、搏克等。这些体育项目中任何一个都是在特定的民族文化背景下，在一定历史阶段产生的，并在历史发展过程中去其糟粕，保留其精华，而逐步发展成熟起来的，并具有中华民族的民族气派和民族风格，它是中华民族传统文化的重要组成部分，具有鲜明的民族性，是中华文明的传承载体。这些活动长期以来深受广大民众所喜好，在我国有着深厚的民族群众基础。

将民族传统体育活动与大学生思想道德建设相结合，就是通过让大学生参加民族传统体育活动的途径，深刻体会蕴含在中华民族传统体育活动中丰厚文化内涵，并在奥林匹克精神的指导下，不仅是使身体得到健康与娱乐，更重要的是通过竞技使大学生的精神、道德、思想及意志品质得到全面的提高，进而促进人类社会的发展和进步。

四、将非物质文化遗产教育纳入学校课程体系

目前，我国高校每年招生近 500 万人，在学校进行非物质文化遗产保护的宣传教育，就意味着每年有 500 万人直接受到教育。这些学生又会影响他们的亲人和朋友，宣传教育效果是卓有成效的。所以，要提倡将非物质文化遗产教育纳入学校课程体系，在高校普遍开设非物质文化遗产教育课程。

首先，教育主管部门应充分考虑非物质文化遗产保护工程的迫切需要和社会对非物质文化遗产专业人才的实际需求，在进行专业设置和调整的时候，将民俗学和民间文学作为本科专业，促进高校人文基础学科与应用学科相结合，由单一学科向多学科、交叉学科的转变。

其次，各高校要通力合作，组织各方面的学术力量编写具有中华民族特色的非物质文化遗产课程大纲、教材，大力开发和构建非物质文化遗产课程，把非物质文化遗产加以选择、整理，注入课程体系，这是实现我国非物质文化遗产教育目标的重要一环。

在教学过程中，教师要将课内课外结合，特别要在实践环节上下功夫。教师要利用教学时间组织学生到民间采风调查，指导学生完成非物质文化遗产保护调研报告，暑假组织大学生到基层进行非物质文化遗产保护宣传、实践活动。要培养大学生的非物质文化遗产保护意识及从事保护工作的能力。

第九章 互联网环境与当代大学生思想道德建设

第一节 互联网环境与当代大学生思想道德建设

人的整个思想感情和价值意识，特别是人的人生观和价值观并不是直接来源于自然界或生物物理世界，也并不是由物质世界决定的，而是来自于由风俗习惯、伦理道德、宗教哲学、语言教育、政治法律、礼仪制度、神话文学以及艺术等构成的有价值、有意义的文化现象世界。它建构发展了人的价值心理和价值观念，也告诉人们应该怎样生活及怎样才能活得有价值，有意义。所以，社会文化背景是大学生价值观形成的重要因素，而网络文化又是当今社会文化背景中的重要的组成部分，所以网络文化是大学生价值观形成与发展的必不可少的文化基础。

一、网络文化是大学生价值观形成的重要的文化基础

任何社会都是在社会知识的增长与社会经验积累的过程中将一定的观念体系传递下去，从而形成价值观念体系。不同时代的人形成以自身群体为中心的价值观体系。任何文化的发展的关键都在于对价值观的批判继承，弃旧立新。价值观与道德理论的发展都是文化发展的基础。大学生的价值观主要来自社会，社会环境对大学生价值观形成的影响主要是通过时代背景与文化背景。虽然大学生的价值观具有一定的稳定性，但是它会随着社会的变迁而发生变化。大学阶段是大学生为走向社会所做的前期准备时段，在大学阶段大学生逐渐具备了相对自主的行为选择，加上在既是校园又是社会环境的大学里的学习与积累，大学生的价值评价标准逐渐完善，社会目标和人生目标逐渐形成，道德目标趋向成熟，形成了相对稳定、较为完整的价值观体系。在这个阶段，大学校园文化环境成了影响大学生价值观的主要因素，社会大环境和家庭环境成了影响大学生价值观的次要因素，而大学生在大学生阶段

所接触到的道德标准、价值目标、学习的积淀、榜样示范、亲身体验和自我评价都是影响价值观形成的基本因素。而在校园文化环境中，网络文化环境占有非常重要地位。在信息时代，网络文化日益盛行，当代大学生获取信息途径也日益多样化和多角度化，他们已不再简单按照教育者制定的方法和目标去获取和理解信息，网络已经成为他们构建价值观的重要工具。由于互联网的全球普及，各国文化都打破地域与时空的限制，搭上了网络这趟"信息高速列车"，一些西方先进的、可以借鉴的信息文化资源与意识形态，如'自由、平等、博爱'的道德信条和'主权在民'的政治道德观等，都顺利的涌入高校的校园网络，开阔了大学生的视野；但同时许多西方敌对势力所宣传的糟粕文化，如新自由主义、实用主义、个人功利主义、荒诞主义等思潮也充斥着大学生的校园网络文化，影响着大学生价值观的形成与发展，所以，多元的网络文化成了大学生价值观形成的重要的文化背景。

二、网络文化对大学生价值观形成的影响过程

作为信息传播的一种重要工具，网络在拓展大学生视野的同时，它所传播的价值观和意识形态潜移默化地影响着大学生的认知方式，改变着他们的价值观。网络文化对大学生价值观念的影响过程是使大学生对某些事物从不接受到接受、从不认识到认识、从不适应到适应、从不理解到理解，最后主动构建为自己行为准则过程。这一过程主要经历如下几个阶段：

（一）大学生对网络信息的选择

大学生对信息的选择是网络信息传播的首要阶段。大学生对网络信息的选择包括没有特定目的的无意接触选择和有一定意向的选择性接触。从心理学的角度来看，个人总是倾向于使自己接触那些与原有的思想与价值观一致的信息，而避免接触违背自己原有意识形态的信息。当大学生在浏览网络信息时，无论是有意识接触还是无意识的接触，他们总会根据自己的需求去选择自己所需要的信息，而恰恰是这些被选择的网络信息影响着大学生价值观。

（二）大学生对信息的理解

大学生对网络信息的理解直接与大学生对网络信息的认知图式有关，大学生的网络信息认知图式是网络信息在大学生头脑中的反映。大学生的网络信息认知图式包括有关网络语言、图像、声音的图式、关于信息传播者的角色图式与关于各种信息内容的结构图式等。大学生对'网络信息的认识可分为直接性理解和间接性的理解。所谓直接性理解就是大学生无须分析，就能

直接理解的信息；而间接性理解是大学生运用已有知识才能理解网络信息。在理解的过程中，大学生对自己接触到的网络信息加以选择，并且根据自己原来的经验做出价值和意识评判，选择性接受网络信息所包含的价值观念、文化规范等。

（三）大学生信息的认同

当大学生理解网络传播的信息，并认为与他们原有的认知结构相同时，他们就会产生认同感并自动把这些信息存在自己的大脑里，并内化为自己认知世界的一部分，然后对自己原有的价值观进行相应的替换与改变。大学生从认知上接受了网络信息，就会从行为上接受对这种信息的认同，从而改变原有的行为模式。

总之，虽然大学生价值观的形成受众多因素的影响，但是不可否认的是网络文化在大学生价值观的形成过程中起着举足轻重的作用，并且对大学生价值观的未来发展也有重大的影响。网络文化对大学生价值观的影响过程循序渐进，它通过大学生对网络所承载的网络信息的注意与选择，理解与接受的程度渐渐深入大学生的头脑，从而使大学生将这些新型的文化意识形态固有为现有的价值体系，重新定位已有的价值观念。所以，如何建设良好的网络文化，弄清网络文化对大学生价值观的形成到底有什么样的影响，如何引导大学生在网络环境下构建正确的价值观就越发值得高校网络思想政治教育者深思。

第二节　互联网环境下当代大学生思想道德建设存在的问题及原因分析

网络文化由于其存储空间大、信息变化快的特点被大学生所喜爱，但同时网络文化本身的复杂性以及安全的无保证性等特点也给大学生、教育者以及思想政治教育本身带来了困惑。与此同时，网络文化的迅速发展、网络语言的跨文化发展也给教育者适应网络文化提出了挑战，教育者只有积极梳理网络文化环境对大学生思想政治教育的影响，才能找到解决问题的出路。

一、网络文化环境对大学生思想政治教育的负面影响

网络文化在丰富了大学生课余生活、为大学生提供更多学习途径的同时，也对大学生的生活产生着负面的影响，例如造成了碎片化的阅读思维，同时沉迷网络等情况也时有发生。教育者面对网络文化时需要分析在这种环境中

大学生思想政治教育所面临的困境以及网络文化给教育带来的机遇，借此来不断地提升思想政治教育的效果。

（一）文化内容庞杂影响大学生的判断力

目前，网络每日产生的网络文化信息量以 TB 来计量。随着网络技术的发展，特别是移动互联网技术的发展，人们上网不受时间和空间的限制，一天 24 小时可以随时搜索信息。近年来自媒体的发展使人人都是信息的发布者，网民的素质和文化层次参差不齐，因而他们创作的文化作品多种多样。其中既有表现中国社会进步充满正能量的优秀文化作品，也有包含封建迷信思想、拜金思想在内的庸俗文化作品。另外，国外的敌对势力把网络作为侵占人们意识形态的重要阵地，利用网络的全球性不断地在网络上宣扬中国的负面新闻，把中国极个别的负面案例通过网络的各种手段不断传播用以扩大不良影响、诋毁中国国家形象、侵蚀网民意识等。网络文化内容的庞杂，传播速度的加快，网民素质的参差不齐都给我国网络文化的发展带来了很大的挑战。一方面，网络文化中存在着各种各样的低俗文化，这对主流文化是一个严重的冲击。低俗文化的具体表现为利用图片、视频或者文字等网络文化形式对社会中的色情、暴力、迷信信息进行传播，包括黄色网站中的黄色图片、视频和暴力影像等等。这些以网络文化为载体传播低俗的内容，扭曲了人们的价值观。许多低俗文化也以隐蔽的身份出现在各种网络文化之中，如《古惑仔》广受大学生的喜爱，其中的暴力场景和充斥着凶杀、谩骂的古惑仔语气一度为大学生所崇拜。这种隐性的低俗文化在不知不觉中冲击着主流价值观，对大学生的成长起到负面作用。另一方面网络文化的开放性使各国文化渗透其中，尤其是西方的享乐文化、奢侈消费文化正在不断地以文化渗透的方式侵蚀着大学生的头脑。西方文化渗透还根植于电视节目之中，例如中国引进的参照西方模式的选秀节目，其中的审丑观念和无原则的模仿都在不同程度上冲击着中国的主流价值观。此外网络文化也助长了攀比之风，如"郭美美事件"和"我爸是李刚"事件等等，这些非主流价值观时刻侵扰着大学生。另外，网络文化具有将反面事件扩大影响的作用。例如"范跑跑事件"，网民将这一事件无限扩大，在无形中造成了很大的负面影响。负能量文化内容充斥于网络文化之中，这些内容混淆大学生价值观的同时影响着大学生的判断力。

网络时代的到来使人们的生活发生着前所未有的改变，同时也对人们的思想和行为方式产生着一定的影响。但是网络的发展也给人们带来许多困惑。在无网络时代人们往往为信息的匮乏而感到困惑，而在网络时代海量信息的冲击也给人们带来选择的困境。一方面，网络中信息量增大，人们仿佛置身于信息的海洋中，不知从何处着手读取信息。大量信息的堆积不仅需要时间来阅读，还需要时间来整理，这些过程往往出现对同样信息反复的阅读，大大降低了信息的利用率。另一方面，网络信息存在着真实性问题。网络中任何人都可以参与到发布信息的行列中，这造成了虚假信息与真实信息相交叉和网络信息的获取者不知道该如何选择等问题。三观没有完全形成的大学生更容易受到虚假信息的影响。另外，一些别有用心的人将网络中的负面信息扩大化并大量传播。这就使大学生产生对社会生活的恐惧心理，产生对他人的不信任心理。大学生往往更容易接触网上传播的信息，并且不假思索地相信。这种状态大大地影响着大学生的学习和生活，影响着大学生人际关系的形成。总之，身处于网络时代的大学生，需要做的就是正确应用信息，在海量信息中辨别真实信息。

海量的信息同时带给教育者和受教育者巨大的挑战。对教育者来说，一方面，面对网上丰富的教育内容，教育者如何选择学生感兴趣的网络文化内容进行教育是一个挑战。由于网络文化信息数量不断增加，形式多样，要想选择对学生影响深远，能够丰富课堂内容并且弘扬社会主旋律的网络文化产品，需要教育者对网络文化有极强的鉴别能力，也需要教育者对网络文化的发展有极强的敏锐性与网络应变能力。例如在对学生进行社会主义核心价值观教育时，可以选择多种多样的网络文化作品，教育者可以选择"最美女教师、最美司机……"系列进行教育，也可以选择"学习郭明义"等典型作为教育内容，但是如何选择就需要教育者根据自己所讲授的内容与学生的理解力和可接受度来进行选择。这无疑是对教育者网络文化辨别力的一种挑战。另一方面，网络文化教育需要教育者具有较强的辨别能力。网络文化内容多种多样，由于网络文化的开放性特点，任何人都可以在网络中发表自己的言论，网络文化的内容因此纷繁复杂。各种言论都可以出现在网上，不良信息、虚假信息掺杂其中。

大学生正处在人生观、价值观、世界观的形成时期，容易受到外界的影响。一方面，大学生受到国内的错误价值观的影响。网络中充斥着各种各样的价值观，国内网络的主体导向是正确的。但是由于网络的开放性以及多样性，网络文化纷繁复杂，其中包含庸俗文化、媚俗文化以及低俗文化等，这些错误的价值观存在于网络文化之中。另一方面，大学生受到西方错误价值观的影响。西方文化有许多精华之处，值得大学生学习。但是西方敌对势力利用网络的优势，也将西方错误的价值观渗透给我国大学生。网络语言是以英语为主的语言方式，英美等西方国家网络的发展水平远远高于中国，网络软件多是西方发达国家研发，其中的内容自然含有西方的意识形态。西方国家利用网络技术的发达以及英语的便利，进行文化殖民，将不良的文化信息在网上传播。由于大学生好奇心强、求知欲望高、接受新鲜事物较快，容易受到西方文化的影响，这无疑是一种新的殖民方式。另外，大学生也是网络文化的创做主体，大学生可以通过网络文化平台发表自己的看法、阐述自己的观点。由于网络文化的匿名性和开放性等特点，网络文化中所表达的内容往往脱离世俗道德的限制，导致偏激现象频繁发生，这种感应召唤着许多追随者一起放大负面情绪、放大社会阴暗面。久而久之，这种现象就会造成大学生对社会认知的偏离、内心负能量急剧增加等问题。在网络文化中，类似的群体聚集在一起，人们内心的负面情绪并不能得到缓解，反而这种情绪在这样的网络文化背景下会不断地增长，给大学生的心理造成极其恶劣的影响，阻碍着大学生社会责任感和社会道德观的形成。

由于网络文化表现形式多样，信息承载量巨大，大学生如何在内容庞杂的信息中做出判断成了其需解决的问题。首先大学生需要通过网络文化快速地选择自己所需补给养料，在提高自身素质的同时，增加对网络文化的判断力。一方面，方便快捷的获取教育信息需要大学生提高自我素养。由于网络文化的选择便利，形式多样，大学生可以根据自己所需更加方便的选择需要学习的内容。在移动互联网时代，大学生利用移动设备，例如手机等可以随时随地地查找自己所需的信息。信息量大、搜索便利是网络文化最大的优势，大学生能够充分的利用这一特点，快速有针对性的吸收知识养料。另一方面，大学生可以通过网络文化获取新颖的学习方式和方法。网络文化为大学生提供了丰富的学习题材及多种学习方式，开阔了大学生视野，有利于大学生根据自己感兴趣内容创新学习方式。另外，大学生在潜移默化中提升自身素养。网络文化既承载着传统文化的内容，又是一种与时俱进的文化。大学生在运用网络文化之时就会受到优秀网络文化的影响，潜移默化中提升自己的文化素养，提高自己的网络辨别力。

（二）商业化娱乐化庸俗化取向影响大学生价值观

目前，我国网络文化过于商业化娱乐化和庸俗化。市场经济推动着传统产业的现代化转型。互联网为许多传统产业开辟了一条新路。在资本的推动下，网络文化转化为文化产品的浪潮已经兴起，并且在短短几年间快速发展，但其中也存在着网络文化产品过度娱乐化商业化庸俗化的问题。

文化的商业化，目前体现最为突出的地方就是电影。无疑，电影商业化是电影行业转型的重要出路，但是为了追求高票房，过度商业化就会有违电影艺术的初衷，使电影成为赚取金钱的工具。同样网络中的微电影也存在商业化过度的情况。微电影是一种草根模式的电影，可以将手机等拍摄的视频分享到网络中。在微电影中不乏好的微电影作品，例如《婚礼摄像师的故事》、《宅男电台》等等，但是也存在过度商业化与娱乐化的现象，例如《屌丝日记》等等，还有各种恶搞电影，这些电影为了增加点击率刻意扭曲主流价值观。

网络文化的娱乐功能一直受到广大网民的喜欢。网络文化的表现形式丰富多彩，网络文学文化、网络影视文化、网络游戏文化等都是网民日常生活中最好的文化产品。各大型网站都能随时随地地发行娱乐项目，网络游戏也是不断地更新换代，甚至前几年出现了全民偷菜的怪相，网络娱乐现象已经成为我国网民的常态。但是网络游戏的同质化特征较为明显，雷同的情节雷同的语言出现在不同的游戏之中，虽然国内网络游戏在画质与技术已经在国际舞台上占有一席之地，但是深层次精神内涵还没有得到体现。发行商往往过分地追求商业化以多种噱头来打造网络游戏的卖点，其实质基本上一样。又比如，"标题党"的出现，有一些人为了转发与点击率，断章取义的在标题上做文章，迎合现在网络的快餐式阅读习惯。另外，微信朋友圈中总是同样的文章被多方转载，浪费时间和精力。有人将微信中的文章分为心灵鸡汤类、美图类、养生类等等，这中间有许多商业性客户端的运作来吸引阅读者的关注，消耗阅读者的时间和精力。主要有以下几种影响大学生价值观形成的网络文化需要重点关注。

第一，游戏文化与娱乐至死等文化现象影响大学生人生观。人生观决定着大学生的人生态度、实践的方向、人生目标、人生道路，也决定着人们对待生活的态度。网络文化中享乐主义随处可见。游戏文化深受大学生的喜爱，大到网络游戏，小到单机版小游戏，游戏文化的种类多样，能够满足各类人群的喜爱。大学生沉迷于网络游戏文化的现象屡见不鲜。有些大学生甚至可以不吃不喝连续几天沉浸其中，这不仅对大学生的学习造成影响，也对大学生的人生态度、人生目标产生影响，更重要的是对大学生的身体健康造成不可逆转的影响。网络文化也充斥着游戏人生、娱乐致死的观点。一些人在网络文化中鼓吹娱乐致死观点。大学生由于偶尔的苦闷而娱乐、放松身心，正常的娱乐是对身体和精神上的放松。但是网络文化中的泛商业、泛娱乐现象，让正处于压力之中的大学生为了逃避现实生活的困境，而转向自娱自乐、自我麻痹之中，学生不知不觉地陶醉其中，自我麻痹。久而久之，大学生就变得逃避现实、自我封闭，游戏文化对大学生的身心发展造成影响，进而影响大学生对待人生的态度。大学生沉迷游戏，不能自拔现象严重。新闻报道多起因为沉迷网络游戏而长时间上网导致死亡的案例，这些需要大学生保持清醒的态度，正确对待网络游戏。大学生模仿网络游戏中的情节，造成网络文化与现实文化混淆，或者为了玩网络游戏而犯罪的现象屡有发生。例如新浪网报道"《侠盗飞车》在引发暴力方面难辞其咎。2003 年，18 岁的 Devin Moore 在玩过《GTA》之后突发奇想，在现实生活中上演了一次'侠盗飞车'。他偷窃汽车时被捕，开枪打死了三名警察，然后逃之夭夭。"这样的案例还有很多，由于网络游戏文化中载有暴力、色情等低俗文化，而引起未成年人犯罪并且腐蚀大学生的价值观。网络文化表现形式多样，创造者与运用者没有特定的限制，这导致网络文化信息庞杂。许多过激语言、暴力倾向以及黄色内容充斥网络文化之中，大学生只要身处网络文化之中，就会遇到糟粕，如果不加以鉴别，沉迷其中就会在思维以及行为上受到影响。例如一些西方大片中暴力倾向严重，长时间接触这样的网络文化，思想潜移默化地就会受到影响，导致出现暴力行为。如现在许多学生喜欢追美剧，例如"老友记""绝望的主妇""傲骨贤妻"等等，从网络影视作品来说，它的故事情节、拍摄手法、传播的社会责任感等等都是值得大家学习的，但是欧美剧中必然传达着欧美的道德标准，一些情节与中国的国情就相矛盾，例如西方影视文化中有许多利用私家枪支的现象等等，大学生在欣赏这些佳作的同时需要考虑到国情的不同。另外，网络文化中包含大量的西方错误意识形态。目前有些国家通过网络文化的开放性、传播性快等特点，有目的地传播不良信息，使大学生的意识形态受到影响，从而导致其产生一些非理性的行为。

第二，奢侈消费与拜金主义影响大学生的消费观。网络消费文化直接影响着大学生的消费观。一方面，网购已经成为大学生购物的首选，它有许多优点，方便、快捷，不需要走出校园就可以买到任何需要的东西。随着网络购物的发展，物流业的服务水平也逐渐地提高，基本上每个校园都有快递公司的营业网点，这也方便了学生网购。但是网络消费文化之中，泛商业化现象严重，仅在 2015 年双 11 一天，成交量就达到 912.17 亿元。商家的大肆宣传，导致学生沉迷于网络购物之中，影响着大学生的消费观。另一方面，网络奢侈消费盛行，例如微信朋友圈中有一句流行话"你永远不知道谁是下一个代购"，这就是说微商的盛行，已经侵占微信，学生每天看朋友圈中各种奢侈品的信息，内心的购物欲望不断膨胀，拜金主义不断增长。最后，大学生之间的攀比现象严重。在自媒体时代，每个人都是信息的发布者，经常有大学生在网络中晒着自己的名牌衣物，其他大学生就会与其进行比较。奢侈消费与拜金主义在网络文化中发展迅速，原因之一是社会浮躁气息的影响。当今社会处于转型时期，经济的快速发展导致大众消费意识的增强，消费文化迅速发展；二是教育主体对学生教育的程度受着传统观念的限制，在意识形态领域进行教育为主，对学生的消费引导注重较差；三是大学生作为消费文化的主体，本身的消费观没有形成，容易受到外部因素的影响，对网络文化中的奢侈消费与拜金主义没有抵抗力，这直接影响着大学生的消费观。

第三，色情文化影响大学生的婚恋观。由于网络文化具有匿名性、全球性和开放性等特点，网络色情文化融入其中，大学生容易受到不良因素的影响，进而影响大学生婚恋观。一方面，中国对性教育仍处于空白状态，由于中国传统文化的影响，家庭中很少有家长对孩子进行直接的性教育。种种原因导致大学生只有自己通过网络文化接触到性教育，但是网上的性教育内容种类繁多，大学生误认为色情文化就是性教育的内容，将网络色情文化作为性教育的启蒙，影响大学生的身心发展。另一方面，根据马斯洛的需求理论，越是低级的也越是强烈的。大学生在青春期应该被满足的情感需要，没有被满足，到大学后用网络色情文化来弥补青春期的情感需要。又由于大学性教育的缺失，网络色情文化由于方便获得、隐蔽性等特点深受大学生的喜爱。此时大学生的婚恋观还没有形成，不知不觉沉迷于网络色情文化不能自拔，导致对性文化的误解，进而对婚恋观的认识发生偏颇。最后，大学生容易受到西方文化的影响，西方的影视文化渗透着西方的性文化，大学生对西方文化有着盲目地崇拜性。西方文化的传入，夹带着不健康的性文化，大学生在这样文化氛围中，容易受到不健康的影响，把性与婚姻分开、性与恋爱分开、恋爱与婚姻分开等等，种种的扭曲的文化直接影响着大学生的婚恋观。

第四，网络低俗文化影响大学生的道德观。大学生的道德教育一直是思想政治教育的重要内容，道德教育经常出现的问题就是道德认知与道德行为不一致。出现这种现象原因有很多，其中一个重要的原因就是缺乏道德的自律与监督。在网络世界出现大学生网络道德失范的原因之一，网络的匿名性导致道德监督的失控。网络世界是虚拟的世界，在网络中性别可以更改、年龄可以增大或者缩小、职业可以随心所欲变换，没有了现实社会道德的约束，使一些学生网上的表现与现实截然不同。有些大学生是为了宣泄自己对现实的不满，有些大学生是抱着好奇、游戏的心理产生的网络道德失范现象。另一方面，网络应用者素质的不同导致他们对于道德的认知就存在着千差万别的理解。大学生经常与道德失范的大学生接触，思想有被同化的危险。此外，网络中的道德失范影响着现实中的道德认知。长时间对于网络道德的不正确认知，会潜移默化地影响到现实生活，对大学生成长极其不利。同时网络社会缺乏熟人场域的监督。现实社会中，有些学生往往在熟人面前很少表现道德缺失，但是网络社会缺乏熟人场域的监督，就会出现道德认知与道德行为的不一致。最后，网络中的低俗文化泛滥，而且内容更替频繁，样式较多，有些网络低俗文化在高雅文化的外衣下生存，一些大学生防御能力差，辨识度有限，误将低俗文化看作高雅文化加以欣赏，一旦陷入其中，有些难以自拔。在这样潜移默化地熏染之下，大学生所表现出的话语以及行为，就缺乏了社会道德感。总之，网络道德一方面要提高运用主体的素质，另一方面也要加强对网络的监督。

在网络文化过于娱乐化的同时，网络文化的商业化也愈演愈烈地带动网络经济的发展，中国的网络经济迅猛发展的同时，也给中国的网络文化带来了新的挑战。网络文化的商业气息越来越浓，如何使网民在网络文化娱乐性与商业性极强的氛围中，坚守自己的世界观和价值观是中国网络发展所必需面对的问题。

（三）文化话语权分散化影响主流文化传播的权威性

在传统媒体时代，传播主流文化一般都以独白的形式进行，而且无论采用何种传播媒体，所发出的声音都是一致的。政府与官方媒体的权威性毋庸置疑，这些权威机构统一使用科学用语而不会使用生活用语，进行主流文化的传播。这种传播形式不易被大学生接受，甚至出现排斥现象。而新媒体的个性化的小叙事形成了多重话语或意见的百家争鸣状态，多元分散而矛盾的网络主体的小叙事使网络的各种信息、内容呈"拼凑"状态。网络文化中的话语权发生迁移，由权威者向平民大众迁移。在思想政治教育中，主流文化主要通过教育者进行传播，教育者在传统的教育中具有绝对的权威性，这种话语权的迁移分解了教育者以及政府的权威性。

在传统的思想政治教育中，教育者有绝对的权威性占有话语权，对主流文化的传播以灌输方式为主。但是在网络文化时代，人人是文化的创造者，人人具有话语权，这对教育者的权威性发起了挑战。一方面由于网络的虚拟性特点，教育者与受教育者不是面对面地进行交流，而是通过网络文化这一媒介进行交流，这种通过媒介进行交流的方式本身已经弱化了教育者的权威性。另一方面，网络文化中受教育者的主体地位逐渐突出，他们具有明显的话语权，教育者与受教育者在网络文化环境下是平等的交流主体，这一特点带来了教育双方的平等性，在平等性的前提下，受教育者可以放心地将自己的想法提出来，并通过网络文化的形式表达出来。受教育者可以通过网络文化将自己内心的真实想法予以表达，教育者的权威性受到了挑战。另外，网络文化的多主体性改变了以往的教育者与受教育者主客体的关系，使其变成了主体——客体——主体的主体间性关系，这一关系也决定了思想政治教育的方法由原来的灌输式变为了交互式，这种主客体关系的转变对教育者的权威性也有一定的挑战。这种多级主体性使朋辈之间的教育效果凸显，朋辈教育也易于被大学生所接受。思想政治教育可以通过开展网络朋辈教育的方式扩大思想政治教育的效果，提高教育的有效性。总之，网络文化环境下，对教育者提出了挑战，但正是这种挑战的存在，才使教育者认识到自身的不足。教育者通过改变教育方式和丰富教育内容，提高自己的权威，提高思想政治教育对大学生的影响力。

在文化话语权逐渐分散的情况下，教育者为了有效地传播主流文化，需要不断地适应这种转变，适应网络语言并加以运用。网络文化语言的变化可谓千变万化，从最初的"日"，发展到多种网络体，网络语言更是层出不穷，一个事件、一个有名的影视文化作品都可以成为网络文化语言的转变发祥地。例如"且行且珍惜""世界那么大，我想去看看"这是在网络中由一件事情引起的流行语。网络流行语的发展，并没有特定的规律，往往以诙谐幽默或者自嘲表现较多。大学生中网络流行语的盛行，远远超出思想政治教育者的了解范围，如果教育者不能紧跟网络文化流行语言的发展速度，很快就会对受教育者所发表的言论表示不解，甚至不懂其中的真正含义，又何谈教育。教育者总是在试图以平等的身份出现在受教育者面前，但是当教育者运用网络文化流行语与学生进行交流时，教育者却不能理解其中的含义，在这种情况下语言成了交往障碍，影响思想政治的教育效果。此外，部分教育者对网络文化语言接受度有限，他们本身就排斥网络语言，致使教育者不懂网络语言，导致与大学生在网上交流不畅。另外，教育者的网络应用水平参差不齐。网络的高速发展，网络文化呈现出多种表现形态，新技术的更新日新月异，如果教育者不能紧跟网络文化的发展对新技术加以学习，就会力不从心。网络文化新技术的运用，需要教育者对计算机以及互联网有一定的运用基础，熟悉网络文化的基本使用方式。需要教育者对新技术有一定的接受能力，网络文化的发展速度较快，正规的培训往往跟不上时代的发展，许多新技术的应用都是通过教育者自学完成。在这样的前提下，教育者需要保持对网络文化的敏锐度以及新技术的运用能力。只有当思想政治教育的内容与网络文化新技术的运用达到融合的时候，才能使网络文化的思想政治教育功能得到真正的发挥。

（四）沉迷网络文化造成大学生交往障碍

大学时期是大学生交往观形成的重要时期，交往观对以后的工作学习乃至人生观的形成有着极为重要的影响。一方面，大学生沉迷网络文化，是对现实社会的一种逃避。网络文化表现形式多样，种类繁多，无论什么性格、什么喜好的大学生都可以在网络文化中找到自己的兴趣点。大学生的逃避可以是对现实世界中不喜欢与人交往的逃避，也可以是对自己所受挫折的逃避，甚至有些是对不喜欢这个世界的逃避等等。这些大学生采取逃避的态度，面对自己不愿面对的事情，沉迷网络世界之中，反而会加大这些问题对大学生的影响。许多挫折都是有时效性的，错过了时效性，即使问题解决也会对大学生的心理产生影响，长时间采取沉迷网络、逃避现实的方式会造成心理负担，严重者会形成心理疾病。另一方面，网络文化的种类繁多，沉迷网络文化会让学生产生虚拟与现实不能区分的问题，现实中的交往形式都以网络的交往形式代替，往往会造成交往障碍。网络与现实完全不同，虽然网络的虚拟社区表现得很真实，但是虚拟社区中的人是虚拟世界中的，他的身份、背景完全是虚拟的，与现实中的世界往往不太相同。例如虚拟世界中的人一天可以做很多工作，但是现实社会中的人，往往受制于身体素质、社会环境等等，对于不同的工作不能同时完成。这就造成部分大学生认为网络虚拟文化中可以完成的事情，在现实中也可以完成，与他人格格不入，造成交往障碍。最后，网络文化语言与现实语言有很大出入。网络语言很多都是网友自创的语言，网络语言的应用很大一部分集中于网络之中，只有部分被大家认可的语言，经常出现在现实生活中。但是沉迷网络的大学生，将许多网络语言应用到现实生活中，往往产生交流障碍，慢慢地这些沉迷网络的大学生更加沉迷网络，逐渐地与社会脱节。

由于网络的虚拟性的特点，部分大学生沉迷于网络文化之中，将网络文化与现实文化予以混淆，沉迷网络不能自拔，导致大学生人格异化。一方面，由于网络交流不是面对面的交流，而是通过网络这一媒介进行的，我们面对的是计算机或者是手机等冰冷冷的电子产品，网络世界完全是通过虚拟信号来完成的。网络世界的虚拟性容易造成大学生交往能力下降，沉迷于网络世界缺乏人际沟通。人机交流的方便也使得部分大学生沉溺于网络游戏、网络聊天、网络交友，将现实世界不能达到的目标依赖网络世界。从而忽略了现实社会的交流与社会责任，就会使人变得孤僻、冷漠并且缺乏社会责任感。大学时期是人际交往和人际关系形成的重要时期，如果长时间沉溺于网络，就会对大学生心理造成影响，影响大学生正常的人际交往和社会价值的实现。另一方面，网络虚拟社会具有真实性，部分大学生沉迷网络世界，将网络世界的身份带到现实中，不能很好地区分现实和虚拟，造成网络中人物性格直接转化为现实中的自身性格，与社会脱节。另外，由于网络的匿名性，有些大学生在现实社会的人格与其在网络文化中的网络人格判若两人。现实社会受到法律、道德等社会规则、人的情感的限制，在现实社会中表现的人格是社会道德约束下的人格。但是网络文化之中，没有了现实社会规则的制约，这种情况使大学生表现出与现实社会中完全不同的自我。这种网络的依赖使大学生的人格出现异化。随着移动互联网的发展，手机媒体成为大学生上网的主要方式。微信在大学生群体的使用覆盖率较高，微信时刻影响着大学生的思考方式。微信以其方便、简洁，从诞生之日就受到广泛的关注。微信由于受到篇幅的限制，往往所发的内容较为简短，甚至有的文章只有作者才能懂得其中的寓意。有的大学生只是快速地浏览，这就导致大学生阅读的碎片化。碎片化的阅读导致大学生无法深度思考，阅读习惯导致了思维的改变，逐渐向碎片化思维倾向。对大学生而言，思考是他们每天要做的事情，如果无法进行深度思考就无法开展学术研究、无法发展创造性思维。碎片化思维的后果就是学生将所学知识内化就成为一件难事。思考问题的方式直接决定着行为的方式，思考的碎片化也会影响大学生行为方式。

（五）文化的国际化传播导致大学生缺乏文化自信

"文化自信，主要指一个民族、一个政党在世界文明视域下，在对本民族文化价值深刻认知基础上形成的文化认同感和归属感。"2015 年 11 月 29 日 05 版人民日报中发表标题为"中国文化何以自信"的文章，沈壮海、李宗桂、刘建军三位教授分别指出"文化自信源于'古'成于'今'"，"拥有历久弥新的优秀传统文化是文化自信的底气所在"，增强文化自信的着力点在于"从不断促进中华优秀传统文化创造性转化、创新性发展中树立和增强文化自信。从正确看待中国特色社会主义事业的巨大成就中树立和增强文化自信。从努力实现文化事业与文化产业双轮驱动、比翼齐飞中树立和增强文化自信。"我们在不断地为大学生树立文化自信，寻找增强文化自信的着力点和路径的同时，干扰大学生树立文化自信的因素也时刻存在，在互联网时代，文化的国际化传播是影响大学生树立文化自信的主要因素。

由于网络具有流动空间性和无时间性的特点，任何人在任何时间任何地点都可以通过网络终端获取与发送信息。由于没有国界限制，国外的敌对势力充分利用网络的这一特点，对中国进行"和平演变"。一方面，通过网络向中国渗透西方国家中的腐朽思想，例如个人主义、拜金主义、享乐主义等等，这种行为严重影响了我国网络文化空间的纯净，影响大学生树立文化自信。例如在《穿普拉达的恶魔》电影中，各种名牌林立；又如《纠卜闻女孩》中主角们身穿名牌、开着名车出入各种社交宴会等等。这些都在潜移默化地影响着大学生的价值观。另一方面，语言霸权主义流行。网络兴起于美国，无论是网络程序，还是世界上使用最多的网络语言都是英语。美国等国家利用语言优势逐步侵蚀着世界的网络资源，全球网络文化中，中国的网络文化只占极其微小的份额。另外，西方国家利用网络文化进行意识渗透，宣扬所谓的自由主义、民主主义与普世价值观。他们试图通过渲染一种全球化文化意识，来冲击我国的主流意识形态，破坏我国的社会主义核心价值观。另外，美国利用先进的网络技术，侵吞着中国的网络市场，潜移默化地影响着中国的网络文化。总之，网络文化从产生之日起，就面临着安全问题，中国也一直在加强网络文化的安全监管。技术的日新月异，网络文化的国际化传播在给学生带来拓宽视野，文化交融的同时，国际文化糟粕也影响着大学生树立文化自信。

西方文化通过渗透来消解中国的民族文化、侵袭文化主权的同时也影响着大学生文化自信的树立。文化主权与政治主权、经济主权一样具有政治色彩，网络文化由于具有开放性与不可控性的特点，给了西方意识形态渗透的机会。在经济全球化的今天，整个地球真正地变成了地球村，西方文化利用网络进行文化渗透，影响着大学生的思维、行为以及生活习惯。我们要弘扬中国的优秀传统文化，加强大学生的社会主义核心价值观教育，抵制西方文化的意识渗透，维护国家的文化主权。网络文化已经成为各国争夺的主战场，意识文化的侵袭在网络文化的载体下表现得更为明显。美国中央情报局针对中国的《十条诫令》中，指出美国要"尽量用物质来引诱和败坏他们的青年，鼓励他们藐视、鄙视，进一步公开反对他们原来所受的思想教育，特别是共产主义教条，一定要毁掉他们强调过的刻苦耐劳的精神。"美国的目标就是通过对中国大学生意识形态的侵袭，来达到其精神统治的目的。在这样的目标下，网络文化成为他们主要的战场。一方面，以美剧为主的西方影视剧以其精湛的演技、填密的构思、高超的制作水平受到学生的欢迎。在泛美剧的时代下，美国直接或间接地将本国的价值观植入到影视剧之中，推销影视剧的同时也推销着美国的价值观。另一方面，大学生由于各种需要，对美国乃至对西方国家的向往，希望了解美国以及西方国家的文化以及社会状况。大学生在学习的同时也会被其中所包含的各种价值观所影响。例如美剧中的美国大选制度，许多大学生看过会觉得是不是这种制度比中国制度要好呢？但是美国影视剧中很少将这种制度的弊端体现出来，大学生也缺乏判断，直接影响大学生的价值观。例如美剧的《傲骨贤妻》一直宣扬美国法律的公正，国家政治的光明，这对大学生也造成很大的冲击。最后，西方意识形态通过网络文化的多种表现形式，无时无刻不在宣传西方的政治立场优于中国的政治，渲染着西方的政治民主，诋毁中国的政治。甚至有些西方网络文化过度地宣扬中国政府的腐败，中国政府的不作为等等虚假观点，大肆美化西方政治的优点。大学生容易受到各种言论的蛊惑，对价值观的判断还不是很成熟，这时就需要教育者进行思想政治的教育，坚定政治立场，加强网络文化的鉴别力，引导大学生形成自己的正确的政治观和价值观，对中国文化树立自信。

二、网络文化环境下大学生思想政治教育发展的机遇

网络文化环境是随着人们应用网络而不断发展变化的一种环境。思想政治教育面对着不断变化的网络文化环境，教育的时效性不断地提高，教育的内容不断地丰富，教育的载体也在不断地更新，需要教育者抓住网络文化的发展机遇，提高教育效果。

（一）健康向上的文化内容充实了思想政治教育的内容

思想政治教育以弘扬社会主旋律为主，所涉及的内容为道德品质的教育，教育内容的感染性强弱直接关系到受教育者的主观接受度，以及主动获取知识的积极性。2015 年中国网民的人均周上网时长达 26.2 小时，与 2014 年基本持平。中国网民上网的时间较长，网络提供给网民的网站数量也较多，网络文化的丰富性也增加了学生上网的热情，丰富了大学生的文化生活，充实了思想政治教育的内容。

高校思想政治教育的主要途径集中在课堂，课堂教育的效果直接影响到大学生思想道德水平。课堂质量是大学生思想道德水平提高与否的关键。网络文化为教育者提供了丰富的平台，教育者利用网络文化的不同表现形式可以丰富课堂教学，增加教学的吸引力。一方面，网络视频文化可以更直接、立体地表现教育内容。单纯地说教不易被受教育者所接受，但是一段感染性强的网络文化视频却能直观地表达教育内容，受教育者的接受度也更强。另一方面，教育者利用网络文化更容易建立不同的学习情境。例如，对爱国教育情境的设立。教育者可以在课堂上播放爱国题材的网络文化视频，将受教育者置身于当时的情境之中，他们更易受到氛围的感染。另外，教育者可以运用微信、微博、论坛与学生进行沟通讨论，也可以通过集体学习的方式进行。网络文化平台的运行，能够使多人就同一问题同时发表自己的想法，与老师相互交流，这种互动能够提高学生的主动性和积极性；也可以通过为学生布置任务的形式，让学生课后自主学习。大学生通过网络文化平台可以方便地下载到相关的学习资料，也可以通过论坛等讨论形式，形成团队意识，对问题进行交流，促进学生掌握多样的学习方式等等。

网络文化的隐性教育在思想政治教育中的应用，更容易被大学生所接受。传统的灌输方法常常让大学生觉得有一种被动的倾向，网络文化的加入使得思想政治教育的方式由被动变为主动，更易使大学生接受。教育者在网络文

化中不再是话语的垄断者，被教育者也不再是内容的被动接受者。在网络文化中，教育者与受教育者的平等，体现着思想政治教育的主体间性原则，主体间性就是主体间关系的规定性、指主体与主体之间的相关性、统一性、调节性。主体间性是两个或多个个人主体的内在相关性，它以个人主体性为基础。在这种平等的氛围中，受教育者更易于主动的接受教育思想，并通过网络文化的隐性教育潜移默化地受到影响。思想政治教育的形式也由以往的课堂讲授为主，变为线上与线下相结合、课堂讲授与课下学习相结合的多种模式。网络文化以其丰富的表现形式，承载着思想政治教育的内容，用影视作品、网络文学等形式将思想政治教育内容融入其中，拓宽了思想政治教育的渠道。

健康向上的网络文化内容在充实思想政治教育内容的同时，也提升了大学生的文化素养，舒缓了大学生的心理压力。文化生活是对大学生影响最大的方面。据《第 37 次中国互联网发展状况统计调查》报告显示网民每周上网的时间为 26.2 小时，因此，网络文化是对大学生影响最大的文化之一。大学生在学习之余可以通过丰富的网络文化生活陶冶情操、放松心情。网络文化又突破了地域的限制，在网上可以学习各个学校、各个专业的知识，既节省了往返学校之间学习的时间，也提高了学习效率。大学生可以通过网络文化进行各种交流使思维能力得到提高。大学生通过网络影视文化，活跃了思维的同时也放松了心情，提高了大学生的创造力和想象力。网络影视文化内容多样、形式多变，拓展了大学生的知识储备。网络影视文化中，国外的影视文化也多种多样，大学生通过收看不同国家的影视作品，能够直观地了解他国文化，提高多种外语的听说水平。网络文学一直深受大学生的喜爱，网络文学打破了以往传统文学的权威者垄断，草根亦可以通过网络发表自己的文学作品，作品形式也变得丰富多彩，许多受到关注度多的网络文学作品，最终在出版社出版，大大地提高了大学生参与网络文学的创作的信心。部分大学生在大学期间已经有网络文学作品，这不仅锻炼了大学生的独立思考与写作能力，也提升了他们的文化生活品质。网络社区、微博、微信等交流平台的出现，给了大学生宣泄的空间。这些交流平台俗称圈子，在圈子中往往是自己熟悉的人的组合，在这里大学生们可以尽情地宣泄自己的情绪，而且还能得到朋友的安慰、鼓励。大学生遇到困难可以无所顾忌地在圈子中寻求帮助，孤独时可以在圈子中找到安慰。总之，网络世界与现实世界构成了大学生目前的生活方式，两者互相补充，互相交融。网络为大学生提供了缓解心理压力的平台，思想政治教育工作者应该充分利用这一特点，进行合理的安排。大学是大学生独立生活、迈入社会的一个开端，心理上的适应需要一个调整的过程。大学生的心理压力来自多方面，学习成绩的压力、工作的压力、人际交往的压力、恋爱的压力以及三观形成时期的各种压力等等。大学生的这些压力都需要合理的途径将其释放出去，大学也为大学生们提供了多种方法，例如刚刚入学的军训，使大学生从身体素质方面得到一个提升；各种丰富多彩的比赛，丰富了课余生活，释放了大学生刚刚入学不适应的压力等等。虽然学校方面提供了多种释放压力的渠道，但是在这些团队活动之外，网络文化就是一个很好的补充。学生用在网络的时间正在不断地增多，网络文化空间成为不可替代的释放压力的渠道。大学生可以通过网络游戏文化娱乐身心；通过网络文学文化提高自身的文化素养，发表网络文学作品释放心里的想法、寻求共鸣；通过影视文化，丰富自己的校园文化生活；通过网络消费文化，认清自己的消费价值观，释放心里的购物压力等等。总之，网络文化以其多样性、匿名性、去权威性等特点，为大学生提供了释放心理压力的渠道。

（二）生动活泼的话语表达方式启发思想政治教育话语方式转换

教育者与受教育者传统的互动模式是面对面的交流，教育者的主导性表现得较为明显，教育者的权威性比较突出。但是在网络文化之中，教育者与受教育者可以平等的交流，受教育者的真实情感更容易通过网络文化予以表达，更利于教育者评估自己的教育效果，不断地调整教育内容。另外，教育者也可以通过与受教育者平等的交流，查找自己的不足，不断提升自我素养，调整教育内容，不断与时俱进。

话语体系的转变也提升了大学生的话语权。网络语言的产生使大学生的话语体系有所改变，一些新兴的网络语言正在慢慢地影响大学生的生活。网络语言具有奇特化、多变化、不规范化和生活化的特点。网络语言的应用主体主要为大学生等青年团体，对于网络语言的应用，也使得大学生更容易在网络上表达自己的情绪。教育者如果不熟悉这些网络语言，就无法与学生交流，这也无形中提升了大学生的话语权。平等对话的出现是对教育者的反哺。教育者与受教育者的主体地位在网络文化中得以平等的体现。通过网络文化的平等交流，受教育者反哺教育者成为可能。在平等的文化环境中，教育者与受教育者的交流不再是单一的流向，而是互动的，既增加了受教育者的话语权，增加了学习的主动性，也使教育者在这一过程中，意识到自己的不足，不断地自我提升。

网络语言打破了传统语言的语境，表达方式更加灵活，更具有吸引力和亲和力，例如"么么哒""萌萌哒""稀饭""果酱"等等，对文字的运用抛弃了传统的象形文字含义，更加灵活多样，更能反映出 90 后大学生内心丰富的感情以及网络中人机交流表现出的亲切感，同时也能体现出广大网友丰富的想象力与抽象的思维能力。思想政治教育处于网络语言急剧发展的时代，在多样的网络语言的推动下，思想政治教育的话语方式需要发生转变，当然这种转变不是全盘地接受网络语言，而是在网络语言变化中寻找适合自己的教育话语，对不健康的网络语言进行有效的引导。网络文化中语言风格与方式的转变，势必会带动思想政治教育话语体系的变革，生动活泼的网络语言表达方式给思想政治教育传统的话语体系带来了改革的推动力与改革的方向。

（三）网络文化舆情增强了思想政治教育的针对性

"舆情是指公众对于现实社会及社会中各种现象、问题所表达的信念、态度、意见和情绪表现的总和。网络舆情是指在互联网上人们对新闻事件和社会现象的关注而引发的对于该事件的认知、态度、情感和行为倾向等的集合。"网络文化舆情具有自由性、突发性、非理性的特点，一条微博、微信可以在几秒钟内被转发评论几万次。思想政治教育要抓住网络文化舆情的特点，通过网络文化传播正能量、弘扬社会主旋律，总结网络舆情的规律以及大学生对时事的反应，通过思想政治教育显性与隐性教育结合的方式，提高思想政治教育的针对性和时效性，扩大思想政治教育的影响度。

大学生是网络舆情的生产者和关注者。网络产生之前，对于时事的了解只能通过电视、报纸等传统的媒介来获得，那时的舆情主要存在大学生的思想以及课余的谈论中。网络的发展，尤其是大学生对网络的广泛应用，人们发表舆论的方式已经发生改变，大学生的舆情内容可以通过网络文化表现出来，这种舆情是可以捕捉并且传播的。在网络文化中，大学生对突发事件可以随时进行评论，增加了舆情的时效性。这种所有人面对所有人的传播方式，提高了大学生参与时事的热情，也提高了他们的政治参与度。

（四）网络文化平台拓展了思想政治教育的载体

文化是思想政治教育的一种重要载体，它具有极强的渗透性、形象性以及直观性的特点，以文化为载体的思想政治教育更易被大众所接受。互联网时代，网络文化的表现形态不断丰富，不断创新着思想政治教育的载体。目前网络文化环境下思想政治教育新的载体模式主要有：以微博、微信为代表的微文化载体、网络视频文化载体、网络社区文化载体以及网游文化载体等。这些载体是随着网络文化不断发展变化而不断完善的载体形式，活跃了思想政治教育的内容。

手机媒体使大学生运用微博、微信的人数不断攀升，"使用微博、微信等信息交流平台的大学生占 88.9%，92.0% 的大学生借此浏览动态、了解信息、发表观点和更新状态。"隐性教育相对于显性的课堂教育更易被大学生接受，网络文化为教育者提供了隐性教育的多种途径。教育者可以充分利用网络文化的这一特点，补充课堂教育的不足，提升教育效果。一方面，教育者可以开设自己的博客、微博，在博文中传递正能量，融入思想政治教育的内容，感染阅读者。另一方面，教育者可以转载具有教育意义的文章、视频，强化教育效果。有时课堂教育会让受教育者觉得灌输迹象较为明显，教育者不经意的转载更容易取得受教育者的关注，增强了受教育者学习的主动性，潜移默化地提升了受教育者的学习热情，提升了受教育者的道德素养。再有，教育者可以通过对时事热点的及时点评引导大众舆论。由于网络文化的时效性较强，有时大学生跟帖具有盲目性。教育者凭借自身的素养以及对待时事的成熟看法，可以适时地引导大学生，避免其盲目、不理性的行为。

　　思想政治教育的载体是进行思想政治教育所不可缺少的部分，载体的形式对思想政治教育的效果起到非常重要的作用。网络文化的表现形式多样，思想政治教育的载体也变得丰富多彩。网络主流文化作为网络文化的主导文化，其承载着社会主旋律，所表现的文化内容起到引导网民价值观的作用，也是网络思想政治教育的主要文化形式，网络主流文化载体的建设就成为网络思想政治教育需要重点建设的部分；网络消费文化是网络兴起后对大学生群体影响较大的一种文化，网络消费文化对大学生而言主要包括网购、转账等。随着网络消费文化的不断发展，该文化时刻影响着大学生的价值观。网络消费文化作为思想政治教育的一种载体形式，对塑造大学生良好的消费观乃至价值观都起到非常重要的作用；网络影视文化承载着思想政治教育的影视文化载体，此载体使思想政治教育的内容更易被大学生接受；网络文学是对大学生思想政治教育影响较大的一种载体形式，网络文学形式灵活，任何人都可以成为网络文学的传播者和阅读者。在网络文学飞速发展的时期，大学生群体不但通过网络文学的形式传播自己的作品，也时刻通过网络文学接受着多种多样知识。由于移动互联网的发展，大学生在任何空间、时间都可以受到网络文学的影响，以网络文学为载体的思想政治教育，需要把握现代大学生群体的网络文学接受度，适时地进行社会主义核心价值观教育。大学生通过网络文学发表自己观点的同时，也在接受其他网络文学中的观点。思想政治教育通过网络文学这一载体形式进行着显性和隐性的教育。网络游戏作为载体，以游戏的形式对受教育者进行教育，这种润物细无声的教育形式，深受大学生群体的欢迎，改变了传统的思想政治教育灌输式的教育模式；网络提升了大学生的政治表达意愿，也拓宽了大学生政治表达的途径。思想政治教育的渗透功能通过网络文化的载体更轻易地表现出来，通过网络文化载体的隐性教育形式，思想政治教育的效果也更加的突出。

第三节 互联网环境下当代大学生
思想道德建设的路径

适应网络文化、运用网络文化是当代大学生以及教育者应该不断思考的问题，网络文化环境中的大学生思想政治教育需要通过教育内容的丰富、网络文化多种形式的运用、思想政治教育队伍素质的提高以及网络文化环境的规范与治理等多种方式来提高教育的有效性。

一、拓展大学生思想政治教育内容

时至今日，课堂教育仍然是大学生思想政治教育的主要手段，课堂教育内容直接影响思想政治教育的效果。网络文化环境对教育的内容提出了更高的要求，教育内容需要随着文化环境的变化而有所改变。网络文化环境中法治观、心理健康、文化观等都与传统的文化环境有所不同，因此，在大学生思想政治教育工作中，需要根据网络文化环境中体现出的不同文化背景增加教育内容。

（一）社会主义核心价值观教育

党的十八大报告提出，"倡导富强、民主、文明、和谐，倡导自由、平等、公正、法治，倡导爱国、敬业、诚信、友善，积极培育和践行社会主义核心价值观。"不久前，中共中央办公厅印发了《关于培育和践行社会主义核心价值观的意见》，指出："建设社会主义核心价值观的网上传播阵地。适应互联网快速发展形势，善于运用网络传播规律，把社会主义核心价值观体现到网络宣传、网络文化、网络服务中，用正面声音和先进文化占领网络阵地。"社会主义核心价值观的提出使教育内容更加具体，更加易于掌握，也更加容易让大学生内化，虽然只有24个字，但是却从国家、社会以及公民三个层次提出了目标要求，字数虽然较少，但却是对社会主义核心价值观的高度概括，思想政治教育应该以社会主义核心价值观的思想为指导思想，使大学生对社会主义核心价值观的理解内化于心、外化于行。一方面，思想政治教育以网络文化为依托，实行网上与网下相结合，在学校官网进行显性教育，将社会主义核心价值观的内容及意义进行正面宣传倡导。使大学生利用校园网时就会对核心价值观的内容予以查看。另一方面，通过多种多样的校园文化建设，将社会主义核心价值观的思想加以宣传。将社会主义核心价值观的内容嵌入到校园文化之中，尤其是通过网络校园文化加深大学生对社会主义核心价值观的理解。或者通过网络征文等活动，使大学生主动参与到社会主义核心价值观的学习中，加深大学生对核心价值观内容的理解。再者，社会主义核心价值观的学习不只是口号，要将核心价值观的内容内化为信念，外化为行动，在潜移默化中予以践行。内化的形式多种多样，大学生可以通过自主学习的形式、通过课堂学习、通过网络文化的多种表现形式学习，内化的关键在于大学生主体的接受程度，学习内容的丰富程度等等；外化主要是将通过已经内化的对社会主义核心价值观的理解体现在行动上，外化的关键在于大学生对于内容内化的程度以及外化所受的环境因素的影响等等。作为教育机构，除了需要为大学生提供丰富的可供学习的内容之外，也需要提供外化的环境。最后，教育者可以通过网络文化的多种表现形式将社会主义核心价值观的内容合理地融入其中，通过显性教育与隐性教育相结合的模式促进大学生对社会主义核心价值观的学习。例如可以通过微信平台进行宣传，也可以通过撰写大学生感兴趣的博文，将社会主义核心价值观的内容很好地融入其中，通过网络文化的形式推送出去，增加阅读量，扩大受众范围，对大学生进行隐性教育。

（二）法治观教育

《中共中央关于全面推进依法治国若干重大问题的决定》中提出"加强互联网领域立法，完善网络信息服务、网络安全保护、网络社会管理等方面的法律法规，依法规范网络行为。"依法治国是社会稳定、国家发展的有力保障，由于网络具有匿名性、开放性等特点，这就使大学生在网络中法治意识淡薄，因此在网络文化环境下对大学生进行法治观教育尤为重要。

网络中法律知识的学习是普法教育的基础，也是提高大学生法治意识的有效手段。我国关于网络方面的法律法规很多，法律中近年来增加了关于网络法律条文。例如在《全国人民代表大会常务委员会关于修改＜中华人民共和国消费者权益保护法＞的决定》中将原来的第十七条增加一条，作为第四十四条"消费者通过网络交易平台购买商品或者接受服务，其合法权益受到损害的，可以向销售者或者服务者要求赔偿……"，多条法律条文中增加了关于网络安全的相关规定。在法律法规中也有专门维护网络安全的规定，例如2013年《广电总局关于促进主流媒体发展网络广播电视台的意见》、2013年《信息安全技术公共及商用服务信息系统个人信息保护指南》等等。我国关于网络安全的法规正在逐步地完善，大学生在运用网络时，应该提高法治意识，掌握网络法律的相关知识，做到提前预防、提前准备。

网络文化的匿名性、开放性等特点容易造成大学生忽略到网络法律效应的发挥，在网络文化中更需要提高法治意识。大学生在网络生活中不善于用法律保护自己，在网络交往中法治意识淡薄，往往表现在随便将个人信息透露在网络上，在网络购物时不能很好地保存具有法律效应的聊天记录，在网络社区随便散播流言蜚语等等，网络的虚拟性造成举证困难。一是大学生要善于用法律保护自己，加强对法律知识的学习，了解法律关于网络方面的规定。大学生在网络交往中不随意的透露自己的个人信息，不随意的谈论自己的私人事情，在网络交往中具备法治意识。二是对大学生进行法治观教育的同时也应该提升大学生对网络文化的鉴别能力。由于网络文化具有草根性、开放性等特点，网络文化内容较为复杂，层次也较为多样，有许多文化糟粕混杂其中。因此，大学生只有不断地提高网络文化鉴别力，才能在纷繁复杂的网络文化中获得自己需要的信息，才能有效地利用网络文化。大学生应当具备鉴别网络文化真实与虚假的能力。网络文化的创做主体广泛，成员复杂，所以真真假假、虚虚实实的信息掺杂其中，面对网络文化的独有特点，大学生需要具备鉴别网络文化真假的能力，不被虚假信息所左右，坚定正确的理想信念，并能够将正能量传播出去。需要培养大学生良好的网络文化运用心态。同时需要大学生具备广博的文化知识，许多虚假信息之中掺杂着多种思想，如果大学生具有广博的知识，便可以辨识这些信息的真假。面对浩瀚的网络文化，如何快速分类，选择自己需要的内容，也成为网络时代的必修课。网络文化涵盖的范围较广，掌握所有的网络文化几乎是不可能的事情，如何将网络文化进行快速的分类，也成为新时代大学生应当具备的素质之一。三是大学生应当具备抵制网络负能量的能力。网络中往往有破坏分子，将社会的负能量传播在网络文化中。这就需要大学生具备坚定的政治立场，抵制负能量的影响，积极传播社会正能量。国外恐怖势力已经将网络作为意识形态侵蚀的主战场，将西方腐朽的价值观通过网络文化传播过来。大学生需要时刻保持清醒的头脑，坚定政治立场，抵制网络文化中腐朽意识形态的侵蚀。四是网络文化由于没有国界限制，在网络文化中真正实现了全球村的模式，在这样的全球化背景下，面对着不同文化的侵袭，如何在多种文化中取其精华去其糟粕，也是大学生所必需具备的能力。

大学生网络法治意识的提升不仅仅体现在学校教育中，更需要在与网络息息相关的日常生活中时刻关注。一方面，大学生应该做到依法上网。倡导大学生浏览正规网站，按照网络法律法规依法上网。不做违法事情。网络文化由于其匿名性的特点，常常受到不在场效应的影响，而往往这种不在场才能反映出大学生真正的道德水平，由于受到不在场效应的影响，有些大学生存在侥幸心理，在网络文化中随意发布虚假消息引起恐慌，或者利用网络骗取钱财等违法行为。学校在加强对大学生用网监管的同时，也要加强对大学生网络法律知识的宣传，提高他们的法治意识，在网络文化生活中能够以法律为前提进行网络交往。另一方面，大学生应该做到文明上网。要杜绝大学生浏览不正当网页，浏览非法组织的网站。倡导大学生文明用语，在不在场的情况下做到语言规范，不在网络文化中传播不健康的言论。提升大学生的网络道德，大学生对非法组织的网页坚决不上，对黄色网站坚决杜绝，让他们能够具有法律的意识，做到自我约束、自我管理，使他们能够做到在网络文化中与现实中保持同样的道德自律。

（三）心理健康教育

教育者在加强网络思想政治教育新内容的同时，更要重视大学生网络心理的教育。各种网络综合征严重危害着大学生的心理健康，例如"网络上瘾症""网络孤独症""网络性心理障碍"等。网络对大学生心理的冲击可谓无孔不入。对大学生进行网络心理健康教育首先要培育大学生网络健康心理。一旦发现网络心理出现问题，能够自我察觉，及时终止网上活动，采取措施加以干预。大学生通过心理健康课，进行基本知识的普及与学习。由于大学生心理受网络影响较为严重，在课堂学习中需要教育者针对网络心理健康专门开设课程进行教育。

首先，大学生通过参加网络心理健康教育的校园活动加深对网络心理健康常识的认知和理解。校园活动是大学生除了课堂之外，更容易接受的传播知识的途径。网络心理健康教育可以通过举办各种活动，使大学生在参加活动时意识到网络心理健康的重要性，能够及早发现问题，及时自我解决问题。也可以通过网络文化传播网络心理健康的重要性。了解网络心理问题的主要表现和各方面表现，从而实现大学生自我发现、自我调节的目的。

其次，培养大学生积极向上的网络人格。性格在心理学中也叫气质，气质是先天形成加后天培养的。大学生可以通过量表进行测量，发现自己的性格特质，通过多种途径培养积极向上的人格。一是学校需要对刚刚步入大学的学生抗挫折能力进行筛查。对于抗挫折能力较差的一部分大学生应该时时关注，给予相关方面的指导。同时，学校可以引导大学生在遇到挫折时，及时地向老师、同学、家长求助，大学生应主动地提出遇到的困难，以确保老师能给予有针对性的帮助。二是学校需要设立专门的课程，对大学生进行挫折教育。并且学校需要创造良好的学习、生活氛围提高大学生抗挫折能力。三是营造积极向上的校园网络文化。人格的养成与所处的环境有着紧密的联系。健康向上的网络文化环境能够愉悦大学生的身心，从而引导大学生形成积极健康的人格。

思想政治教育工作者需要时刻关注大学生的上网状态，找出所在高校大学生网络心理的规律、特点，根据实际情况设立心理干预机制、心理咨询方案。教育者对大学生网络心理健康状态的了解是指导大学生进行心理健康教育的前提，政策与教育内容的制定需要对当前大学生网络心理健康状态的分析，网络文化的表现形态在不断地变化，大学生的网络心理健康也随着环境的变化与大学生自身所受的教育以及网络文化的内容在不断地发生改变。根据大学生心理健康状况总结大学生心理变化规律及特点是对大学生进行网络心理健康教育指导的前提。分析大学生心理健康受影响的主要因素，有重点地进行网络文化的清理且对大学生进行心理健康教育。例如在大学生中最常见的是"网络上瘾综合征"，这部分同学沉迷于网络，经常逃课，对网络以外的事情不感兴趣。教育者与其互动时，患有网瘾的同学明白自身需要调整，可是一旦进入网络又无法自拔。"国外的学者研究表明，网络上瘾者更表现出敏感和警觉，更高的社交障碍、社会焦虑、抑郁和孤独感，并加剧对网络的依赖。"对网瘾严重的同学需要专门机构给予治疗，对不严重的同学需要教育者的前端控制，避免其产生"网络上瘾综合征"。

（四）优秀传统文化教育

网络文化的多元性对大学生的价值观有很多影响，这也容易导致网络时代大学生与传统道德文化疏离。分析其原因，一是当代大学生的特有心理。中国过去的屈辱史总是使大学生忘掉优秀的传统中国文化，只是记得过去的屈辱，这种心理使之不愿提及中国的传统文化，不愿提及中国的过去。反而容易形成崇洋媚外的心理，认为国外的都是好的，不加以区分，全盘接受。二是多元文化的冲击。网络文化的开放性使网络文化的内容多元化，各种思潮与意识形态在网络文化中流行，中国传统文化被一些人篡改，成为某些敌对势力的工具。三是教育部门传统文化教育式微。中国从改革开放以来一直十分重视经济的发展，很多产业为经济发展让路，由于各种原因，教育部门往往减少对传统文化的宣传，使得学校教育中对传统文化的教育不重视。传统文化由于种种原因与当今的大学生产生疏离。但是中国优秀的传统文化具有深刻的当代价值，通过对中国优秀传统文化的学习，可以提升中国人民内在的自豪感和民族的自尊心和自信心。中国对传统文化的教育是一个需要不断加强并持之以恒的工程。

优秀的传统文化具有当代价值。十八大报告中指出"把立德树人作为教育的根本任务"，思想政治教育的培养目标就是促进人的自由全面发展，要完成这一培养目标，道德教育是基础。中国拥有优秀的传统道德文化，《论语》中讲"君子耻其言而过其行"，《礼记·大学》中"欲修其身者，先正其心，与正其心者，先诚其意"道德教育是从古至今的大学生品格教育的基础。再如爱国，《左传》中"临患不忘国，忠也。"《礼记》中的"苟利国家，不求富贵。"等等，爱国教育在我国优秀的传统文化中绵延至今。可见传统文化中对于道德教育的内容仍是值得今天的思想政治教育工作者思考的。当前，由于网络文化的良莠不齐，大学生对传统道德文化的缺失就使一些非主流意识形态乘虚而入。因此，加强传统道德文化建设对当代高校思想政治教育有重要的现实意义。

优秀传统文化具有现代价值，优秀传统文化可以借助网络文化的表现形式发扬光大。网络的发展也使交往模式发生着改变。世界著名未来学家托夫勒曾说："在社会技术的发展上，我们已经达到了辩证转变的关头了。技术决不会限制我们的个性，却会大大增加我们的选择余地，也就是大大增加我们的自由。至于人们是否有准备足以应付在物质和精神产品大量增加的情况下进行选择，那就完全是另外一个问题了。因为会发生这种情况的：任凭选择，有时不但无补于个人获得自由，反倒因为过于复杂、困难，代价太高，以致走向它的反面。简言之，当选择成了不胜选择之时，自由也就沦为不甚自由了"。这种交往模式的转变需要更加关注大学生网络道德意识。

优秀传统文化是我国的文化宝藏，在当今大学生图片化、碎片化的阅读习惯下，将中国优秀传统文化通过网络文化的表现形式，表现出来十分必要。例如"为弘扬传统文化、传播核心价值观，中宣部宣教局和中国网络电视台专门创作推出'梦娃'系列公益广告。记者 31 日从中国网络电视台获悉，目前全国 1000 余家电视台已下载了'梦娃'动画视频，中央新闻网站和主要商业网站相关专题累计点击率已超过 4226 万。据了解，'梦娃'系列公益广告以天津泥人张作品'梦娃'形象为依托，从'国是家、善作魂、勤为本、俭养德、诚立身、孝当先、和为贵'七个方面，对社会主义核心价值观进行生动解读。""梦娃"的系列公益广告是将中国传统文化中的当代价值以网络影视文化的表现手法予以表现的经典。"梦娃"系列公益广告一经播出就深受大众的喜爱，将中国传统文化以大众化的形式表现出来，使大众更容易接受。另外，网络影视文化的动画表现手法让人赏心悦目，改变了中国优秀传统文化古板、难懂的特点。因此，要将中国优秀传统文化加以弘扬，需要在挖掘它当代价值的同时，注重网络文化的表现形式，这样才能更好地提升弘扬的效果。

二、借助网络文化丰富思想政治教育方法

文化在网络中可以通过多种方式予以表达，任何一种网络文化的表现形式都可以成为思想政治教育的有效途径，无论是慕课、网络精品课、微文化还是网络游戏文化都可以成为思想政治教育的手段，合理有效地加以利用，这些文化形式不仅能够达到丰富思想政治教育教学的方式，还可以成为吸引大学生学习的有效途径，特别是对在网络文化环境中成长起来的90后大学生。这种全新的教育模式更符合他们对新媒体的运用，也更符合他们的思维方式，这不仅达到因材施教的目的，更能提高教育效果。

（一）运用慕课等网络文化形式开展思想教育

慕课，简称"MOOC"，也称"MOOCs"，"MOOC是以连通主义理论和网络化学习的开放教育学为基础的。"慕课在中国并没有发展的向欧美国家那么普遍，大部分的学员主要集中在大中城市之中。以慕课为例的在线学习方式为思想政治教育提供了全新的教育模式。但是慕课起源于美国，它的传播形式适合于西方的教育方式。在中国迟迟不能发展起来，需要教育者结合中国的实际推出自己的"慕课"。清华大学推出了"学堂在线"，深圳大学推动了"优客"联盟，国内的大学在做着各种努力，使中国的"慕课"更适合中国大学生的学习。无论"慕课"在中国的发展如何，面对网络的发展，思想政治教育应该吸取慕课教育的翻转课堂经验，结合中国特色，将传统的思想政治教育与在线教育相结合，通过网络文化的平台将教育资源共享，增加教育的有效性以及可持续性发展。

网络精品课是与慕课不同的表现形式，是将授课内容以视频的形式呈现出来，将其上传至网络平台上，需要的用户可以随时在线学习或者下载学习的一种形式。思想政治教育者应该抓住机会打造生动的网络精品课，改变以往大学生认为思想政治教育课是枯燥、乏味的刻板印象。例如在超星学术排行榜教育社科类中就有北京市西城区教育研修学院陈英老师主讲的《思想品德学科教学策略》，晨拓集团廖理纯主讲的《雷锋精神与当代公益》。华中科技大学韩东屏主讲的《文化建设中的伦理道德问题讨论会》，哈佛大学 Ell David 主讲的《Evolution of the Views of Americans on Marxism》等等精品课，这些精品课大多分为十到几十课将所有课程讲授完毕，内容生动引人入胜，最重要的是可以在任何有网络的地方学习到全国乃至全世界名师的授课内容。网络精品课的开设可以提高思想政治教育的效果。一是精品课促进教师的教学质量的提高。精品课每年都会通过评选的方式选出，这种评选本身就会对教师的授课形式、授课内容等起到督促作用。一旦自己所授课程被评选上精

品课，既是对自己授课的一种肯定，也是对所授学科的一种肯定。二是网络精品课的设立为大学生提供了多种学习的途径，大学生利用网络的时间较多，精品课既可以满足对自己所学课程的一个补充，也可以根据自己感兴趣的方向自我选择，弥补了大学专业设置所引起的综合知识学习的缺憾。它使大学生节省了时间，节省了精力，足不出户就可以学习到名校的名课。三是网络是思想政治教育应该主动争取的阵地。无论精品课还是慕课等各种网络形式都是课下与大学生交流、沟通的一个很好的方式。思想政治教育应该抓住机遇，改变传统的灌输教育模式、改变传统的说教观念、改变传统的刻板印象。利用网络的多种形式开启生动的、双向的、现代的网络教育新模式，采取易于大学生接受的教育方式，进行网上的宣传教育。

（二）运用 SNS 网络社区文化开展道德教育

"SNS 即社会性网络服务，专指帮助人们建立社会性网络的互联网应用服务。"SNS 也指社会现有已成熟普及的信息载体。SNS 的另一种常用解释：全称 Social Network Site，即'社交网站'或'社交网'。国内新出现的熟人婚恋应用也是很巧妙地利用了 SNS，通过朋友介绍来解决婚恋交友的诚信问题。

SNS 网络社区大大地降低了网络虚假性的风险，在社区中的网民采用真实的姓名和头像。大学生可以利 SNS 网络社区构建有共同爱好的课外学习小组，SNS 网络社区向学习者提供了一个比较真实的学习场域，使学习延伸到课堂之外、社会之中，提高了大学生主动学习的热情，也增加了有共同爱好的大学生一起交流的机会，打破了他们之间的孤独感，促进了学习资源的共享和集体智慧的开发。网络社区的发展促进了学习的热情。网络社区相当于一个虚拟的社会，在网络社区中开展道德教育将会取得更好的教育效果。首先，打造精品的道德教育文章。教育者需要抓住时事热点，对其进行深入的评论分析，引导大学生的价值观。例如 2016 年 3 月的"山东非法经营疫苗"事件，教育者可以就此事展开关于诚信方面的教育。这种通过时事进行道德教育的方式教育效果较好。其次，在网络社区中设立道德模范。通过网络社区的熟人场域功能，尽量宣传社区中的好人好事，时时刻刻将道德典范输入给社区网民，这种隐性教育的方式更能引起大学生的共鸣。

网络社区是熟人场域，在网络社区中开展道德教育会取得较好的教育效果。在这样的一个场域中更容易针对群体的特点，形成有针对性的教育。在专门的大学生网络社区群体中可以根据大学生的特点进行道德教育，提高教育的有效性。

（三）应用微文化开展人生观教育

"微文化这个概念最早的提出时间是 20 世纪 90 年代，提出者是当时的微乐队主唱麦子，那是因为他在 1997 年 7 月组建了一支名为'微'的摇滚乐队，这支乐队在北京当地酒吧演出，传播自己最初的微文化理念……再到 2006 年麦子在新浪开通的名为'万物本微·人类微文化交流'的博客，不断地向外界加深'微文化'理念对中国乃至人类文明的重大意义，2008 年五一五万言《微的哲学》著作在中国大陆的出版。"总之，微文化是以微博为代表的文化，其特征是短小，这符合网络时代人们快餐式的阅读习惯。移动互联网的迅猛发展，手机媒体的普及，加剧了微文化的影响力。

"截至 2015 年 6 月，我国微博客用户规模为 2.04 亿，网民使用率为 30.696，手机端微博客用户数为 1.62 亿，使用率为 27.3960"。微文化的运用占有很大的群体，由于移动互联网的发展，手机中微博、微信等微文化的运用更加趋向于年轻化，大学生群体是微信的主要用户，微信时刻影响着大学生的价值观。

运用微文化提升大学生的网络政治意识。坚定大学生的政治意识是思想政治教育的首要任务，大学生政治意识的培养是教育者责任。在网络以外的世界，大学生的政治意识培养容易引起广大教育者与大学生的注意，但是微文化之中，由于不在场效应比较明显，却往往容易忽略这一问题。一是要培养大学生正确的政治观。大学生政治观的培养是思想政治教育的首要内容。正确的政治观是三观形成的基础，坚定的政治立场是抵御国外敌对势力意识形态侵袭所必备的价值观。政治观的培养要依靠教育者的正面灌输，政治观的灌输在大学教育阶段非常必要，这是关系到祖国将来的大事、更是关系到大学生意识培养的大事。政治观的培养也需要营造良好的政治氛围，微文化具有社会化场景的功能，大学生网络政治参与是步入社会化的开端，网络文化的大环境对大学生的政治观的培养起着至关重要的作用。二是要提升大学生的网络政治参与。培养大学生关心国家大事，关心国家发展的意识。教育者需要不断提升大学生政治参与意识，政治参与的能力以及政治参与的水平。微文化为大学生提供了政治参与的途径。提升政治参与需要提高大学生政治参与的意识。大学生网络政治参与意识的提高，与网络的大环境分不开，教育者应该引导大学生进行政治参与，大学生的网络政治参与度会逐步地提高。提升政治参与也需要拓展大学生政治参与的途径。微文化无疑已经为大学生的政治参与提供了平台。网络文化以其开放性、草根性等特点，为大学生提供了政治话语权。大学生可以通过微文化表达自己的观点，发表自己的政治主张。三是要加深大学生的网络政治认同。"国家意识形态是社会意识形态中占主导地位的主流意识形态，是一定统治阶级或集团基于自身根本利益所推行的价值体系和行为规范，在社会意识形态中发挥着引领和主导作用，是社会意识形态的主流和核心。"可见，政治认同对一个国家的长治久安起到非常重要的作用。加深政治认同要增强大学生的政治认知。新时期，尤其在网络文化中，国家意识形态在多国的文化意识形态碰撞中或增强，或消解。在这样一个特殊时期，需要增强大学生的政治认知，坚定理想信念，维护国家的政治意识形态。加深政治认同也要加强对大学生政治情感的培养。加强政治宣传，通过树立典型来影响大学生的政治认同，例如：新时代的雷锋郭明义同志爱岗敬业、乐于助人的精神是一个鲜活的例子，在大学生中能够广泛的认同。也可以发挥大学生党员的先锋模范作用，以大学生党员的优秀事迹来感染身边的大学生，起到政治认同的作用。四是增强大学生的政治信任。教育者可以通过实践来增加大学生的政治信任。大学生在实践中可以历练自己，接触社会，通过亲身体验来体会国家政策的优势、来体验社会资源的丰富，增加政治信任。总之，微文化为大学生提供了表达政治意见的渠道，也提高了大学生的政治话语权，思想政治教育可以通过微文化来提升大学生的政治认同，坚定政治立场，提高网络政治意识。

另外，随着手机媒体的发展，微信对大学生的影响越来越大。由于微信依附于手机媒体，发布内容与查看信息非常便利，目前微信已经成为大学生应用最为广泛的自媒体。应用微信等手机媒体进行人生观教育是覆盖范围较广的网络文化运用模式。目前思想政治教育也比较重视手机媒体的运用。有些教育机构已经开通了微信公众账号平台，只要关注随时就可以查看平台中发布的信息。利用手机媒体进行人生观教育。一是需要教育者对手机媒体有较高的认识，对新媒体的技术有较好的接受度。例如微信的各种功能的运用，网络语言的掌握程度，微信好友的覆盖范围，微信公众账号的宣传力度等等因素都会影响到应用微信进行人生观的宣传。二是教育者需要具有较强的文字、图片编辑能力，运用微信进行人生观的教育，除了转发有教育意义的文章还需要自己编辑有吸引力的教育内容。由于微信中发布的内容多种多样，有日常杂事、有照片、有故事还有微商发布的商品信息等等，微信文化中的信息包罗万象，如何在目前快速阅读、图片式阅读、碎片化阅读的阅读习惯中，吸引大学生阅读文章内容。需要教育者进行思考，要将枯燥的说教理论寓于容易让大学生接受的故事、图片等再次加工过的信息文化之中。三是思想政治教育可以利用 App 的便捷性等特点进行思想宣传与引导。移动 App 的应用也是手机媒体发展过程中不可缺少的舆论宣传工具，目前在 App 中搜索思想教育，最为相近的 App 有"自考思想道德修养与法律"，主要内容是自考学生学习用的试题，与我们所要应用的 App 还有所不同。还有例如"心情物语"App，主要是帮助抵御负能量的方法。它的主要形式是一个精美的图片配上一段心灵鸡汤的语言，让负能量的情绪有所缓解。还有一类就是专门的学术性的 App。还有一类就是视频公开课，例如"网易公开课"，这也是一种有效的传递知识的方法，课程包括国内的国外的，用途与网站中的用途类似。用户可以直接下载多种移动 App 到桌面上，这比在普通网页浏览增加了点击率。大学生在用手机其他功能的时候，看到这些 App 就会打开来阅读，这就开启了最初的引导式学习模式。一旦大学生习惯或者喜欢这样的教育形式，大学生的手机就不再是日常的信息接收功能，手机媒体的附加价值就会提高，而且教育的形式也更加的多样，大学生用来学习的模式也会更加便利，这有利于更好地对大学生进行世界观、人生观、价值观的教育。四是通过手机媒体中的文化表达形式可以达到教育者与受教育者双向交流的目的。传统的思想政治教育主要是教师讲、学生听，学生发表自己观点、看法的时间有限，而且面对面交谈时，教师与学生存在主客体关系，学生无法充分表达自己的看法。但在网络媒体文化中学生可以以平等的身份表达自己的看法、意见、观点，它有利于教师发现问题、交流思想，手机媒体成为互相促进、互相提高的便利平台。

参考文献

[1] 亢小萌. 传统文化对当代大学生的影响探讨 [J]. 科教文汇 (中旬刊)，2017(10)：142-143.

[2] 张士英. 儒家经典对当代大学生道德建设的启示 [J]. 语文建设，2017(29)：49-50.

[3] 史杨. 王阳明心学建构的认知要素研究——以推进当代大学生思想道德建设为例 [J]. 智库时代，2017(06)：254-255.

[4] 李贵彬. 当代大学生社会责任感培育研究 [D]. 哈尔滨师范大学，2017.

[5] 鲍荣娟. 大学生精神文化生活建设研究 [D]. 哈尔滨师范大学，2017.

[6] 宫玉苹. 当代大学生诚信教育论析 [D]. 辽宁师范大学，2017.

[7] 李彦军. 当代大学生集体主义教育研究 [D]. 河北师范大学，2017.

[8] 李冬辉. 当代大学生诚信道德教育研究 [D]. 河北师范大学，2017.

[9] 张哲豪. 大学生社会主义核心价值观个人层面培育研究 [D]. 西安工业大学，2017.

[10] 张峰. 当代大学生廉洁观教育研究 [D]. 兰州财经大学，2017.

[11] 郭乐蕊. 当代大学生法治意识养成研究 [D]. 山东大学，2017.

[12] 谭悦.《弟子规》在大学生道德教育中的借鉴意义 [D]. 吉林大学，2017.

[13] 姜海东. 当代大学生法治意识培育研究 [D]. 西北民族大学，2017.

[14] 李苑静."90 后"大学生社会责任意识及其培育研究 [D]. 西南交通大学，2017.

[15] 李科. 当代大学生社会公德认同及其提升研究 [D]. 西南交通大学，2017.

[16] 王智黎. 社会转型期当代大学生道德选择能力培养研究 [D]. 武汉纺织大学，2017.

[17] 李瑞瑞. 孔子仁爱思想与高校思想道德教育研究 [D]. 太原科技大学，2017.

[18] 刘洁. 当代大学生中国特色社会主义理论体系接受问题研究 [D]. 大连理工大学，2015.

[19] 金燕 . 当代大学生友善价值观培育研究 [D]. 南京师范大学，2017.

[20] 凌丹妮 . 中国优秀传统文化在大学生思想政治教育中的应用研究 [D]. 沈阳航空航天大学，2017.

[21] 赵海燕 . 当代大学生中国特色社会主义理想信念研究 [D]. 吉林大学，2016.

[22] 赵华伟 . 当代中国大学生信仰教育问题研究 [D]. 山东大学，2016.

[23] 朱国良 . 当代大学生法治认同问题研究 [D]. 山东大学，2016.

[24] 刘贝贝 . 当代大学生政治认同研究 [D]. 北京交通大学，2016.

[25] 王璐璐 . 文化生态视域下我国当代大学生价值观研究 [D]. 山东大学，2016.

[26] 徐晓霞 . 新中国 60 年来高校理想教育的基本历程与基本经验 [D]. 山东大学，2016.

[27] 王忠 . 大学生思想政治教育实践育人机制创新研究 [D]. 东北师范大学，2016.

[28] 郑龙云 . 当代大学生助人为乐精神培育研究 [D]. 广西师范大学，2016.

[29] 黄倩倩 . 当代大学生的孝德现状及对策研究 [D]. 广西师范大学，2016.

[30] 谷君伟 . 当代大学生道德人格培养问题研究 [D]. 贵州师范大学，2016.

[31] 薛晓霞 . 当代大学生道德素质现状研究 [D]. 新疆大学，2016.

[32] 武晓红 . 当代大学生社会公德失范现象及对策研究 [D]. 重庆工商大学，2016.

[33] 李雪章 . 当代中国大学生精神动力培育研究 [D]. 云南大学，2016.

[34] 马其南 . 交往视域下大学生思想政治教育研究 [D]. 辽宁大学，2016.

[35] 姚奎栋 . 大众文化对大学生思想政治教育的影响及对策研究 [D]. 辽宁大学，2016.

[36] 陈华文 . 立德树人维度下的大学生社会主义核心价值观教育研究 [D]. 中国地质大学，2016.

[37] 詹丽萍 . 社会主义核心价值体系与社会主义核心价值观引领大学生思想道德建设研究 [D]. 东北师范大学，2016.

[38] 胡宝国 . 当代大学生价值观生态研究 [D]. 东北师范大学，2016.

[39] 张旭 . 当代大学生道德问题及其对策研究 [D]. 中北大学，2016.

[40] 邓远萍 . 人的现代化视域下大学生自我教育研究 [D]. 东南大学，2016.